Haus-Planset

Bauen, Ausbauen, Renovieren leicht gemacht
Anleitungen • Tipps • Informationen

Klaus M. Bayer

„Man sollte bauen, als wollte man ewig leben,
und leben, als müsste man morgen sterben!“
Martin Luther

Freuen Sie sich auf Ihr schönes Zuhause!

„Die große Mehrheit der Bürger wünscht sich, in den eigenen vier Wänden zu wohnen. Diesem Verlangen kommt das Haus-Planset entgegen, mit dessen Hilfe der virtuelle Lieblingstraum ein Stück Planungsrealität aus eigener Hand gewinnt."

Rüdiger Dorn, Präsident „Haus & Grund" Deutschland

Inhalt

Entscheidung, Planung, Finanzierung

Anleitung zum Gebrauch des Haus-Plansets 6–7

Entscheidungshilfen zur Wahl des Haustyps 8–19

Überlegungen für ein neues Hauskonzept 20–21

T-Com-Haus: Das Haus der Zukunft 22-25

Kosten und Finanzierung 26–31

Sparen beim Bauen 32–35

Bauantrag und -abnahme, Baugenehmigung 36–38

Planung, Termine, Ausführung 39–40

Ausführungsplanung, Ausschreibung 41–42

Baupläne lesen und verstehen 43–47

Baustoffe

Metall und Holz 48–49

Bausteine mit guten Eigenschaften 50–51

Das Dach

Alles Wissenswerte über die Dachdeckung 52–63

Das Fundament

Sicherer Schutz fürs Fundament 61

Fassadengestaltung

Allgemeine Infos 64–65

Klinker und Verblender 66–67

Massive Holz-fassaden 68–69

Fassadenfarbe, Putz und Lacke 70–71

Haustüren

Haustüren und Hauseingänge mit guten Eigenschaften 72–80

Garagentor-Tausch leicht gemacht 81

Fenster

Fensterplanung 82–83

Komfortable Dachwohnfenster 84–89

Wintergärten

Infos zu Planung Erlebniswelt „Wintergarten“ 90–93

Glashäuser und -faltwände 94–95

Erlebnisraum Balkon 96–97

Trockenausbau

Flexible Gestaltung mit Gipsplatten 98–101

Neue wohnfertige Ausbauplatte 102-103

Die Faszination einer neuen Raumdimension 104-105

Zimmertüren

Die Vielfalt der Tür 106–107

Wand- und Bodengestaltung

Trendfarben für Wände und Decken 108–113

Holzpaneele und Zierprofile veredeln Räume 114–115

Bodengestaltung mit Holz und Laminat 116–120

Alternative: Naturstein 121

Die Treppe

Vielfalt der Treppenformen 122–126

Eisengusstreppen nach historischem Vorbild 127

Badgestaltung

Infos zur Badrenovierung 128–130

Design-Armaturen 131

Badgestaltung und Wellness-Oasen 132–141

Die Küche als Lebensraum

Planungsinfos, Küchenformen Tipps für Bauherren 142–151

Die moderne Heizung

Modernisierung der Heizungsanlage 150–157

Fußboden- und Natursteinheizungen 158–159

Moderne Durchlauferhitzer und Lüftungssysteme 160–161

Gerimge Kosten dank Wärmepumpe 162-163

Neuartige Pellets-Heizung 164-165

Solarsysteme 166-167

Öfen

Kachel- und Kaminöfen 168–169

Der Dachausbau

Wichtige Kriterien und Dokumentation 170–175

Wärme- und Schallschutz

Möglichkeiten der Dämmung 176–181

Die neue Energiespar-verordnung 182–183

Die unterschiedlichen Dämmstoffe und ihre Verlegearten 184–187

Noch mehr Ratgeber

Wohn- und Garten-Planset Bau- und Wohnzeitschriften 188-191

Impressum 192

So können Sie mit dem Planset perfekte Ergebnisse erzielen !

Unser Tipp:

Legen Sie Transparentpapier über Ihre Grundrisszeichnung und probieren so einfach Alternativ-Lösungen, ohne immer gleich alles neu konstruieren zu müssen!

Lieber Leser!

Architekten und Redakteure haben das Haus-Planset so konzipiert, dass Sie sich umfangreich informieren können. Eine Fülle von ausgesuchten Produkten, Tipps und Ideen sowie Anleitungen finden Sie zu den häufigsten Bauaktivitäten.

Sucherei und Wege ersparen Ihnen die Angaben von Herstellern mit kompletten Adressen. Darüber hinaus bietet Ihnen die Redaktion noch als Service eine Karte, mit der Sie neueste Unterlagen und Händleradressen direkt vom Hersteller bestellen können. Umgehend bekommen Sie Post mit farbigen Prospekten.

Besuchen Sie uns auch einmal im Internet: www.bauzirkel-verlag.de.

Dort finden Sie u. a. eine Menge interessanter Links.

Bevor Sie mit der Arbeit loslegen, lesen Sie sich bitte in der Baufibel das erste Kapitel durch. Hier werden entscheidente Punkte zur Wahl des Haustyps, zur Finanzierung und Gebäudeversicherung angesprochen.

Da Zeit und Geld zwei Dinge sind, die einem immer wieder weglaufen, ist ein Zeit- und Kostenplan in der Zeichenmappe, in dem Sie alle Daten festhalten können.

Die Grundrissplanung

Mit Hilfe des Maßstabes können Sie maßstabsgerechte Grundrisse und Wandansichten selbst zeichnen. Karopapier erleichtert das Zeichnen von geraden und rechtwinkeligen Linien.

Auf Ihrer Grundrisszeichnung können Sie mit den Möbelschablonen Ihre Einrichtung so lange hin- und herschieben,

Mit den zum Set gehörenden Schablonen können Sie einfach „Möbel rücken“ und maßstabsgerecht planen.

bis Sie die beste Lösung gefunden haben. Nachdem Sie die optimale Grundrissaufteilung festgelegt haben, sollten Sie sich mit der Farbgestaltung Ihrer Räume beschäftigen.

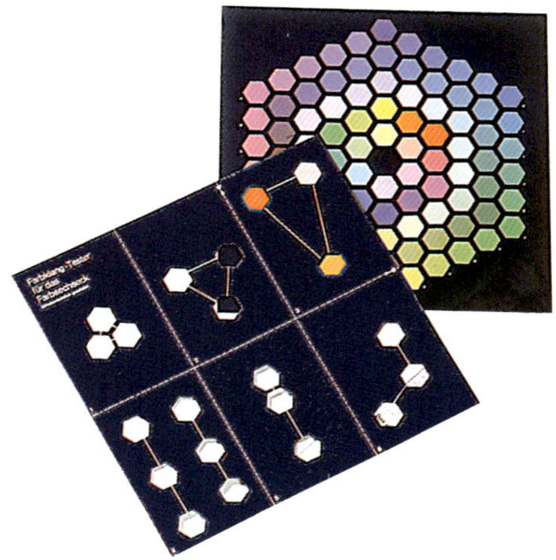

Mit diesem einmaligen Farb-Sechseck können Sie unzählige Farbklänge auswählen, die immer harmonisch sind!

Die Farbplanung

Das Thema „Farbe“ ist sehr komplex. Es stellt sich die Frage, ob Sie Ton in Ton bevorzugen oder mit Kontrastfarben wohnen möchten, welche Materialien und Oberflächenstrukturen sich miteinander harmonisch kombinieren lassen.

Mit den von Farbberatern entwickelten Farb-Gestaltungsbögen können Sie ausgewählte Farben ausschneiden und kombinieren.

Um den Eindruck verschiedener Materialien zu bekommen, bedienen Sie sich der Strukturfolien, die Sie auf die Farben legen und somit unterschiedlichste Kombinationen treffen können. Mit dem neuartigen Farbsystem können Sie enorm kreativ werden; es ermöglicht Ihnen eine Fülle von Farbvariationen.

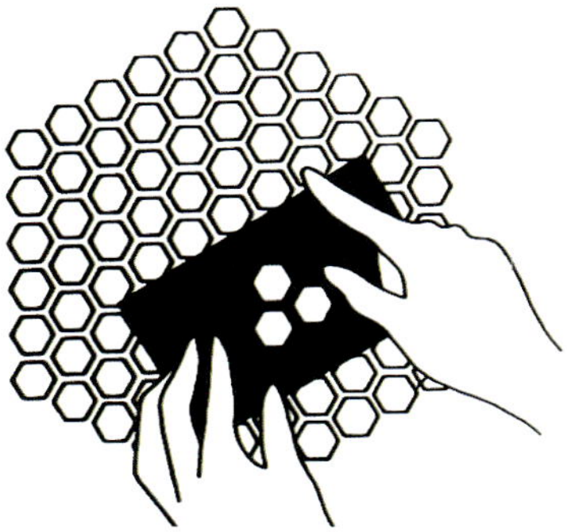

Interessante und gekonnte Farbkombinationen erzielen Sie auch mit dem Farbklangwähler. Sie beginnen folgendermaßen:

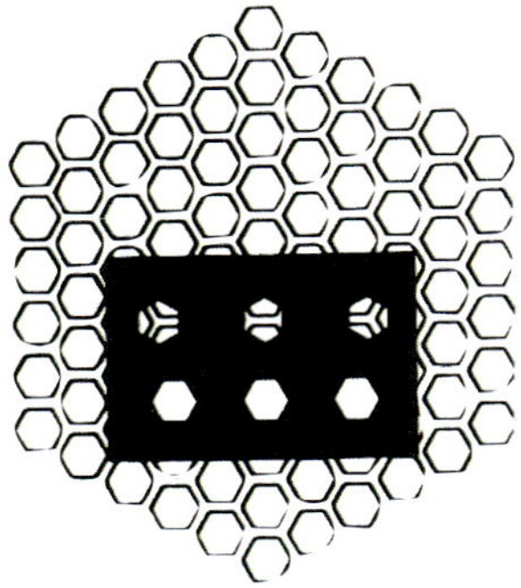

Als Ausgangspunkt wählen Sie zunächst eine Farbe, die Ihnen für den gedachten Zweck als Grundton am geeignetsten erscheint. Die zweite Überlegung wäre die, in welchem Spannungsverhältnis der zweite und dritte Ton zum ersten stehen soll. Neigen Sie zu starken Kontrasten, so wählen Sie zum Suchen die Masken, bei denen die Sechseckfenster weiter auseinanderliegen.

Seien Sie mutig bei Ihrer Farbgestaltung! Farbige (nicht bunte) Räume sind extravagant und stimmungsvoll. Abb. J.D. Flügger

Für Ton-in-Ton-Stimmungen dagegen sind die Masken, bei denen die Fenster nahe zusammen oder in einer Reihe liegen. Beim Arbeiten mit dem Sechseck ist zu beachten, dass die Farben des Spektrums in der äußersten Reihe liegen. In der Reihe nach innen sind alle Farben getrübt und in ihrer Intensität gebrochen. In der nächsten Reihe sind wiederum die getrübten Farben aufgehellt. Es folgt dann die Reihe mit einer kleineren Auswahl von reinen Farben, die um 180 Grad gedreht angeordnet sind und so die Möglichkeit erlauben, Klänge zu finden, die sich aus Komplementärfarben zusammensetzen. Die Reihe in der Mitte enthält eine Auswahl reiner und aufgehellter Farben. Liegen die Farben fest, so suchen Sie sich diese aus der Farbtonkarte aus und zeigen Sie sie Ihrem Maler.
Die besprochenen Planungsmaterialien liegen nicht jedem Buch bei und können beim Verlag bestellt werden. Adresse siehe Impressum.

Die Bauausführung

Und noch etwas – soll es an die Ausführung gehen, so überlegen Sie gut, ob Sie je nach Größe Ihres Bauvorhabens einen Architekten einschalten, um fachgerecht zu bauen und auch hieb- und stichfeste Verträge für Handwerker und Unternehmer zu bekommen.
Außerdem kann durch die Kenntnisse des Architekten mit neuesten Technologien und Materialien besser und kostengünstiger gebaut werden.
Im Folgenden informieren wir Sie über die wichtigsten Gewerke und zeigen Ihnen ausgewählte, empfehlenswerte Produkte. Um Ihnen lästige Recherchen zu ersparen, haben wir gleich die kompletten Hersteller-Adressen mit aufgeführt.

Wir wünschen Ihnen viel Freude und Erfolg bei Ihrem Vorhaben.

Ihr Redaktions-Team

Klaus M. Bayer

Klaus M. Bayer

Entscheidungshilfen zur Wahl des Haustyps

Gerade in Zeiten unstabiler Wirtschaftslagen haben sich Immobilien als sicherste Anlage bewährt. Eigentum schaffen, Werte bilden, Schützen vor Inflation. Immobilien verlieren ihren Wert nie!

Abb. Invito GmbH
D-36381 Schlüchtern

Egal was Sie auch unternehmen, in welcher Form auch immer Sie Ihr Eigentum erwerben, am Anfang steht eine Entscheidung. Bevor Sie die Sonnenstrahlen auf der Terrasse genießen, bevor Sie den Kamin anzünden, müssen Sie sich für etwas entscheiden ...
Haben Sie sich entschieden, so empfiehlt es sich, einen Fachmann (Architekten) mit der Begutachtung des entsprechenden Objektes zu beauftragen.

Abb. Vöma-Bio-Bau GmbH • D-35619 Braunfels

„Eine Villa im Grünen, mit großer Terrasse, vorn die Ostsee, hinten die Friedrichstraße; mit schöner Aussicht, ländlich mondän, vom Badezimmer ist die Zugspitze zu sehn; aber abends ins Kino hast Du es nicht weit."
(Kurt Tucholsky)

Massivbauweise: Das Bauträgerhaus

*Bauträgergesellschaften bieten Häuser komplett, schlüsselfertig, zum Festpreis an.
Diese Gesamtleistung geht jedoch leider manchmal auf Kosten der Individualität für den Eigenheimsuchenden.*

Grundstücke und Finanzierungsmöglichkeiten werden oftmals aus einer Hand mitgeliefert. Dieses Komplettangebot unterscheidet das Bauträgerhaus im Wesentlichen vom Architektenhaus.

Wer sich unter den verschiedensten Möglichkeiten auf dem Weg zum eigenen Domizil für das Bauträgerhaus entscheidet, hat die hier interessanten Vorteile berücksichtigt.

Der Bauherr

- spart sich das mühsame Suchen nach einem geeigneten Grundstück,
- muss keine Zeit für die Architektensuche aufwenden,
- erspart sich teilweise Nerven aufreibende und zeitaufwändige Verhandlungen mit Behörden und Bauhandwerkern,
- weiß von vornherein, was sein Wunschobjekt kostet,
- kann oftmals bereits an Ort und Stelle die Realität betrachten, prüfen, wo der Wohnzimmerschrank demnächst steht, und kann die Finanzierung maßgerecht auf den Festpreis abstellen.

Ohne Zweifel Argumente, die man nicht so einfach vom Tisch streifen sollte. Fakten, die überlegenswert sind.
Gerade für den Stadtmenschen, für den Teil der Bevölkerung, der in Ballungszentren lebt, gibt es kaum noch Alternativen; der Weg zur Bauträgergesellschaft, der Kauf eines Bauträgerhauses ist in vielen Fällen die einzige Möglichkeit. Wer ein Haus oder eine Eigentumswohnung kaufen will, kommt um Bauträgerofferten nicht herum.

Um ihre Häuser zu möglichst verlockenden Preisen anbieten zu können, sparen Bauträger häufig bei Bauqualität und Ausstattung. Kontrolle vor Vertragsabschluss ist nötig. Schon mancher Eigenheimkäufer, der sich für das Konfektionsangebot einer Bauträgergesellschaft entschieden hat, um Geld, Zeit und Ärger zu sparen, erlebte nach dem Einzug ins neue Domizil unangenehme Überraschungen.
Weil die Qualität dieser Häuser von der Stange oft nicht den heutigen Mindestanforderungen entspricht, zeigen sich häufig schon bald nach Fertigstellung die ersten Mängel. Auf die oft meist blumig abgefassten Texte, in denen die Bauträgerunternehmen Baumaterialien und Bauweise beschreiben, ist mitunter kein Verlass. Vielmehr sollten Kaufinteressenten vor der Vertragsunterschrift über die Baubeschreibung hinausgehende Detailinformationen zum wahren Wert der angebotenen Bausubstanz verlangen.

Abb. www.kernhaus.de

Massivbauweise: Architektenhaus

Noch vor wenigen Jahren gab es für einen Bauwilligen im Grunde nur einen Weg zum Eigenheim: Er ging zu einem Architekten, ließ sich von diesem ein Haus entwerfen und baute es mit örtlichen Handwerksfirmen.

Dieser Weg zum Eigenheim wird auch heute noch von den meisten Bauherren eingeschlagen. Ein auf konventionelle Art und Weise gebautes Haus hat unbestreitbare Vorzüge. Ganz ohne Frage – die Individualität.

Ein mit den örtlichen Verhältnissen vertrauter, guter Architekt wird sich bemühen, die in langen Gesprächen entwickelten Wünsche und Vorstellungen des Bauherrn, die Gegebenheiten des Baugrundstücks, die Bebauung der Nachbarschaft, regionale Besonderheiten der Architektur, die Vorschriften des Bebauungsplanes und schließlich die finanziellen Möglichkeiten des Bauherrn mit seiner Idee, mit seiner „Handschrift“ in Einklang zu bringen.

Auch bei der Detailplanung kann auf die Wünsche des Bauherrn eingegangen werden. Und ein kluger Bauherr wird sich informieren, um nicht nur bei der Farbe des Teppichbodens und der Tapete mitsprechen und mitbestimmen zu können, sondern auch bei den „unsichtbaren“, aber substanziellen Dingen wie Baustoff, Wärmedämmung, Heizsystem, Fensterfabrikat, Elektroinstallation usw.

Die Individualität im weitesten Sinne und die Möglichkeit zur Mitbestimmung sind objektive Vorzüge des konventionellen Hausbaus gegenüber Alternativen. Die weit verbreitete Meinung, ein solides, dauerhaftes, wetterbeständiges Haus müsse Stein auf Stein gemauert sein, ist dagegen kein objektives Argument. Jeder Baustoff hat seine Vor- und Nachteile. Die beim konventionellen Haus verwendeten klassischen Materialien haben sich in Jahrhunderten bewährt.

Gegenteil. Sie werden ein „einmaliges“, auf die Wünsche des Bauherrn zugeschnittenes Haus erbauen, das in die Landschaft und Umgebung passt, das funktionell, bau- und haustechnisch in Ordnung ist und das den Kostenvoranschlag des Architekten nur in einem erträglichen Maß übersteigt. Individuelles Bauen ist stets mit finanziellem Risiko verbunden. Die Wahl des Architekten ist der wichtigste Schritt des Bauherrn, die Kosten im Griff zu behal-

Konventionelles, massives Bauen setzt einen aktiven Bauherrn voraus. Einen Bauherrn, der Zeit, Interesse und Geduld hat, sein eigenes Haus mitzugestalten, der bereit ist, Entscheidungen zu treffen. Ein informierter Bauherr, der engagiert und interessiert ist, und ein fähiger Architekt werden mit der Massivbauweise kaum Schiffbruch erleiden. Im

ten, um so die positive Einstellung zur Massivbauweise und dem Architektenhaus anderen weiterzuempfehlen.

Weitere Infos unter:

Architektenkammer
www.aknw.de

Das Ausbauhaus

Diese Bauform ist als eine Unterform des Selbstbauhauses zu sehen. Es handelt sich um das Angebot, den Innenausbau in Eigenleistung oder den weiteren Ausbau je nach Bedarf bzw. Lebensabschnitt vorzunehmen.

Das Angebot vieler Bauträgerfirmen:

Wir übernehmen Schreibkram, Behördenwege, den konstruktiven Massivbau, Sie übernehmen den Ausbau – das Ausbauhaus.

Der Kunde erhält einen wetterfest erstellten, abschließbaren Rohbau, dessen Dach bereits eingedeckt und der mit Fenstern sowie der Haustür ausgestattet ist. Dem Bauherrn bleiben die Arbeiten im Hausinneren, die er je nach handwerklichem Können allein oder mit Hilfe von Fachleuten bewältigen kann. Präzise Anleitungen helfen dem künftigen Hauseigner, das richtige Material mit dem richtigen Werkzeug am richtigen Platz zu installieren.

Heute nutzt bereits jeder dritte Hauskäufer die Möglichkeit, selbst Hand anzulegen. In welchem Umfang er das tut, bleibt eine Frage seiner handwerklichen Fähigkeiten. Zweifelsohne ist also das Ausbauhaus eine gute Möglichkeit, eine interessante Alternative für denjenigen, der seine Grenzen bei der „Do-it-yourself" Methode erkennt. Aber aufgepasst! – auch die Angebote und Festpreisdarstellungen der Firmen sind genauestens zu prüfen.

Sie als künftiger Bauherr wollen Geld sparen. Passen Sie also auf, dass Ihr Ausbauhaus nicht zu teuer eingekauft wird. Da wir gerade beim Geld sind, abschließend der Hinweis, dass der Fleiß des Bauherrn leider vom Finanzamt schlecht belohnt wird. Die eigene Arbeitsleistung zählt nicht zu den Herstellungskosten des Hauses, die steuermindernd abgeschrieben werden können. Nur das eingekaufte Baumaterial erkennen die Finanzbeamten als absetzbare Herstellungskosten an.

Abb. BAUFRITZ

Unser Tipp:

Der Begriff Ausbauhaus ist, was den Leistungsumfang betrifft, nicht genau festgelegt.

Klären Sie deshalb mit den Anbietern genau ab, was für Leistungen und Materialien in dem Ausbauhaus enthalten bzw. nicht enthalten sind.

Altbau-Modernisierung

Die Modernisierung hat seit Mitte der 70er-Jahre in der Bundesrepublik – nicht zuletzt dank staatlicher Förderung – einen enormen Aufschwung genommen. Der Anteil von Modernisierungsinvestitionen am gesamten Wohnungsbauvolumen ist auf rund 40 Prozent angestiegen. Viele Millionen Wohnungen wurden durch Modernisierungsmaßnahmen in ihrem Wohnwert wesentlich verbessert.
Für Käufer eines alten Hauses, aber auch für Eigentümer, zahlt sich eine Modernisierung aus. Die Vorteile liegen auf der Hand:

- Erhalt der Bausubstanz
- Verbesserung des Wohnwertes
- Erhöhung des Wohnkomforts
- Vergrößern der Wohnfläche durch Um- oder Anbau
- Nutzen staatlicher Hilfen

Wenn jemand seine Wohnung oder sein Haus modernisieren möchte, ist es für ihn notwendig zu wissen, welche Arbeiten er in welchem Umfang durchführen muss und kann. Auch die Finanzierung sollte gesichert sein – diese wird in diesem Ratgeber an anderer Stelle erläutert. Wichtig ist es aber in jedem Fall, die Arbeiten in einer sinnvollen Reihenfolge selbst durchzuführen oder von entsprechenden Fachleuten durchführen zu lassen. In Gesprächen mit den zuständigen Behörden oder Fachleuten tauchen immer wieder verschiedene Begriffe auf. Damit diese richtig angewandt werden, wird hier zunächst eine kurze Erläuterung der verwendeten Begriffe gegeben:

Renovierung

An und in einem Haus oder einer Wohnung werden gezielte Erneuerungen vorgenommen.

Ein perfekt renoviertes Haus ist ein Schmuckstück

Modernisierung

Ein Haus, eine Wohnung wird durch umfangreiche Veränderungen bei weitgehendem Erhalten der vorhandenen Bausubstanz qualitativ verbessert.

Sanierung

Einen Altbau komplett abreißen und durch ein neues Gebäude ersetzen.

Altbauerneuerung

ist der Oberbegriff, der Modernisierung und Sanierung einschließt.

Bauliche Maßnahmen, die den Gebrauchswert verbessern, in Stichpunkten.

Neue Fenster

Einfach verglaste Fenster durch doppelverglaste ersetzen, gleichzeitig Vergrößerung oder Schaffung neuer Fensteröffnungen, Einbau von Rollläden.

Fußbodenerneuerung

Zum Zweck der Verbesserung von Wärme- und Trittschalldämmung.

Heizung

Einbau neuzeitlicher Heizungsanlagen, Einbau von Solar- und Photovoltaik-Anlagen und von Steuerungs- und Regeleinrichtungen, um die wirtschaftliche Ausnutzung der Energiequelle zu gewährleisten, Umstellung auf alternative Heizmöglichkeiten.

Fassade

Maßnahmen zur Wärmedämmung, Wärmedämmputz, Verklinkerung usw.

Was Sie auch tun ...

vieles ist einfacher geworden. Sie können mit wenig Mitteln sparsam um- oder ausbauen, mit fertigen Systemen problemlos modernisieren. Trocken ausführbare Bautechniken und viele vorgefertigte Bauteile ermöglichen eine rasche und einfache Fertigstellung. Ausbauprogramme, die aufeinander abgestimmt sind und den statischen und bauphysikalischen Ansprüchen des Altbaus entgegenkommen, sind wertvolle Hilfen.

Worauf es beim Hausbau ankommt

Perfektion in Planung und Bauablauf. Für Bauwillige ist es nicht gerade einfach, sich im Angebotsdschungel der Hausbauunternehmen zurechtzufinden. Neben dem Bau- und Ausstattungsstandard, dem Grundriss und der Architektur müssen auch die Konditionen beim Kaufvertrag stimmen.

Gerade beim schlüsselfertigen Bauen gibt es große Unterschiede, die oftmals im Detail liegen. Viel Geld kann deshalb sparen, wer verschiedene Angebote prüft und genau miteinander vergleicht. Im Zweifel lohnt es sich, beim Bauunternehmen nachzufragen. Schließlich ist das Eigenheim in der Regel die größte Investition, die man in seinem Leben tätigt. Beachten sollte man auf alle Fälle folgende Punkte:

Eine sichere Kalkulation für den Bauherrn ist nur dann möglich, wenn er mit einem Festpreis rechnen kann. Im Fertigbau ist eine Festpreisgarantie üblich, die für ein Jahr gilt. Es gibt aber auch schon Unternehmen, die diese Garantie auf 15 Monate verlängert haben. Weiterer Tipp: Ausstattungsdetails und Extras in den Vertrag mitaufnehmen lassen, dann ist der Festpreis gleichzeitig auch der Endpreis.

Bei den Gewährleistungszeiten sind heute 30 Jahre für die Grundkonstruktion Standard. Für die übrigen Bauteile schreibt die Verdingungsordnung für Bauleistungen (VOB, Teil B) lediglich eine Gewährleistung von zwei Jahren vor. Aber auch hier gilt: Es gibt Hausbauunternehmen, die von sich aus eine Gewährleistung von fünf Jahren anbieten.

Seit dem In-Kraft-treten der Energieeinsparverordnung am 1.2.2002 sind Niedrigenergiehäuser Standard. Um günstige Kredite von der Kreditanstalt für Wiederaufbau (KfW) erhalten zu können, darf der Primärenergiebedarf eines Hauses nicht höher als 60 kWh/m² und Jahr (Energiesparhaus 60) bzw. 40 kWh/m² und Jahr (Energiesparhaus 40) betragen. Diese Voraussetzung wird von führenden Anbietern vertraglich garantiert.

Ökologisch sinnvolle Komponenten wie Solar- und Regenwassernutzung sind normalerweise mit Mehrkosten verbunden. Bei knappem Budget sollten zumindest die Optionen für eine spätere problemlose Nachrüstung vorhanden sein. Diese sind ebenfalls schon ohne Aufpreis erhältlich.

Die Ausstattungsunterschiede sind teilweise gravierend. Während beispielsweise in vielen Fällen für das Wohnzimmer lediglich Teppichboden in der Basisausstattung zur Wahl steht, gibt es bei anderen Anbietern auch Bodenfliesen zum gleichen Preis. Qualitätsunterschiede stecken oft im Detail: Eine Vollglas-Duschkabine, Außenfensterbänke aus Granit oder Innenfensterbänke aus Marmor sind Beispiele für einen hochwertigen Ausstattungsstandard.

Angesichts der Tatsache, dass die Heizung rund 80 Prozent des Energieverbrauchs eines Hauses ausmacht, sollte auf eine Energie sparende Technik größter Wert gelegt werden. Bewährt haben sich Öl- oder Gas-Niedertemperaturheizungen. Den günstigsten Energieverbrauch weisen Gasheizungen mit Brennwerttechnik auf – auch diese gibt es bei renommierten Hausbauunternehmen schon standardmäßig.

Einen einzigen Vertragspartner für den Hausbau zu haben, bedeutet für die Bauherren kaum Stress und Risiko. Aus diesem Grund entscheiden sich immer mehr für das Angebot „Haus und Keller aus einer Hand". Im Fertigbau gibt es Firmen, die das Haus komplett vom Keller bis zum Dach errichten.

Der Bauherr sollte die Gewissheit haben, dass Bauteile gesundheitlich und ökologisch unbedenklich sind. Die Mitglieder der Qualitätsgemeinschaft Deutscher Fertigbau (QDF) haben sich zu strengen Qualitätskontrollen durch neutrale Institute verpflichtet. Weit darüber hinaus geht der Gebäudepass der Landesgewerbeanstalt Bayern (LGA), den z. B. WeberHaus für das gesamte Hausprogramm erhalten hat.

Infos unter:
WeberHaus GmbH & Co. KG
Am Erlenpark 1 • D-77866 Rheinau-Linx
Info-Line +49 (0) 180/5 23 13 45
Fax 0 78 53/83-4 17
info@weberhaus.de • www.weberhaus.de

Gute Argumente für den Fertigbau

Es gibt viele Argumente für den Hausbau in Fertigbauweise. Mit Hilfe hochmoderner, umweltverträglicher Produktionsstätten werden solide, kostengünstige Häuser mit hohem Qualitätsstandard gebaut.

Aufgrund ihrer spezifischen Konstruktion bringen moderne Fertighäuser beste Voraussetzungen für den Einsatz moderner haustechnischer Systeme mit, seien es nun Anlagen zur kontrollierten Be- und Entlüftung mit Wärmerückgewinnung, Solaranlagen oder Photovoltaikanlagen. Auch in der Entwicklung von Niedrigenergiehäusern sind Fertighäuser führend.

Festpreis-Garantie

Immer wieder geraten Bauherren in finanzielle Schwierigkeiten, weil ihr Traumhaus teurer wird, als im Kostenvoranschlag absehbar war. Heute schon ist klar, was das Haus morgen kostet. Sie sind die Sorge wegen höherer Löhne und steigender Materialkosten los!

Vereinbarter Fertigstellungstermin

Bereits beim Vertragsabschluss kann der Termin für die Schlüsselübergabe vereinbart werden.

Beim Fertigbau werden die einzelnen Bauteile in witterungsgeschützten Werkhallen weitgehend vorgefertigt. Hierdurch wird ein Höchstmaß an Unabhängigkeit von den Wetterbedingungen auf der Baustelle erreicht, die planerische Terminsicherheit mit sich bringt. Der Vorteil für den Bauherren: Der Umzug kann frühzeitig vorbereitet werden, und man kündigt den alten Mietvertrag zur rechten Zeit. Die Miete endet genau dann, wenn die Tilgung für das neue Haus beginnt. Mit der Fertigbauweise spart man dank kürzerer Fertigstellung Kosten für die Zwischenfinanzierung.

Es ist oft schwierig, die Arbeiten der verschiedenen Firmen und Handwerker auf der Baustelle unter einen Hut zu bringen. Schlechtes Wetter oder Probleme mit einer einzelnen Firma bringen leicht den ganzen Zeitplan durcheinander. Dieser Nervenkrieg, der Zeit und Geld kostet, entfällt beim Fertigbau vollkommen, weil man mit dem Hausbau-Unternehmen nur noch einen einzigen Ansprechpartner hat.

Qualitätsgarantie

Der Hausbaumarkt ist für Sie als Laie nur schwer überschaubar. Der Verbraucher sucht nach Entscheidungshilfen. Hier ist die „Qualitätsgemeinschaft Deutscher Fertigbau" (QDF), ein Zusammenschluss von namhaften Fertigbau-Unternehmen, eine beispielhafte Initiative für die gesamte deutsche Bauwirtschaft.

Abb unten:
Kampa-Haus GmbH
Uphauser Weg 78 • D-32429 Minden
Tel. +49 (0) 571/95 57-0 • Fax 95 57-4 00
E-Mail: info@kampa.de
www.kampa.de

Wetterunabhängige Produktion

Die Vorfertigung in geschlossenen Werkshallen zahlt sich aus. So kennt der Fertigbau im Herbst und Winter keine Saisonpausen, und die Qualität der Produkte ist gleichbleibend. Die häufigsten und teuersten Schäden im gesamten Hausbaubereich, etwa 57 Prozent, werden bei den Außenwänden und Dächern festgestellt. Im Fertigbau ist systembedingt ein Höchstmaß an Präzision und Güteüberwachung vorgegeben.

Mehr Wohnfläche

Die gute Wärmedämmung erreicht der Fertigbau mit wesentlich schmaleren Wänden als eine mit Ziegeln gemauerte Wand gleicher Leistung.

Lebensdauer

Ein Haus ist nicht nur Lebensbereich, sondern auch Kapitalanlage. Die hohen Qualitätsstandards im heutigen Fertigbau garantieren einen guten Wiederverkaufswert, der auch von Makler-Verbänden bestätigt wird. Dies belegt eine wissenschaftliche Untersuchung der Technischen Universität Braunschweig.

Umweltentlastung beim Hausbau

Die Fertigbauweise belastet die Umwelt in geringerem Umfang, da bei der Herstellung der Häuser ein niedriger Gesamtenergieaufwand erforderlich ist. Viele Fahrten zur Baustelle mit dem Lkw entfallen, denn nur die vorgefertigten Teile werden angliefert.

Abb. rechts: Bei einem Fachwerkhaus ist die Holzqualität und die fachgerechte Verarbeitung besonders wichtig. Abb. Emil von Elling Fachwerkhäuser

Schon so alt und immer modern: Die Holzbausysteme

Holzhäuser sind, gleichgültig welches Konstruktionsprinzip bevorzugt wird, alle wirtschaftlich, technisch ausgereift, gestalterisch perfekt und ganz individuell. Heute sind Holzhäuser High-Tech-Bauten. Für einen zeitgemäßen Holzbau stehen neben dem technisch fortentwickelten traditionellen Blockbau innovative Rahmen, Skelett- und Tafelbauten im Vordergrund.

Der Blockbau

Gebaut wurde er bereits in der Bronzezeit. Übereinander gefügte Stämme, rund und/oder profiliert, traditionell handwerkliche Eckverbindung und natürliche Oberflächenwärme bieten Behaglichkeit und Natur pur.

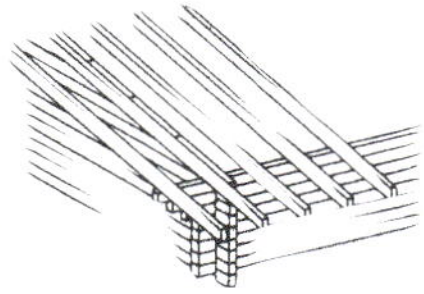

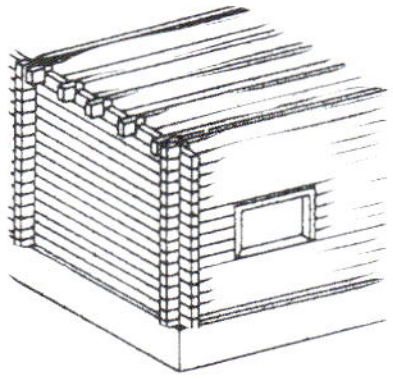

In Gestalt und Konstruktion sind traditionelle Verfahren und Optik mit modernem Wohnkomfort verbunden.
Abb. Emil von Elling Fachwerkhäuser

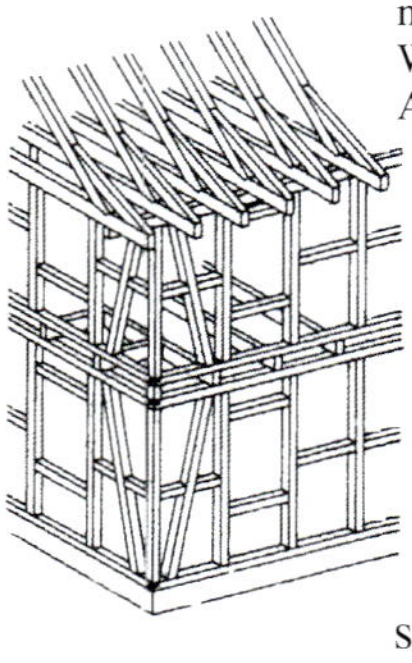

Der Fachwerkbau

Der nimmermüde Trendsetter vom Mittelalter bis in die Neuzeit. Der Stolz handwerklichen Könnens prägt regional unterschiedliche Konstruktionsformen und repräsentative Stadthäuser mit vier und mehr Geschossen. Stockwerk für Stockwerk aufgesetzt, bieten sie Zeugnis erhaltenswürdiger Stadtbilder und sind trotzdem technischen Neuerungen aufgeschlossen.

Der Skelettbau

Renaissance des Stabsystems mit klaren Linien und tragenden Stützen in unauffälligem Rastermaß. Systemplanung und die hohe Tragfähigkeit des Baustoffes Holz bieten größte Freiheiten in der Raumplanung. Ausgesteift wird mit Holzstrebe, Stahlverspannung oder integrierter „Scheibe“.

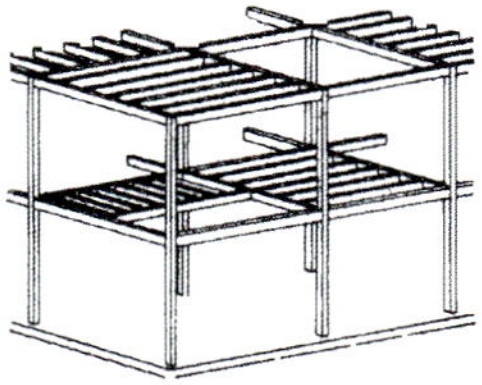

Der Tafelbau

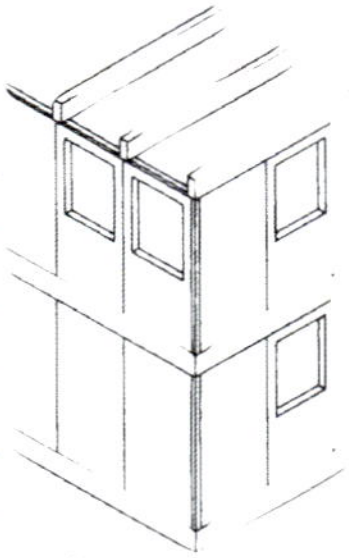

Vorgefertigte Tafeln bilden ein addierbares „Scheibensystem“ und ergeben individuell gestaltete Gebäude. In der so genannten Holztafelbauweise entsteht zunächst eine Art Fachwerkkonstruktion, deren Zwischenräume mit schall- und wärmedämmenden Materialien gefüllt werden. Die Möglichkeit unterschiedlicher Materialkombinationen lässt keinen Wunsch offen, garantiert Niedrigenergiestandard und hohe Lebensdauer. Die Bauweise ist typisch für Fertighäuser.

Der Rahmenbau

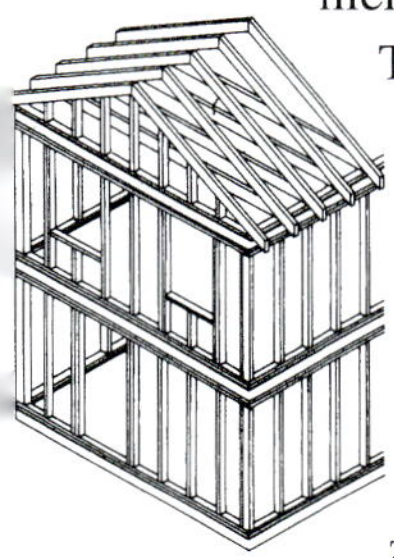

Dem Tafelbau verwandt, jedoch werden hier die teilweise vorgefertigten Tafeln erst am Bau komplettiert. Die unauffällige Standardisierung bietet alle Möglichkeiten für freies Gestalten und unterschiedlichste Ausstattungswünsche von kostengünstig bis zum verwöhnten Ambiente.

Quelle: Initiative Forst & Holz, Bonn

Modernes Bauen mit Lehm

Ökologisches Bauen, das heute den Rahmen der Wiederentdeckung des modernen Baustoffs Lehm bildet, verstand sich schon immer als ein Bauen mit Stoffen aus der Biosphäre – ein Bauen mit einfachen, verständlichen und lang bewährten Konstruktionen.

Lehm erobert sich seinen Marktanteil im Bauwesen, und seine Anwendung als Baustoff wächst stetig, da Lehm ein zeitloser Baustoff mit Tradition und besten Eigenschaften ist.
Lehm ist in fast jeder Region anzutreffen und mit geringstem Energieaufwand abzubauen. Kurze Transportwege zur Baustelle sind positive Nebenerscheinungen. Der Baustoff Lehm ist ohne Konservierung haltbar und frei von Schadstoffen. Lehmbauten haben dank der bauphysikalischen Eigenschaften ein angenehmes Raumklima, deren Bewohner oder Besucher es nicht missen möchten.
Ein Gebäude muss nicht unbedingt ganz aus Lehm bestehen. Kombinationen mit Naturstein, Holz, Stein, Beton, Stahl etc. sind möglich. Lehmputze und Lehmfarben lassen sich auch auf Ziegelstein-, Kalksandstein-, Zementsteinmauerwerk, Wände und Decken aus Beton, Gips etc. aufbringen.

Lehm hat viele gute Eigenschaften - kein Wunder, dass dieser uralte Baustoff heute ganz neu entdeckt wird.

Der Lehm als Baustoff hat Zukunft, da er vor allen anderen Baustoffen im Wohn- und Arbeitsbereich ein optimales Wohnklima erzeugt, wie z. B.

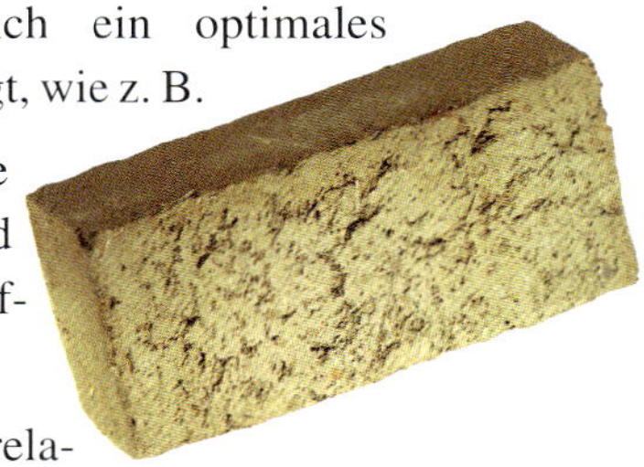

- Lehm reinigt die Raumluft aufgrund seiner diffusionsoffenen Oberfläche.
- Lehm regelt die relative Luftfeuchtigkeit auf ca. 50 Prozent, einen für den Menschen optimalen Wert.
- Lehm setzt die Ionisation der Luft herab.

Infos unter:

Ex-Norm Haus
Schwabstr. 45 • D-89555 Steinheim
Tel. +49 (0)73 29/9 51-0 • Fax 951-5 99
E-Mail: info@exnorm.de • www.exnorm.de

Bau-Fritz GmbH & Co.
Alpenstr. 25 • D-87746 Erkheim/Allgäu
Tel. +49 (0)83 36/9 00-0 • Fax 9 00-33
E-Mail: info@baufritz.com • www.baufritz.com

Emil von Elling & Sohn GmbH
Borsteler Weg 62-70 • D-21423 Winsen/Luhe
Tel. +49 (0)41 71/70 52-0 • Fax 7 54 01
E-Mail: info@fachwerkhaus.com
www.fachwerkhaus.com

Sjödalshus
Bamberger Str. 41 • D-97437 Haßfurt
Tel. +49 (0)95 21/95 17 30 • Fax 95 17 31
E-Mail: kontakt@sjoedalshus.de • www.sjoedalshus.de

H & K Märkische Lehmhaus GmbH
Matterhornstr. 104 • D-14129 Berlin
Tel. +49 (0)30/8 03 90 84 • Fax 0 30/8 03 12 44
www.lehmhaus-gmbh.de

Conluto Bauen mit Lehm
Köllerweg 13 • D-32825 Blomberg
Tel. +49 (0)52 35/82 71 • Fax 80 56
E-Mil: info@conluto.de • www.conluto.de

Dachverband Lehm e.V.
Postfach 11 72 • D-99409 Weimar
Tel./Fax +49 (0)36 43/58 34 31
E-Mail: dvl@dachverband-lehm.de
www.dachverband-lehm.de

Bundesverband Deutscher Fertigbau e.V. (BDF)
www.bdf-ev.de/musterhaeuser

Selbstbauhäuser in Eigenleistung — nicht für jedermann?

Durch Eigenleistungen kann man am Bau bis zu 25 Prozent der Baukosten sparen. Das ist die eine Seite der Medaille. Die andere Seite ist – Verzicht auf Freizeit, unprofessionelle Arbeit, oftmals teure Nacharbeiten durch Handwerker.

Wer mit offenen Augen über die Bauplätze in der Bundesrepublik schreitet, wird bereits nach kurzer Zeit eine interessante Feststellung machen. Die „Do-it-yourself-Bewegung" hat viele Anhänger, und es werden immer mehr. Ausschlaggebend für die steigende Nachfrage nach Selbstbau-Systemen, nach viel Eigenleistung, mag in erster Linie der Geldbeutel der künftigen Hausbesitzer sein; nicht alle sind finanziell auf Rosen gebettet. Bis zu 25 Prozent der Baukosten kann man sparen: Deshalb wagen viele das Abenteuer „„Hausbau mit Eigenleistung". Aus dieser Tatsache heraus erklärt sich die Tendenz, die Bewegung auf den Baumarkt bringt.

Jedenfalls ist die Befürchtung absurd, dass die Selbermacher die Arbeitsplätze der Profis gefährden könnten.

Gefährden kann doch nur der, der einem Anderen etwas wegnimmt. Bei den Selbermachern ist das aber nicht der Fall. Für sie gibt es doch oft nur die Alternative: entweder viel Eigenleistung im Bau investieren oder auf das eigene Heim verzichten.

Tatsache ist auch, dass der Selbermacher immer nur einen bestimmten Teil der Arbeiten am Bau selber machen kann. Den Rest muss er in die geschulten Hände des Fachmannes legen. Dieser profitiert letzten Endes von der Selbstbautendenz und erschließt sich einen neuen Markt, der ja ohne die „Do-it-yourselfer" nicht vorhanden wäre.

Abb. Poroton

Weil es Spaß macht!

Auch das hört man immer wieder; nicht nur die finanzielle Seite ist das Motiv für Eigenleistung, sondern auch der Wunsch nach körperlicher Betätigung. Von diesem „Fitnessangebot" mit realem Hintergrund machen sowohl Arbeiter und Angestellte als auch Akademiker, Manager und Beamte Gebrauch.

Aus Spaß an der Arbeit, an Bewegung und frischer Luft, greifen sie zu Spitzhacke und Schaufel. Nicht zuletzt auch mag mancher sein Haus in Eigenleistung errichten, um einfach eine Selbstbestätigung zu finden.

Das Angebot an Selbstbausystemen trägt diesem Umstand natürlich voll Rechnung. Jedermann findet in der Angebotspalette unterschiedlicher Bausätze das, was seinen Neigungen und Fähigkeiten entspricht. Es gibt Selbstbauhäuser aus Schalungssteinen, die mit Beton ausgegossen werden müssen. Es gibt Systeme, bei denen leichte Gasbetonsteine einfach aufeinander geklebt werden, und es gibt komplette Wandelemente, die der Selbermacher am Bauplatz zusammenfügen kann. Fast immer werden zu den Bausätzen reich bebilderte Anleitungen geliefert, die den Aufbau des eigenen Hauses bis ins letzte Detail beschreiben. Aber aufgepasst: Nicht immer geht alles so einfach, passt alles so haargenau, wie auf der Zeichnung beschrieben, und auch über die Gefahren und Risiken beim Selberbauen, beim Erbringen von Eigenleistungen sollten Sie informiert sein.

Voraussetzung

Die wichtigste Voraussetzung ist nun einmal die Tatsache, dass Sie Zeit haben. Dies kann man nun doppelt verstehen. Einmal müssen Sie Zeit haben in dem Sinn, dass der Bau keine Eile hat, denn Eile ist der schlechteste Helfer beim Selbermachen. Wenn Sie es mit dem Bau eilig haben, lassen Sie lieber die Finger vom Selbermachen. Dann aber auch Zeit im Sinne von Stunden, die Sie für das Selbermachen aufwenden können, und Stunden für weitere Personen und das, was Sie einfach nicht alleine machen

können; und davon gibt es am Bau viele Arbeiten.
Eine weitere Voraussetzung für Eigenleistungen ist ein gewisses Können. Überdurchschnittlicher, praktischer Sachverstand sollte vorhanden sein. Mit zwei „linken Händen“ können Sie nicht viel Sinnvolles anrichten. Letzten Endes gehört auch eine gute Planung dazu, denn das, was man machen will, sich erst in der letzten Minute einfallen zu lassen, mag vielleicht genial erscheinen, ist in Wirklichkeit jedoch unüberlegt und wird teuer.

Risiken

Gegen einige Risiken können bzw. müssen Sie sich teilweise versichern. Fragen sie diesbezüglich den Fachmann, der speziell für Ihre Situation das richtige Angebot haben wird.

Zu den Risiken zählt natürlich auch die strafrechtliche Haftung. Wenn beispielsweise ein mithelfender Nachbar das Treppenhaus runter fällt, weil Sie nicht sofort nach Herstellung der Treppenläufe ein Notgeländer angebracht haben. Für dieses Risiko gibt es keine Versicherung. Aufpassen, ob die Baustelle in allen ihren Teilen genügend gesichert ist.

Ein weiteres Risiko ist der Verlust der Gewährleistung, denn für Ihre eigene Arbeit können nur Sie selbst Gewähr übernehmen!
Das allein wäre nicht oder nur halb so schlimm, aber Sie verlieren auch die Gewährleistungsansprüche bei anderen Dingen, z. B. für Sachen, die von einem Handwerker als Vorleistung erbracht wurden. Wie schnell zerstört man eine solche Arbeit beim Selbermachen.
Ein Gewährleistungsverlust kann auch eintreten, wenn Sie nicht merken, dass der Handwerker die Sache nicht richtig gemacht hat und Sie jetzt daran weiterarbeiten und der Handwerker dann später bemerkt, Sie hätten seine Arbeit ja durch Vervollständigung und Weiterarbeit abgenommen. Überhaupt ist die Schuldfrage dann, wenn etwas passiert, im Zusammenwirken mit Handwerkern immer schwierig zu klären.

Ein weiteres Risiko ist der Verlust der Aufklärung. Jeder Handwerker, ebenso wie der Architekt, hat die Pflicht, den Bauherrn über Vor- und Nachteile des von ihm durchgeführten bzw. vorgeschlagenen Arbeitsablaufs zu unterrichten; dann, wenn er Bedenken hat oder diese haben muss, muss er Sie darauf aufmerksam machen. Bei Ihren Arbeiten, bei der Eigenleistung, dem Selbstbau, müssen Sie auch das selber tun.
Ein weiteres Risiko besteht darin, dass Sie sich an Arbeiten wagen, für die man eine Zulassung braucht.
Beispielsweise die Elektroinstallation. Diese Arbeit wird von einer Behörde abgenommen, die nicht alle Handwerksfirmen für diese Tätigkeit zulässt. Elektroinstallateure, die von der Handwerkskammer zugelassen sind, müssen nicht unbedingt auch von der zuständigen Abnahmebehörde akzeptiert werden. Schließlich ist da noch das Risiko der Qualitätsminderung.
Sicher, man ist bemüht, bei seinen eigenen Arbeiten möglichst gut zu sein.
Dieses Wollen ist bei Arbeiten von

Abb. Ytong

Handwerkern nicht immer vorauszusetzen, aber die große Gefahr besteht darin, dass der Mangel an Erfahrungen mit einer mangelhaften Planung zusammentrifft und so oftmals ein riesiges Durcheinander, nicht nur auf der Baustelle, sondern auch allzuoft im Familienkreis entsteht. Prüfen sie also vorher Ihre Möglichkeiten, damit Sie nachher auch Freude und Gewinn durch die erbrachte Leistung verzeichnen können.

Infos unter:

Arbeitsgemeinschaft Selbstbauhilfe e. V.
Bodenweg 15 • D-88662 Überlingen
Tel. +49 (0)75 52/40 93 43 • Fax 40 93 43
www.selbsthilfe.de

Zentrale Architekten-Kammer
Askanischer Platz 4 • D-10963 Berlin
Tel. +49 (0)30/26 39 44-0 • Fax 26 39 44-90
www.akh.de

Deutsche Heimwerker Akademie
Mollenbachstraße 33-35 • D-71229 Leonberg
Tel. +49 (0)71 52/9 78 20-0 • Fax 9 78 20
E-Mail: info@dha.de • www.dha.de

Bundesverband Deutscher Heimwerker-, Bau- und Gartenfachmärkte e.V. - BHB -
An der Rechtschule 1-3 • D-50667 Köln
Tel. +49 (0)2 21/27 75 95-0 • 27 75 95-79
E-Mail: info@bhb.org • www.bhb.org

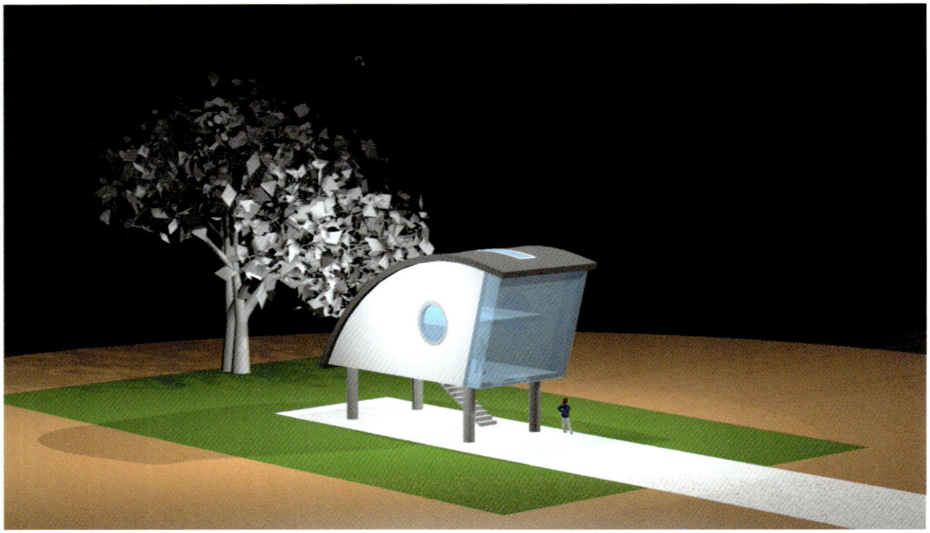

Überlegungen für ein neues Hauskonzept

Ähnlich der rationellen Fertigung im Automobilbau soll ein äußerst preiswertes Fertighaus entstehen, welches durch sein Modulbauweise sehr schnell, präzise und leicht aufgebaut werden kann.

Durch eine Vorinstallation von Heizung, Sanitär und Elektrik soll der zeit- und nervenaufreibende Ärger mit den Handwerkern vermieden werden.
Die zu verwendenden Materialien sollten preiswert, ästhetisch und den Anforderungen eines Zukunftshauses entsprechen (Wärmedämmung, Recycling, usw.) Der Bauherr sollte selbst in der Lage sein, das Haus aufzubauen (Selbstbauhaus ähnlich einem IKEA-Schrank: „Mithelfen spart Geld!") Das kann über Steckverbindungen oder einfache Verschraubungen geschehen. Das Heben der einzelnen Bauelemente kann von einer örtlichen Kranverleihfirma übernommen werden.
Der Innenraum des Hauses sollte so offen wie möglich gestaltet sein, damit sich der Raumbedarf der Anzahl der Bewohner und der Nutzung anpassen kann. D.h. die Innenräume werden durch flexible Trennwände unterteilt und die Raumaufteilung lässt sich jederzeit mit wenig Aufwand ändern. Das Haus sollte für eine Durchschnittsfamilie konzipiert sein, also 2 Erwachsene und 1-2 Kinder.

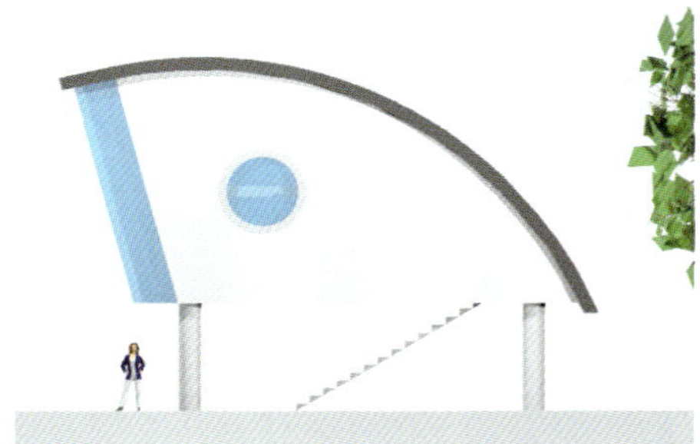

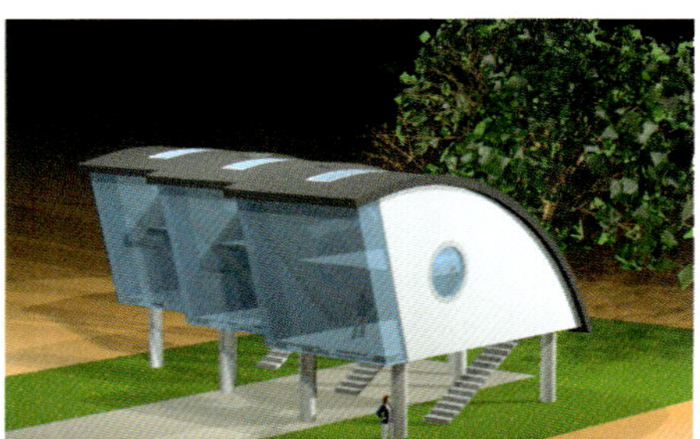

Es gibt nur eine Architektur! Der Bauherr kann nicht über eine Vielzahl von Änderungen bezüglich Grundriss, Form und Material wählen. Hier muss die rationelle Fertigung in hoher Stückzahl im Vordergrund stehen. Beispiel: Es gibt den Schrank von IKEA in nur einem Design – lediglich in drei verschiedenen Farben.
Die Baugenehmigung sollte durch ABB Design von den örtlichen Behörden eingeholt werden. Auch diese oft nervenaufreibende Arbeit sollte dem Kunden die Entscheidung für ein „ABB Design-Haus" leichter machen: „Full Service"!

Zeit ist Geld, daher ist die konventionelle Bauweise längst überfällig und viel zu teuer. Da es nur eine Hausform gibt, kann der Kunde lediglich unter verschiedenen Empfehlungen betreffend der farblichen Gestaltung auswählen. Beispiel Pkw: Die Fahrzeughersteller bieten ein bestimmtes Modell auch nur in einer Form an, die Farbe ist wählbar. Alle Sonderwünsche hinsichtlich der Farbe und der Ausstattungsvarianten sind aufpreispflichtig.

Das „ABB Design-Haus“ sollte Europa- und weltweit vertrieben werden, um möglichst hohe Stückzahlen zu erreichen. Dies hat auch Auswirkungen auf die Form und die Materialauswahl des Hauses. Der Geschmack und die klimatischen Verhältnisse sind in nördlichen Breitengraden anders als im Süden.

Die Architektur und das Design des Hauses sollten hohen ästhetischen Ansprüchen genügen. Die Technik des Hauses sollte zukunftsweisend sein (Energiebilanz).

Möglichkeit der Fertigung von Interieurelementen (Möbel, Küche, Bad, Leuchten etc.) im „ABB Design-Haus“ zu akzeptablen Preisen, abgestimmt auf das Rastermaß des Hauses. Hier bieten sich Kooperationen mit namhaften Herstellern an.

Der stolze Haus-Besitzer soll sich von der allgemeinen Masse der üblichen Bebauung durch die besondere Architektur abheben. Er muss dabei eine gewisse Standfestigkeit gegenüber der Kritik der Durchschnittshausbesitzer mitbringen und wird dafür belohnt, z.B. durch eine (lebens-)lange Garantie, einen Treuebonus beim Kauf von weiteren „Design-Haus-Produkten“, Bonus für die Werbung eines Neukunden, ständige Infos über Neues aus den Bereichen Architektur, Kunst, Mode, Design, Auto, Lifestyle usw. sowie Neues aus der „ABB Design-Haus-Szene“. Dadurch entsteht ein Zugehörigkeitsgefühl beim Hausbesitzer: „Willkommen im Club der „ABB Design-Haus-Besitzer“!

Ein Musterhaus sollte ständig zu besichtigen sein. Nach Terminabsprache ist auch ein „Probewohnen“ möglich. Dies ist vergleichbar mit eine Autoprobefahrt. Der Kunde muss nicht erst Architekten und Handwerker konsultieren.

Laut verschiedener Studien, würden viel mehr Menschen ein Haus bauen/erwerben, (v.a. junge Leute) wenn der Preis stimmte und nicht der Ärger und der Zeitaufwand mit dem Hausbau wäre. In der heutigen schnelllebigen Zeit verlangen viele bauwillige nach einem fertigen Produkt, welches schnell beziehbar ist und nicht die Freizeit raubt.

Das Haus sollte allen staatlichen Förderrichtlinien entsprechen und durch seine Genialität in Sachen Form und Technik , Aufsehen erregen(großer Werbeeffekt).

Alles Unsinnige und Überflüssige sollte weggelassen werden. Das Konzept des Hauses beruht auf Einfachheit und guter klarer Gestaltung. Bei der weiteren Entwicklung sollte jedes Bauteil nach seiner Berechtigung hinterfragt werden: „Weglassen ist eine Kunst“ oder „weniger ist mehr“!

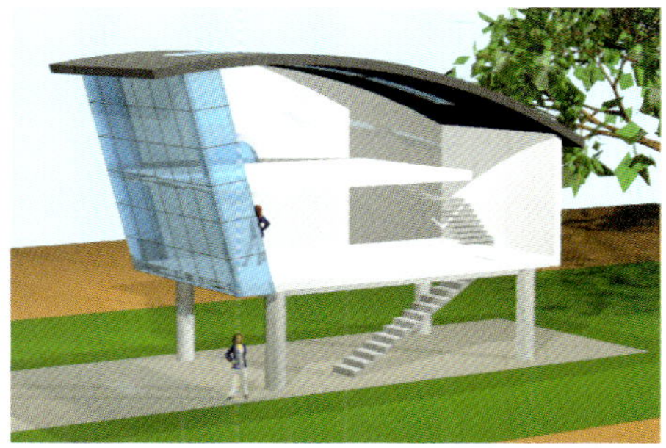

Die Zielgruppen des Hauses sollte sein: Junge und junggebliebene Menschen, Familien mit mittlerem Einkommen, gerne auch Besserverdiener und Intellektuelle, Leute mit einer Vorliebe für einen eigenen Lebensstil, gutem Geschmack und Ästhetik, die das Ausgefallene lieben und sich nicht an der „Masse“ orientieren.

Infos unter:
ABB Design
Im Tal 1 • D-63911 Klingenberg
Tel. +49 (0) 9372/218-0 • Fax 218-00
E-Mail: info@ABB-Design.de
www.ABB-Design.de

Erleben Sie schon heute, wie Sie morgen wohnen können

Die Deutsche Telekom hat gemeinsam mit WeberHaus, Siemens und Neckermann ein vernetztes Haus in Berlin aufgebaut, das den aktuellen Stand der Kommunikationstechnik mit Anwendungen wie einer elektronischen Pinnwand oder fernsteuerbaren Heimgeräten und Überwachungskameras demonstrieren will.

In ausgewählten Räumen können die Bewohner (s. unten links) voreingestellte Raumszenarien entsprechend ihrer jeweiligen Stimmung aktivieren . Einfach per PDA (s. Abb. oben rechts) oder mit dem Moodwürfel. Das Ambiente besteht aus aufeinander abgestimmten Arrangements aus Licht, Klang und Bildern. Dabei wechseln die Lichtwände und -kugeln ihre Farben, auf dem Bildschirm verändern sich die Muster zur Musik (s. Abb. rechts und Seite 25).

Das T-Com-Haus, das jetzt mitten in Berlin zwischen Friedrichstraße und Potsdamer Platz zu bewundern ist, entstand in nur drei Monaten und strotzt nur so von Hightech hinter einer eher konventionellen Fassade. Wichtigstes Ziel der Partner ist es, die für den Otto-Normalverbraucher bisher meist als reine Zukunftsvision wahrgenommene Aussicht auf das "E-Home" anfassbar zu machen. Im Vordergrund stehe nicht das "Schaulaufen für Technikfreaks", erklärte T-Com-Marketingchef Achim Berg bei der Eröffnung der Anlage. Vielmehr solle gezeigt werden, "was für die breite Masse in 15 bis 18 Monaten zu erwarten ist".

Esszimmer

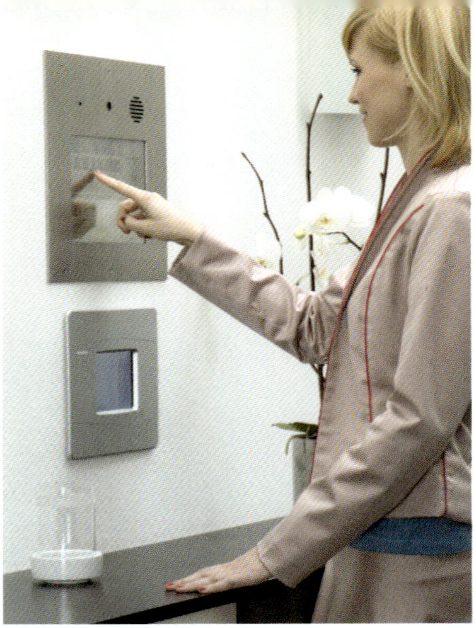

Diele

Küche

Trotz aller Bodenständigkeit ließ die Baugemeinschaft ihre Analysten bei der Konzeption tief in die Glaskugel blicken. Allüberall begegnet man im T-Com-Haus daher neudeutschen Begrifflichkeiten, häufig gekoppelt mit dem Schlagwort "Trend". Gleich im Flur trifft der Eintretende etwa an der Wand auf das "Family-Whiteboard", die Fortentwicklung der Pinnwand aus dem Geiste des Internet. Dahinter verbirgt sich eine Informationszentrale, ein Umschlagplatz für Nachrichten aller Art, für den sich jedes Haushaltsmitglied individuell per RFID identifiziert. Dort können Gäste nach dem Klingeln an der Tür etwa eine kurze Videobotschaft abgeben. Denn in der modernen Wohnumgebung weiß der virtuelle Besuchermanager, ob die Hausgemeinschaft gerade ansprechbar ist. Die auf dem Whiteboard eingehenden Nachrichten lassen sich zudem auch aufs Handy oder zum PC weiterschicken.

LCD-Bildschirme finden sich ferner in fast jedem Raum, um allerorts an die multimediale Kommunikations- und Medienwelt angebunden zu sein. Wert gelegt haben die vier Firmen in ihrer Leistungsschau integrierter Haus-, Telekommunikations- und PC-Technik jedoch darauf, dass schier alle elektronischen Utensilien und Gadgets über ein zentrales Gerät ansprechbar sind. Als universelle Fernbedienung fungiert dabei ein PDA, mit dem man etwa Musik einschalten, sich die Tageszeitung - natürlich als E-Papier -- auf den Schirm holen oder Informationen auf jeden Fernseher oder PC beamen kann. Die benötigte Software haben T-Com und Siemens gemeinsam entwickelt. Momentan kommt als PDA ein Gerät von Fujitsu-Siemens mit dem Betriebssystem Windows Mobile Pocket PC zum Einsatz. Reinhold Achatz, Leiter Entwicklung, Software und Engineering Corporate Technology bei Siemens, erklärte, dass alles über Standardschnittstellen laufe und die Anwendung so "auf allen Endgeräten implementierbar ist, inklusive Linux".

Die eigentliche Vernetzung erfolgt größtenteils drahtlos per WLAN mit DSL als

Bad

Freizeit

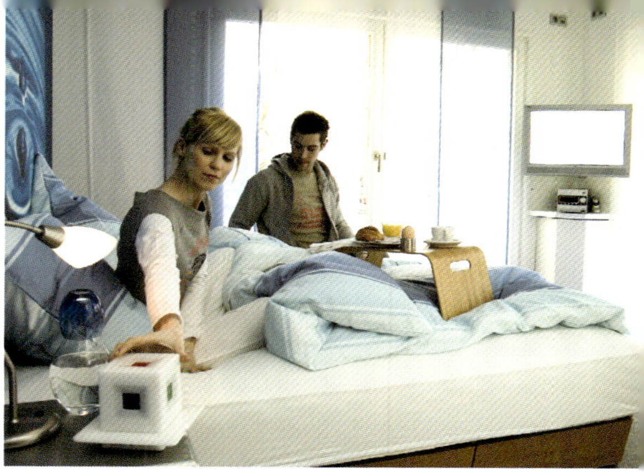

Schlafzimmer

Rückgrat, über das sich auch Videos herunterladen lassen. Berg betonte, dass sich damit die Hausfunktionen über WLAN-Hotspots "interaktiv in beide Richtungen" nutzen lassen würden. So kann man etwa aus der Ferne überprüfen, ob der Herd auch wirklich ausgeschaltet ist, oder die Heizung an- beziehungsweise abstellen. Natürlich lässt sich auch per Kamera über den PDA überwachen, ob sich ungebetene Gäste im Haus bewegen oder was die Kinder zuhause so treiben. Künftig sind auch E-Health-Anwendungen geplant, mit denen etwa Körperwärme oder Pulsschlag kontrolliert werden.

Der Handcomputer übernimmt mit Hilfe der RFID-Technik zudem das so genannte "Mood-Management", das laut der T-Com-Werbung durch die Steuerung des Licht- und Klangambientes "immer für die perfekte Stimmung im Raum" sorgen soll. Überhaupt spielt die Farbgebung laut Berthold Feiertag, Produktmanager bei Neckermann, eine wichtige Rolle im T-Com-Haus: sie soll das "Wohnwohlfühlkonzept" fürs lifestylegerechte "Homing" unterstreichen. So herrschen im Wohnzimmer aktive Rot-Töne vor, der Fitnessraum soll mit Pink prickelnd wirken, die Schlafzimmer mit Blau und Gelb mal einschläfern, mal aufmuntern.

Den Unterschied zu anderen Heimtechnik-Schauplätzen wie etwa im Duisburger in-Haus des Fraunhofer-Instituts für mikroelektronische Schaltungen und Systeme oder dem von Microsoft mitentwickelten "Haus der Gegenwart" in München sieht Berg vor allem darin, dass alle im T-Com-Haus verwendeten Produkte "in den nächsten 12 bis 15 Monaten auf den Markt kommen" und über eine zentrale Software zusammengebracht werden. Wer sich selbst ein Bild von der neuen interaktiven Wohnwelt machen will, kann sich noch für ein viertägiges Probeerlebnis über die Website des Hauses bewerben. Über 10.000 Surfer haben bereits ihr Interesse kundgetan, entscheiden wird letztlich das Los.

Infos unter:
Deutsche Telekom AG
T-Com Zentrale
Friedrich-Ebert-Allee 140 • D-53113 Bonn
E-Mail: info@t-com.net
www.t-com-haus.de

Anfallende Kosten für den Bauherrn...

Baukosten

Für den künftigen Bauherrn ist es nützlich zu wissen, was die Fachleute unter Baukosten verstehen. So manches Missverständnis kann durch die Kenntnis der Begriffe vermieden werden.

Grundstückskosten

Der Kaufpreis für das Grundstück macht den größten Teil dieser Kostenart aus. Dazu zählen aber auch alle Aufwendungen, die im Zusammenhang mit dem Kauf stehen, also Zahlungen an den Notar, die Gerichte, den Makler, den Vermessungsingenieur und das Finanzamt, wenn Grunderwerbssteuer fällig wird. Kosten einer eventuellen Bodenuntersuchung gehören ebenso dazu, genau wie die Erschließungskosten, Ausgaben für Rodung oder Abbruch von alten Gebäuden und zu guter Letzt die Straßenanliegerkosten.
Grundstückskosten können im Gegensatz zu den anderen Baukosten nicht abgeschrieben werden.

Reine Baukosten

Alle Aufwendungen, die bei der Errichtung eines Gebäudes anfallen, zählen zu den reinen Baukosten. Dazu gehören alle Bestandteile, die fest mit dem Gebäude verbunden sind, etwa Einbaumöbel, aber auch bestimmtes Zubehör, das nicht fest verbunden ist, z.B. der Hausschlüssel.

Baunebenkosten

Darunter werden alle Aufwendungen für Ingenieur- und Architektenleistungen im Zusammenhang mit der Planung, Ausschreibung, Bauleitung verstanden, ferner die Kosten aller Prüfungen und Genehmigungen.
Baunebenkosten sind auch die Aufwendungen bei der Beschaffung von Finanzierungsmitteln, die Eintragung der Baudarlehen ins Grundbuch, Disagio, Spesen, Bereitstellungs- und Zwischenkreditkosten. Alle im Zusammenhang mit der Finanzierung stehenden Aufwendungen kann der Bauherr im Jahr ihres Entstehens voll von seinem Einkommen absetzen.

Kosten der Außenanlagen

Dazu zählen alle Aufwendungen für die Versorgungsanlagen und Entwässerungsanlagen vom Haus bis zum öffentlichen Netz.
Kläranlagen oder Wasserzapfstellen im Garten gehören ebenso dazu wie Anlage des Gartens und der Terrasse, Zäune, Wege, Wäschepfahl, Außenleuchten und Ähnliches.

Gesamtkosten

Die Summe aller genannten Aufwendungen und der weiteren Ausgaben z.B. für Briefkasten, Mülleimer oder Hausfernsprecher, ergeben die Gesamtkosten.

Abb. Hebel Haus, Traumhäuser

Der Weg zu den eigenen „vier" Wänden: Kosten, Finanzierung, Belastung.

Was möchte ich erreichen? Wie teuer wird mein Vorhaben?

Bei der Planung eines eigenen Hauses ist zunächst die Grundstücksfrage zu klären. Hierbei sind zunächst die Lage, die Anbindung an den öffentlichen Verkehr sowie die Infrastruktur (Schulen, Kindergärten, Ärzte, Einkaufsmöglichkeiten, Banken, Post, öffentliche Stellen, Freizeitgestaltung u.ä.) zu beachten. Weiterhin ist in Erfahrung zu bringen:

- die Größe der Parzelle durch das Katasteramt der Gemeinde/Kreis
- die eingetragenen Lasten durch das Grundbuchamt/Amtsgericht
- die vorgeschriebene Bebauung durch das Bauamt der Gemeinde

Aus diesen gesamten Angaben ergibt sich der Kaufpreis.

Anliegerbeiträge

Weiterhin sind die baubezogenen Nebenkosten zu ermitteln. Diese sind die Anliegerbeiträge wie die Erschließungskosten für die Bereitstellung von Wasser, Abwasser, Strom, Straßenbau, etc. Diese Kosten können bei den Bau-, Planungs- und Liegenschaftsämtern der Gemeinden erfragt werden. Darüber hin aus erheben manche Gemeinden noch Vorauszahlungen für den endgültigen Ausbau der öffentlichen Wege in Neubaugebieten.

Baukosten

Bei den eigentlichen Baukosten, die zum einen von den örtlichen Gegebenheiten wie den öffentlichen Auflagen (so) wie zum anderen von Ihren eigenen Wünschen abhängen, sind die Kosten zu klären. Dieses geschieht zweckmäßigerweise durch einen Architekten, ein Fertighausunternehmen, ein Planungsbüro.

Baunebenkosten

Hinzu zu rechnen sind hier die Aufwendungen für die Beratung, die Planung (Zeichnungen, Statiken, Berechnungen), den Bauantrag beim Bauamt, die Prüfungsgebühren für die Statiküberprüfung, die Bauleitung und die Bauabnahme.

Anschlusskosten

Weiterhin entstehen Kosten für den Anschluss Ihres Hauses an die öffentlichen Ver- und Entsorgungsanlagen.

Außenanlage-Kosten

Zuletzt sind die Aufwendungen für die Außenanlagen nicht zu vergessen.

Gestehungskosten

Beim Kauf eines fertigen Objektes sind neben dem Kaufpreis auch alle Kosten wie bei einem Neubauprojekt zu entrichten. Vor allen Dingen sind hier jedoch auch Ihre Änderungs- und Modernisierungswünsche in die Kostenrechnung mit einzubeziehen. Auch bei der Renovierung/Modernisierung ist in jedem Fall ein Gesamtkostenplan zu erstellen.

„Wie kann ich das bezahlen?"

Nachdem nun die gesamten Aufwendungen errechnet sind, ist es erforderlich, einen Finanzierungsplan zu erstellen. Hier sind zunächst die Eigenmittel zusammenzustellen. Unter Eigenmittel versteht man alles zur Durchführung des Vorhabens verfügbare Kapital wie z.B. Barguthaben, Sparguthaben, Bausparguthaben, Grundwerte wie unbebaute und bebaute Grundstücke, die veräußert werden können, Erbschaften u.ä. Hinzuzurechnen sind zu den Eigenmitteln die Eigenleistungen. Doch sollte man diese nur gemäßigt, d.h. auch nur die absolut möglichen Eigenleistungen in Anrechnung bringen. Unter Eigenleistungen versteht man die Summe der Einsparungen von Fremdlöhnen.

Eigenheimzulage

Diese gewährt der Staat Ledigen und Verheirateten beim Bau oder Kauf einer Immobilie 8 Jahre lang mit 5% der Bau- und Grundstückskosten; max. 2.556,- Euro pro Jahr. Beim Kauf einer Gebrauchtimmobilie, sowie bei Ausbauten zahlt der Staat immerhin noch 2,5% der Anschaffungs- bzw Baukosten; max. 1.278,- Euro jährlich, 8 Jahre lang. Egal ob Neu- oder Altbau, pro Kind gibt es zudem jährlich eine Zulage von 767,- Euro, ebenfalls 8 Jahre lang.

Beispiel: Eine Familie mit 2 Kindern erlangt einen Förderanspruch von bis zu 32.723,- Euro. Voraussetzung für die staatliche Förderung ist, daß im Antragsjahr und im Vorjahr keine höheren Einkünfte als 61.355,- Euro bei Ledigen und 122.710,- Euro bei Ehepaaren pro Jahr erzielt wurden. Die staatliche Eigenheimzulage ist in der Finanzierung wie Eigenkapital.

Eigenleistung

Anm.: In allen Fällen einer Renovierung bzw. Modernisierung wie auch in einigen Fällen von Neu- und Ausbauten können erhebliche Mittel durch Eigenleistung eingespart werden, wie sie im Weiteren dieses Plansets angeregt und erläutert werden.

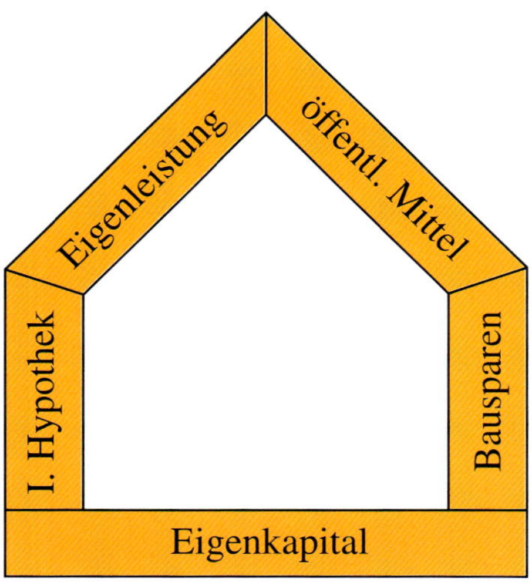

Fremdmittel

Zu den Eigenmitteln sind in der Regel Fremdmittel zur Durchführung vor allem bei größeren Bauprojekten erforderlich.

Bei der Prüfung von Angeboten sollte hier zunächst die Zuverlässigkeit der Kreditgeber außer Zweifel stehen. Deshalb meiden Sie unbekannte Institute, die mit Sonderangeboten locken, das böse Erwachen folgt meist in Kürze.

Die Möglichkeiten im Einzelnen:

- Bauspardarlehen der Bausparkassen Hypotheken der Banken, Sparkassen, Versicherungen.
- Arbeitgeberdarlehen der Arbeitgeber-Personalverwaltung.
- Öffentliche Mittel der Kommunen, Kreise und Bundesländer

Bevor Sie nun Kreditangebote für die benötigten Fremdmittel einholen, sollten Sie über folgende Punkte Bescheid wissen: in alphabetischer Reihenfolge:

Auszahlungskurs

Unter Auszahlungskurs versteht man den Prozentsatz, den Sie als Geldmittel zur Verfügung haben. Bsp.: Kreditsumme 51.129,- Euro, Auszahlungskurs 95% (= 5% Disagio), d.h. Ihnen stehen 48.573,- Euro zur Verfügung.

Bearbeitungsgebühren

Viele Gesellschaften erheben Bearbeitungsgebühren.
Diese werden einmalig zur Bearbeitung Ihres Kreditantrages erhoben, bzw. auch fortlaufend für die Führung Ihres Darlehensvertrages berechnet.

Bereitstellungszinsen

Sollen nach der Zusage Ihres Kreditantrages die Mittel erst später als geplant abgerufen werden, so erheben manche Darlehensgeber Bereitstellungszinsen.

Effektiver Jahreszins

Der wichtigste Faktor eines Kredites ist der effektive Jahreszins. Dieser errechnet (Vorfälligkeitsentschädigung) sich aus dem Nominalzinssatz, dem Auszahlungskurs sowie der Festschreibung.

Laufzeit

Außer beim Bausparvertrag liegt die Laufzeit in aller Regel nicht fest. Man versteht darunter die Zeit bis zur vollständigen Rückzahlung des Kredites.

Nominal- oder Nennbetrag

Nominal- oder Nennbetrag heißt die Summe, über die Sie den Darlehensvertrag abschließen und auf die sich die Tilgungs- und Zinsbeträge errechnen.

Nominalzins

Der Nominalzins ist der Zinssatz, mit dem der Nominalbetrag verzinst wird.

Restschuld

Restschuld ist der Betrag, der bei einer Neufestsetzung der Konditionen (Zinsen, Tilgung) während der Laufzeit noch zurück gezahlt werden muss.

Schätzgebühren

Schätzgebühren fallen dann an, wenn der Kreditgeber selbst oder ein Beauftragter den Wert Ihres fertigen Objektes ermittelt. Diese Kosten bewirken ggf. eine Erhöhung des Effektivzinses.

Zinsfestschreibung

Die Zinsfestschreibung (Festschreibung) ist eine Absprache, über einen festen Zeitraum die Konditionen des Darlehens nicht zu verändern. Hierbei ist zu beachten, daß bei einer vorzeitigen Rückzahlung des Kredites der Kreditgeber ggf. eine Gebühr erheben kann, da der Kredit für eine längere Zeit vergeben war und somit der Zinsertrag geschmälert ist.

Bausparmittel

Zu den Fremdmitteln zählen auch Bauspardarlehen. Der Bauwillige schließt bei einer Bausparkasse einen Vertrag in gewünschter Höhe ab. Die Vertragshöhe wird als Bausparsumme bezeichnet (z.B. über 51.129,- Euro). Auf diesen Vertrag spart der zukünftige Bauherr erst einmal an, um ein Guthaben von 40-50% der Bausparsumme zu erreichen. Die monatlichen Sparbeiträge können je nach Bausparinstitut und Bauspartarif unterschiedlich hoch sein. Die Sparleistungen werden im Rahmen von Einkommenshöchstgrenzen (bei Ledigen 25.565,- Euro, Verheirateten 51.129,- Euro zu versteuerndes Jahreseinkommen) durch staatliche Wohnungsbauprämien honoriert. Das Bauspardarlehen (Bausparsumme ./. Guthaben = Darlehen) erhält der Bauwillige, sobald er die von seiner Bausparkasse vorgegebene Bewertungszahl erreicht hat. Diese Zuteilungskennziffer ist schwankend. Deshalb empfiehlt es sich, den jeweils aktuellen Stand und damit die Zuteilungsaussichten für den eigenen Vertrag beim Institut zu erfragen.

Formel (pauschalisiert) zur Errechnung des Effektivzinses

$$\frac{\text{Normalzinssatz x 100} \qquad \text{Nominalbetrag in \% -Auszahlungskurs}}{\text{Auszahlungskurs} \qquad \text{Zinsfestschreibungszeit}}$$

Durch höhere als die vertraglich geforderten Ansparbeiträge (z.B. Sonderzahlungen) lässt sich der Zusteillungszeitraum verkürzen. Der wesentliche Vorteil der Bauspardarlehen liegt im unveränderlichen Darlehnszins während der gesamten Tilgungslaufzeit. Bauspardarlehen werden auch deshalb bevorzugt in eine Gesamtfinanzierung eingebaut, weil sie zu den sogenannten nachrangigen Darlehen zählen.

Tilgungs- oder Abzahlungshypothek

Bei der Tilgungs- oder Abzahlungshypothek wird über einen festen Zeitraum ein gleichmäßiger Tilgungsbeitrag geleistet. Die Höhe der Zinsen ist jedoch variabel gestaltet.

Festgeldhypothek

Die Festgeldhypothek vergibt über einen festen Zeitraum einen Kreditbetrag, für den nur Zinsen gezahlt werden. Erst zum Ablauf der Festgeldhypothek wird diese in einem Betrag getilgt. Diese Form wird oft von Versicherungsunternehmen vergeben.

Amortisationshypothek

Die übliche Form, vor allem bei Banken/-Sparkassen, ist die Amortisationshypothek. Die Rückzahlung der Hypothek erfolgt in regelmäßigen Beträgen, z.B. monatlichen Raten. Die Rate bezeichnet man als Annuität, die sich aus dem Anteil der zu leistenden Zinsen und der Tilgung zusammensetzt. Im Laufe des Rückzahlungszeitraums verringert die Tilgung die Restschuld und somit auch die daraus resultierende Zinsbelastung. Bei einer festen Annuität erhöht sich deshalb stetig der Anteil der Tilgungsleistung um den Betrag der verringerten Zinszahlung. Innerhalb der Annuität verschieben sich also im Zeitablauf die Anteile mehr und mehr zugunsten des Tilgungsaufkommens - bei unveränderter Höhe der festgelegten Rückzahlungsrate.

Versicherungshypothek

Eine besondere Form der Festgeldhypothek ist die Versicherungshypothek. Während der Darlehensnehmer über die gesamte Laufzeit überwiegend nur Zinsen zahlt, übernimmt eine gleichzeitig abgeschlossene Lebensversicherung durch ihren Kapitalaufbau die zum Ablauf des Kreditvertrages fällige Rückzahlung.

Zwischenkredit

Besondere Formen der Fremdmittel sind die Zwischenkredite. Diese übernehmen die Finanzierung eines Darlehens aus einem Bausparvertrag für die Zeit, in der der Bausparvertrag noch nicht zugeteilt ist. Da der Bausparvertrag gewissermaßen vorfinanziert ist, bleiben die Zwischenkredite tilgungsfrei.

Bankvorausdarlehen

Eine andere Form ist das Bankvorausdarlehen. Hier vergibt der Darlehensgeber eine Hypothek über einen Zeitraum, in dem der Kreditnehmer z.B. einen Bausparvertrag anspart, der später nach der Zuteilung das Bankvorausdarlehen ablöst.

Arbeitgeberdarlehen

Einige Arbeitnehmer haben die Möglichkeit, Arbeitgeberdarlehen zu erhalten. Diese sind in der Regel der Höhe nach eingeschränkt, von den Konditionen aber sehr reizvoll.

Diese Arbeitgeberdarlehen schaffen aber eine Abhängigkeit, die vielleicht nicht gewollt ist.

Öffentliche Mittel

Die Vielfalt der öffentlichen Mittel hier zu erläutern, würde unseren Rahmen sprengen. Hier können nur die wichtigsten Möglichkeiten angedeutet werden. Da sind zum einen die Zuschüsse und Darlehen bei der Althaussanierung, zur Besserung der Wärme- und Schalldämmung, bei Altstadtsanierungen wie im sozialen Wohnungsbau. Zum anderen vergibt der öffentliche Träger Mittel aus dem Lastenausgleichsgesetz, Steuererleichterungen, Darlehen an kinderreiche Familien und vieles Ähnliche. Um diese Fragen zu klären, ist es erforderlich, sich mit den Stadt-, Kreis- und/oder Gemeindeverwaltungen in Verbindung zu setzen.

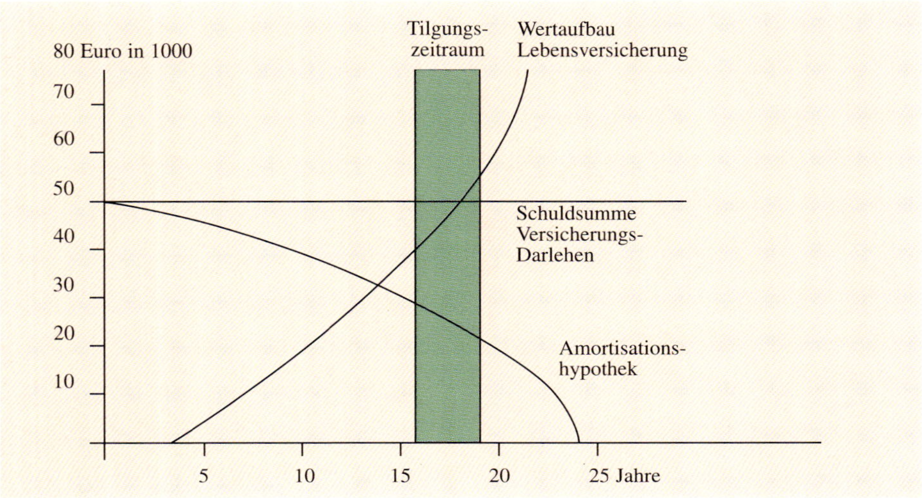

Nebenkosten

Nachdem nun die Fremdmittelfrage geklärt ist, sind noch einige Kosten zu beachten. Hier sind zunächst die Notar- und Grundbucheintragungskosten. Diese werden fällig bei der Eintragung des Grundstücks/Ihrer Eigentumswohnung in das Grundbuch auf Ihren Namen. Berechnet werden diese Kosten nach bestimmten objektwertabhängigen Tabellen, die der Gesetzgeber erstellt hat. Darüber hinaus können Maklergebühren für die Vermittlung von Eigentum bzw. Finanzmitteln u.a. entstanden sein.

Wie sieht nun die Gegenüberstellung der Kosten mit dem Einkommen aus?

Auf der Sollseite sind die Zinsen und Tilgungen für die Fremdmittel der größte Posten. Hinzu zu rechnen sind hier zusätzlich abgeschlossene Tilgungsaussetzungsversicherungen und Risikoabsicherungen (z.B. beim Bauspardarlehen). Weiterhin sind hier die Unterhaltungskosten zu beachten. Dazu zählen die Gebäudeversicherungen (Feuer, Leitungswasser, Sturm, Glas, Gebäudehaftpflicht, Öltankversicherung), die Unterhaltungskosten für die Versorgung mit Strom, Wasser, Gas, Heizung, die laufenden öffentlichen Abgaben (Grundsteuer Regenwasser, Straßenreinigung, Straßenbeleuchtung, Müllabfuhr, Abwasser), die Rücklagen für Reparaturen, Schönheitsreparaturen und vieles mehr. Demgegenüber stehen die Einkünfte. Hier sind zunächst die Einkünfte aus Löhnen und Gehältern wie Erträge aus selbständiger Tätigkeit in Anrechnung zu bringen. Weiterhin kommen Mietertrage, Steuerermäßigungen wie Abschreibungen und ggf. Verluste, Kindergeld, Renten, Mietbeihilfen als Lastenzuschüsse, Zinserträge und Dividenden hinzu. Außer den oben genannten Einkünften gibt der Gesetzgeber kinderreichen Familien noch besondere Zuschüsse, Aufwendungsdarlehen genannt, die zur Milderung der Kostenbelastung bei der Bildung von Wohnungseigentum dienen. Diese Zuschüsse sind in den einzelnen Ländern unterschiedlich. Die Vergabe ist in der Regel den Kreisverwaltungen zugeordnet.

Welche Größen sind bei der Beurteilung meines Vorhabens zu beachten?

In der Gegenüberstellung meiner laufenden Belastung mit meinen Einkünften sind folgende Größen mindestens einzusetzen:

	Ihre Sparleistungen und die staatlichen Vergünstigungen pro Jahr		Sparleistungen plus Spargewinn nach 7 Jahren	Empfohlene Bausparsumme (unverb. Richtwert)
	a) Prämienbegünst. Sparleistungen b) Vermögenswirksame Leistungen	a) Wohnungsbauprämie 10% b) Arbeitnehmersparzulage 10%[4]	+ Verzinsung des Bausparguthabens je nach Tarif zwischen 2-5%	Die exakte Höhe hängt vom jeweiligen Bauspartarif u. den Zuteilungsaussichten ab.
Ledig/[2] Alleinstehende	a) 511,- Euro b) 479,- Euro	a) 51,- Euro b) 48,- Euro	ca. 7.669,- Euro	17.895,- Euro
Ehepaar/[3] 1 Arbeitnehmer	a) 1.023,- Euro b) 479 Euro	a) 102,- Euro b) 48,- Euro	ca. 10.226 Euro	25.565,- Euro
Ehepaar/[3] 2 Arbeitnehmer	a) 1.023,- Euro b) 957,- Euro	a) 102,- Euro b) 96,- Euro	ca. 13.805 Euro	35.790,- Euro

[1] Vermögenswirksame Leistungen werden je nach Branche vom Arbeitgeber ganz oder teilweise gezahlt, z.B. 40,- Euro monatlich.

[2] mit einem zu versteuernden Einkommem bis zu 25.565 Euro

[3] mit einem zu versteuernden Einkommem bis zu 51.129 Euro

[4] Die 10%ige Arbeitnehmersparzulage vom Staat erhalten Ledige/Verheiratete bis zu einem zu versteuernden Jahreseinkommen von 17.895,- Euro/ 35.790,- Euro.

Gesamteinkünfte Netto

— Haushaltsbedarf (ø- Bedarf mtl.: Ehepaar 767,- Euro 1. Kind 205,- Euro jed. weitere Kind 153,- Euro)

Restsumme

— lfd. Versicherungen
— Kredite, laufende Kosten
— Unterhaltsverpflichtungen
— nicht genannte Kosten

Restsumme

— Risikoabschlag mind. 10% der monatlichen Belastung

Summe zur Tilgung der Gesamtbelastung aus dem Bauvorhaben

Sparen beim Bauen

1. Auf Größe verzichten

Kostenoptimiertes Bauen heißt Sparen an der Fläche: am Bauplatz sowie an der Wohnungsgröße. Wenn Sie statt eines 800-m^2-Areals nur einen Baugrund von 500 m^2 kaufen, spart das bei einem m^2-Preis von 150 Euro rund 45.000 Euro. Wer auf 20 m^2 Wohnfläche verzichtet, baut um bis zu 30.000 Euro billiger.

2. Flexibilität einbauen

Denken Sie bei der Planung immer auch an die Zukunft. Familiäre und finanzielle Verhältnisse können sich ändern. Soll der gebaute Lebensmittelpunkt auch in etlichen Jahren noch Freude bereiten, muss sich das Haus neuen Gegebenheiten anpassen. Schaffen Sie sich deshalb flexible Grundverhältnisse mit vielen leicht veränderbaren, nicht tragenden Wänden. Im Bad sollten Vorwandinstallationen jederzeit kostengünstig interne Umbauten ermöglichen. Greifen Sie am Anfang zu pflegeleichten Bodenbelägen, Wandoberflächen und Möbeln. Wenn die Kinder größer und umsichtiger sind, können die Einrichtungsansprüche steigen.

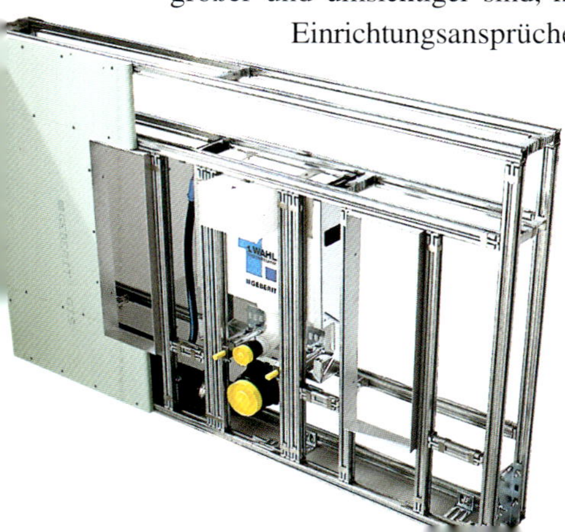

Abb. Röben

3. Notargebüren senken

Versuchen Sie, bei Ihrer Bank zu erreichen, dass diese bei einer Grundschuld auf eine „Unterwerfung unter die sofortige Zwangsvollstreckung“ verzichtet. Bestehen Sie darauf, dass dann das Grundschuldformular von Ihrer Bank – gebührenfrei – ausgefüllt wird und nicht vom Notar. Bei guter Bonität und bei Vollständigkeit aller Unterlagen können Sie das aushandeln. Beim Notar selber: Lassen Sie sich genau erklären, ob und welche erforderlichen Genehmigungen Sie selbst einholen können, um Notargebühren zu sparen.

4. Skonto aushandeln

Verhandeln Sie über Zahlungsmodalitäten von Rechnungen. Auf den Handwerkerrechnungen wird häufig auf die Zahlungsweise („Ohne Abzug“) hingewiesen. Skontoabzüge dürften nicht geltend gemacht werden, heißt es dort. Bestehen Sie im Vertrag trotzdem auf einen Nachlass von 2 Prozent bei pünktlicher Begleichung der Rechnung. Es lohnt sich! Zu Ihren Gunsten erzielte Absprachen fixieren Sie am besten schriftlich und lassen Sie den Partner gegenzeichnen.

5. Bauland pachten

Sparen können Bauherren auch, wenn sie das Bauland nicht kaufen, sondern vom Eigentümer auf lange Sicht pachten. Städte, Gemeinden, Kirchen oder Stiftungen verkaufen die Nutzungs- und Bebauungsrechte. In der Regel dauert ein solcher Vertrag 99 Jahre.

6. Bauleistungen ausschreiben

Bei der Ausschreibung von Bauleistungen sollte strikt zwischen der Planung und der Ausführung getrennt werden, um Interessenkonflikte auszuschalten. Das ist nicht einfach durchzuführen, weil sich der Planer ungern die Zügel wegnehmen lässt. Legen Sie rechtzeitig vertraglich fest, dass Kostenvoranschläge von einer unabhängigen Hand eingeholt werden. Die Praxis zeigt, dass eine neutrale Ausschreibung trotz der Gebühren für die dann erforderliche fachliche Beratung zu weit niedrigeren Baukosten führt.

7. Grunderwerbsteuer sparen

Wer sein Grundstück in eigener Regie erwirbt und es dann mit einem Generalunternehmer bebaut, spart bei der Grunderwerbsteuer. Das kann schon mal 3.500 Euro ausmachen, bei folgender Rechnung: Wert des Wohnungsneubaus 275.000 Euro. Davon entfallen auf Haus und Keller 175.000 Euro, also 100.000 Euro für den Boden. Die Grunderwerbsteuer von 3,5 Prozent muss aber nur auf den 100.000 Euro teuren Bauplatz bezahlt werden.

8. Grundstück prüfen

Immer häufiger werden Grundstücke als Wohnbauland genutzt, auf denen früher Industrie und Gewerbe betrieben wurden. Die Gebäude sind längst verschwunden, doch die Spuren der Gewerbetätigkeit befinden sich immer noch im Boden. Verseuchte Böden sowie Grundstücke, auf denen Gewerbe- und Hausmüll oder Bauschutt vergraben liegt, sind keine Seltenheit. Deshalb: Im Zweifel vor dem Kauf ein Bodengutachten erstellen lassen. Das kostet nur rund 511 Euro, kann aber Bodensanierungskosten von 205 Euro je Kubikmeter ersparen.

9. Erfolgshonorar vereinbaren

Es ist wichtig, für Ihr Bauvorhaben das „richtige" Planungsbüro zu finden. Lassen Sie sich deshalb in der Phase der Architektensuche alle Zeit der Welt. Sprechen Sie mit Leuten, die mit dem Büro Ihrer Wahl gebaut oder renoviert haben. Verhandeln Sie mit Ihrem Planer. Die Voraussetzungen nach der Honorarordnung für Architekten und Ingenieure (HOAI) wurden im Sinne der Bauherren geändert. Danach können Erfolgshonorare für rationalisierungswirksame Leistungen vereinbart werden.

10. Kellerfrage richtig entscheiden

Eine sehr vordergründige Rechnung wird häufig bei der Kellerfrage aufgemacht: Ohne Keller sind rechnerisch schnell 30.678 Euro gespart. Die Entscheidung pro oder kontra Untergeschoss ist später jedoch nicht mehr zu korrigieren. Überlegen Sie deshalb in der Vorentwurfsphase mit dem Architekten zusammen:

Abb.: Knecht

- Ist es preiswerter, ein kleineres Haus mit Keller zu bauen und dafür aus allen Geschossen das Maximum an Wohnfläche herauszuholen?

- Oder ist es preiswerter, auf den Keller zu verzichten und für die Kellerfunktion einen Teil der Dachgeschossfläche zur Verfügung zu stellen?

- Oder sollten gar Kellerersatzflächen in Form eines preiswert zu erstellenden Gartenhauses geschaffen werden?

11. Hausanschlüsse zusammen fassen

Bisher ist es üblich, dass jedes Reihenhaus seinen eigenen Hausanschluss für Gas, Wasser und Strom erhält. Das kostet je nach Gemeinde zwischen 5.113 und 10.226 Euro. Mit einer zentralen Übergabestation der Leitungen am Grundstücksrand der gesamten Häuserzeile könnte bares Geld gespart werden. Abzüglich der Kosten für die Leitungsführung an die Einzelhäuser, die dann in eigener Auftragsvergabe erfolgt, bleiben rund 5.000 Euro übrig.

12. Auf kurze Leitungen achten

Je näher die Nassräume am öffentlichen Kanal liegen, desto kürzer und damit preiswerter werden die Grundleitungen. Die Nassräume sollten so zusammengelegt sein, dass nur an einer Stelle Steigleitungen notwendig sind. Sofern es möglich und zulässig ist, führen Sie das Regenwasser nicht mit dem Abwasser ab.

13. Warmwasserspeicher dezentral planen

Der ideale Standort für den Warmwasserspeicher ist nicht etwa im Keller, sondern direkt neben oder zwischen den Zapfstellen (Wasserhähnen), aus denen am häufigsten (nicht das meiste) Wasser entnommen wird. Liegen die Küchen-Zapfstellen weit vom Warmwasserbereiter, ist es günstiger, diesen Raum dezentral mit warmen Brauchwasser zu versorgen. Ein elektrischer 10-Liter-Speicher in der Küche genügt. Leitungsverluste und Investitionskosten verringern sich; Zirkulationspumpen sind entbehrlich.

Abb. Stiebel Eltron

Warmes Wasser ist ein Vergnügen! Stiebel Eltron bietet Warmwasserbereitung mit innovativen Technologien – energiesparend und ökologisch.

Infos unter: Stiebel Eltron GmbH & Co. KG
Postfach • D-37601 Holzminden
Tel. +49 (0)55 31/7 02-0 • Fax 7 02-4 80
www.stiebel-eltron.com

14. Eigenleistung realistisch ansetzen

Der Wert Ihrer eigenen Leistung am Haus ist (fast) Gold wert, zumindest ersetzt es teure Kredite. Die Banken erkennen die Eigenleistung der Bauherren bis zu 20 Prozent der Baukosten als Eigenkapital an.

Abb. construktiv GmbH

Doch das Engagement auf der Baustelle ist kein Spaziergang. Wer rund 10 Prozent der Baukosten durch Eigenleistung ersetzen will, muss etwa 1.000 Stunden am Baufortschritt aktiv mitwirken. Das heißt: Wochenende- und Feierabendarbeit, zwei Jahre lang, 14 Stunden die Woche! Wenn Sie mit Freunden und Bekannten insgesamt 1.500 Arbeitsstunden in Ihr Eigenheim investieren, sollte es genug sein.

15. Bausubstanzen erhalten

Jeder Eingriff in den Rohbau oder gar in die statische Struktur, jede Grundrissveränderung eines Gebäudes wird teuer. Deshalb sollte man, wo möglich, keine Eingriffe, etwa bei Treppen, sondern nur leichte Anpassungen vornehmen. Bewohner eines Altbaus, die bereit sind, auch unkonventionelle Lösungen zu akzeptieren, können statt üblicher Standardlösungen, bei der Möblierung etwa, mit wenig Geld attraktive Raumsituationen für sich schaffen.

16. Schäden rechtzeitig beheben

Instandsetzungsarbeiten beim Altbau sind um so teurer, je später sie in Angriff genommen werden. Bei regelmäßigen Rundgängen um das ganze Gebäude lassen sich rechtzeitig Schäden feststellen und abstellen. Kosten sind gespart.

17. Finanzierungsangebote vergleichen

Als Kreditnehmer sind Sie nicht Bittsteller, sondern Kunde.

Holen Sie sich verschiedene Finanzie-

Eigenleistung kann entscheidend viel sparen.

rungsangebote von mehreren Banken und/oder Bausparkassen ein und lassen Sie jede wissen, dass Sie auch noch mit Mitbewerbern verhandeln. Vorteile können Sie bei der Beleihungsquote und beim Zinssatz herausholen.

Beschaffen Sie sich bei nicht zugeteilten Bausparverträgen ein Zwischenfinanzierungsangebot. Die Konditionen sind meist abhängig von der Zeit bis zur Zuteilung und sie liegen meist unter den normalen Bankzinsen.

18. Auktionshaus nutzen

Obwohl die Zahl der Zwangsversteigerungen in Deutschland rapide steigt, steckt nicht hinter jeder Hausauktion ein Schnäppchen. Neben der Zwangsvollstreckung gibt es mit der freiwilligen Grundstücksauktion eine weitaus diskretere Form des Immobilienerwerbs. Für den Verkäufer, weil sein Name nicht veröffentlicht wird, und für den Interessenten, weil er auf die gesamte Organisation eines Auktionshauses zurückgreifen kann. Bei der freiwilligen Auktion kann der Interessent über umfangreiches Informationsmaterial verfügen und seinen Meinungsbildungsprozess vollständig und ohne Versteigerungsdruck abschließen.

19. Kreditvolumen splitten

Bei den derzeit niedrigen Zinsen sollten Sie Hypothekendarlehen lange festschreiben. Vereinbarungen von 10 bis 25 Jahren sind zu empfehlen. Auch sollten Sondertilgungen vertraglich abgesichert sein. Macht die Bank nicht mit, drängen Sie auf ein Splitting des Darlehens, wobei in einer von beiden Teilen die Option auf vorzeitige Tilgung enthalten sein sollte.

20. Fassade nicht nur anstreichen

Soll eine Fassade einen neuen Anstrich bekommen, wäre zu prüfen, ob nicht gleich in ein Wärmedämmverbundsystem investiert wird. Folge: Deutlich reduzierter Energiekonsum. Das Gerüst muss in jedem Fall errichtet werden, ob für den Farbauftrag oder für das Dämmsystem.

Eine perfekte Wärmedämmung reduziert den Energiebedarf.

So planen Sie Ihr Bauvorhaben richtig

Ob Sie einen Neubau, Umbau oder Anbau errichten möchten oder Modernisierungen planen; das Einholen von Genehmigungen ist unabdingbare Voraussetzung. Der Bauantrag für das jeweilige Objekt oder die einzelne Maßnahme muss bei der Bauaufsichtsbehörde eingereicht werden, und zwar in mehrfacher Ausführung, unterschrieben vom Bauherrn und dem Architekten.

Bestandteile sind: Antrag auf Genehmigung, Baubeschreibung, Lageplan, Bauzeichnung, statische Berechnungen, Zeichnungen von Be- und Entwässerungsanlagen, Begrenzung des Vorgartens, Anordnung von Garagen oder Stellplätzen und Carports. Wie, wo und was gebaut werden darf, regelt die Länder-Bauordnung. Sie schreibt vor, welche Fläche zu bebauen ist, welche Geschosshöhe erlaubt ist, wie groß der Abstand zu Nachbargrundstücken sein muss. Vorschriften zum Schall-, Feuer- und Wärmeschutz sind ebenso in ihr festgelegt wie z. B. die Anlage von Treppen, Schornsteinen, Installationen, Dachneigung und Garagen. In Zusammenarbeit mit dem Architekten, Statiker oder Ingenieur wird die Baumaßnahme sorgfältig nach den Vorgaben geplant und mit dem Bauaufsichtsamt abgestimmt. Viele

Länder haben mittlerweile ein vereinfachtes Genehmigungsverfahren eingeführt.

Entspricht das Bauvorhaben den Vorgaben der Landesbauordnung und liegt das zu bebauende Grundstück im Geltungsbereich eines qualifizierten Bebauungsplanes bzw. einer entsprechenden Gemeindesatzung, kann der Bauherr sein Bauvorhaben „anzeigen" und nach Ablauf einer bestimmten Frist mit dem Bau beginnen, wenn kein Einspruch seitens der Gemeinde erfolgt. Der Baubeginn und die beauftragte Firma, die die Arbeiten ausführt, sind dem Bauaufsichtsamt bekannt zu geben.

Versorgungsbetriebe

Ohne Strom und Wasser lässt sich nicht bauen. Es obliegt dem Architekten, der ausführenden Firma oder Ihnen selbst, die zuständigen Versorgungsbetriebe über geplante und erforderliche Anschlüsse zu verständigen und termingerechte Vereinbarungen zu treffen. Auch die Anschlüsse für Telefon oder Kabelfernsehen müssen bei den betreffenden Unternehmen beantragt werden. Die vom Bauherrn unterschriebenen Anträge mit den technischen Angaben müssen bei den jeweiligen Versorgungsbetrieben eingereicht werden.

Bauversicherungen

Neben der Bauherren-Haftpflichtversicherung, die vor Regressansprüchen finanziell schützt, z. B. wenn eine Person auf der Baustelle verunglückt oder jemand durch herabfallendes Material verletzt wird, ist die gesetzliche Unfallversicherung vorgeschrieben. Sie versichert automatisch – mit Ausnahme des Bauherren – alle am Bau beschäftigten Personen gegen Arbeits- und Wegeunfälle.

Die Redaktion Haus-Planset empfiehlt: Schließen Sie eine Bauleistungsversicherung ab. Diese kommt für unvorhersehbare Schäden der versicherten Bauleistung während der Bauzeit auf. Das können Schäden sein, die durch extreme Witterungseinflüsse, höhere Gewalt, unvorhersehbare Beschaffenheit des Baugrundes oder Diebstahl und Vandalismus auftreten. Sie als Bauherr sollten ebenfalls auf einer Baufertigstellungs-Versicherung durch den Bauunternehmer bestehen, um die Fertigstellung des Hauses nicht zu gefährden, wenn diese Firma Konkurs erleidet. Die Feuer-Rohbauversicherung schützt den Rohbau und die auf dem Baugrundstück befindlichen Gegenstände vor Brand-, Explosions- und Blitzschlagschäden.

Nach Fertigstellung des Hauses sorgt eine Haus- und Grundstückshaftpflichtversicherung, die im Normalfall gegen Feuer-, Sturm- und Leitungswasserschäden finanziell schützt, für Sicherheit. Eine zusätzliche Absicherung bringt der Abschluss einer Gewässerschaden-Haftpflichtversicherung. Sie kommt für Personen-, Sach- und Vermögensschäden auf, die aus Gewässerschäden entstehen. Zur Ergänzung bietet sich noch der Abschluss von Glas- und Hausratversicherungen an, um auch Schäden in diesen Bereich wirksam finanziell aufzufangen.

Arbeitsschutz

Entsprechende Baustellenabsicherungen und Warntafeln, die Unbefugte auf die Gefahren bei Betreten des Grundstückes hinweisen oder den Zutritt verbieten, müssen deutlich sichtbar an der Baustelle angebracht werden. Weitere wirksame Maßnahmen zum Arbeitsschutz und zur Unfallverhütung können bei der Bauberufsgenossenschaft erfragt werden. Die Bauaufsichtsbehörde kann die Baustelle schließen und die Bauarbeiten einstellen, wenn die Unfallverhütungsvorschriften nicht eingehalten werden.

Abnahme

Nach Fertigstellung des Rohbaus – hierzu gehören Mauern, Decken, Treppen, Dachdeckung, Schornsteine usw. – muss eine Abnahme durchgeführt werden, die die ordnungsgemäße Durchführung aller Arbeiten bestätigt. Anschließend erfolgt die Fertigstellung des Gebäudes, das nach der Endabnahme bezogen werden kann. Diese Aufgabe, die früher nur der Bauaufsichtsbehörde zustand, wird heute vermehrt von dem ausführenden Architekten übernommen, der in seiner Person für die korrekte Planung und Durchführung verantwortlich zeichnet. Bei eindeutigen Hinweisen auf Nichteinhaltung baurechtlicher Vorschriften oder bei sichtlichen Mängeln beim Material oder Arbeitsschutz sowie besonderen Bauarbeiten tritt aber immer noch die Bauaufsichtsbehörde als zuständige Instanz auf. Das Recht auf Bauüberwachung kann jederzeit von der Bauaufsichtsbehörde wahrgenommen werden. Ist eine Bauabnahme vorgeschrieben, ist der Behörde rechtzeitig der Termin mitzuteilen, an dem der Rohbau vermutlich fertiggestellt ist, mindestens 1 Woche vorher. Die Abnahme der Befeuerungsanlagen wie Heizung, Schornstein oder Kamin kann erst stattfinden, wenn die Bestätigung zur Brandsicherheit und zur Abführung der Abgase durch den Bezirksschornsteinfegermeister vorliegt. Mit der Endabnahme des Gebäudes wird zum einen festgestellt, dass die vertraglich vereinbarten Arbeiten erbracht worden sind, zum anderen geht die ganze Verantwortung nun auf den Bauherren über. Er muss auch bei auftretenden Mängeln dem Bauunternehmer nachweisen, dass dieser nicht fachgerecht gearbeitet hat oder seinen Vertragsverpflichtungen nicht nachgekommen ist. Die Gewährleistungspflicht liegt generell zwischen 2 und 5 Jahren.

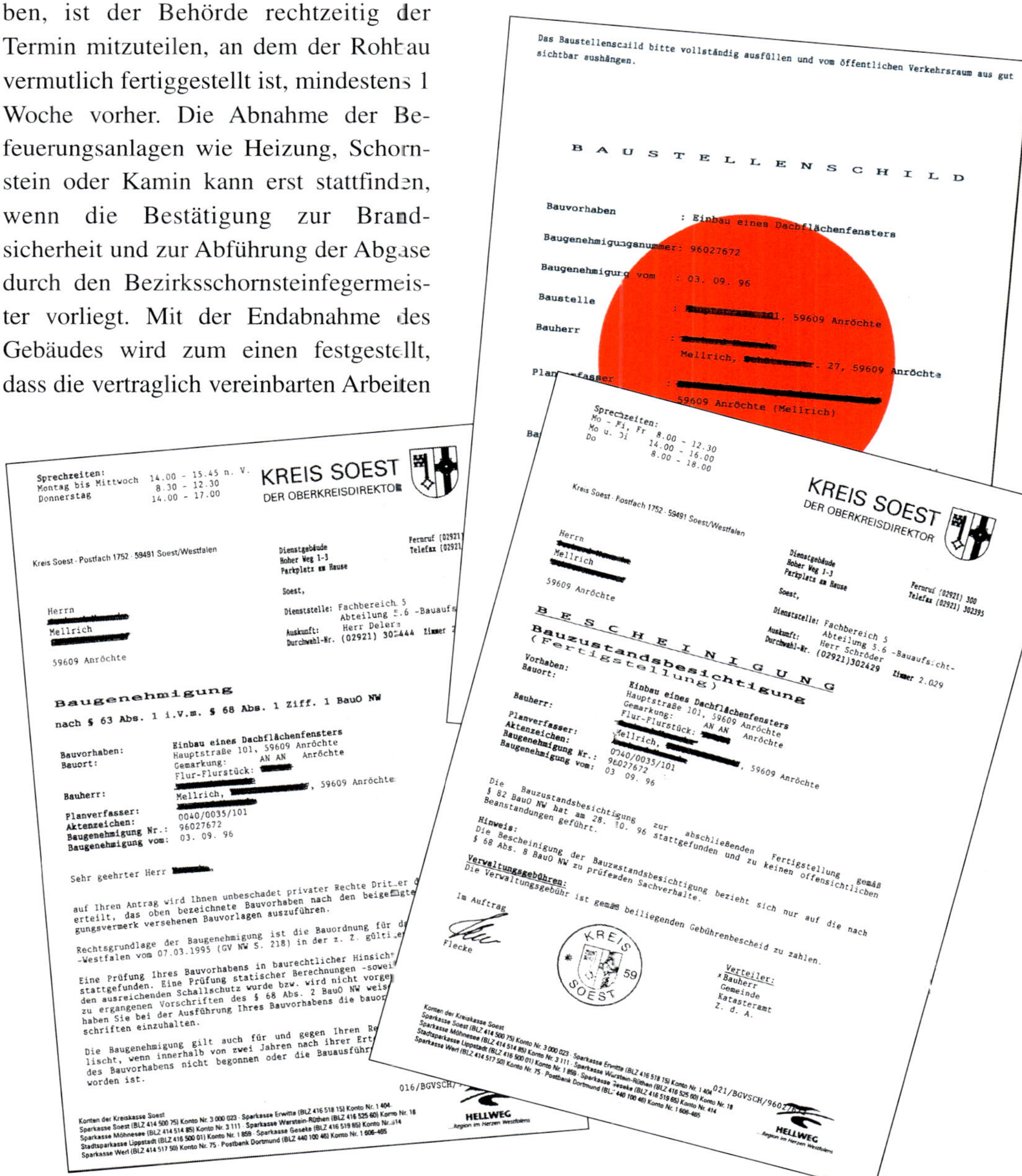
Das Baustellenschild bitte vollständig ausfüllen und vom öffentlichen Verkehrsraum aus gut sichtbar aushängen.

B A U S T E L L E N S C H I L D

Bauvorhaben : Einbau eines Dachflächenfensters
Baugenehmigungsnummer: 96027672
Baugenehmigung vom : 03. 09. 96
Baustelle : 59609 Anröchte
Bauherr : Mellrich, 27, 59609 Anröchte
59609 Anröchte (Mellrich)

Sprechzeiten: Montag bis Mittwoch 14.00 - 15.45 n. V. 8.30 - 12.30; Donnerstag 14.00 - 17.00

KREIS SOEST
DER OBERKREISDIREKTOR

Kreis Soest · Postfach 1752 · 59491 Soest/Westfalen

Herrn
Mellrich
59609 Anröchte

Dienstgebäude Hoher Weg 1-3, Parkplatz am Hause
Dienststelle: Fachbereich 5, Abteilung 5.6 -Bauaufs.
Auskunft: Herr Delers

Baugenehmigung
nach § 63 Abs. 1 i.V.m. § 68 Abs. 1 Ziff. 1 BauO NW

Bauvorhaben: Einbau eines Dachflächenfensters
Bauort: Hauptstraße 101, 59609 Anröchte
Gemarkung: AN AN Anröchte
Bauherr: Mellrich, 59609 Anröchte
Planverfasser:
Aktenzeichen: 0040/0035/101
Baugenehmigung Nr.: 96027672
Baugenehmigung vom: 03. 09. 96

Sehr geehrter Herr

B E S C H E I N I G U N G
Bauzustandsbesichtigung (Fertigstellung)

Vorhaben: Einbau eines Dachflächenfensters
Bauort: Hauptstraße 101, 59609 Anröchte
Bauherr: Mellrich, 59609 Anröchte
Aktenzeichen: 0040/0035/101
Baugenehmigung Nr.: 96027672
Baugenehmigung vom: 03. 09. 96

Im Auftrag
Flecke

HELLWEG

Wie bekomme ich eine Baugenehmigung?

Diese Frage beschäftigt alle Bauwilligen. Man kann sie nicht einheitlich beantworten. Fest steht jedoch, dass ohne Baugenehmigung der Traum vom eigenen Heim in vielen Fällen nie Wirklichkeit wird. Nur in Ausnahmefällen ist keine Genehmigung erforderlich. Auch wer später an- oder umbaut, braucht unter Umständen die Erlaubnis des Bauaufsichtsamtes der Stadt oder der Gemeinde.

Der Architekt zeichnet die Baupläne, koordiniert die Beiträge anderer Fachplaner – wie z. B. die des Statikers oder des Vermessungsingenieurs –, bereitet den Bauantrag mit allen Beschreibungen und Berechnungen vor und reicht ihn schließlich bei der Behörde ein.

Ihr Architekt kann beurteilen, ob „genehmigungsfreies“ Bauen vorliegt oder die Erlaubnis der Behörde eingeholt werden muß. Er weiß auch, ob ein vereinfachtes Genehmigungsverfahren oder der Antrag auf Erteilung eines Bauvorbescheides sinnvoll ist. Rechtlich betrachtet läuft das Baugenehmigungsverfahren so ab: Der Bauherr beantragt offiziell die Baugenehmigung und ist daher Antragsteller. Praktisch gesehen unterschreibt er lediglich den Bauantrag, nachdem der Architekt diesen vorbereitet hat.

Abb. Ytong

Abb. Ytong

Im vereinfachten Genehmigungsverfahren soll die Baubehörde innerhalb von sechs Wochen über den Bauantrag entscheiden. Ob dieses Verfahren angewendet wird, ist vom konkreten Bauvorhaben abhängig. Bei Wohngebäuden mit geringer Höhe und maximal zwei Wohnungen beispielsweise ist die Prüfung auf wenige Sachverhalte beschränkt. Die Bauaufsichtsbehörde informiert, in welchen Fällen das Verfahren beschleunigt werden kann.

Einen Antrag auf Vorbescheid, eine Vorstufe des eigentlichen Bauantrages, sollte der Bauherr immer dann stellen, wenn es keinen Bebauungsplan gibt und unklar ist, ob auf dem Grundstück überhaupt gebaut werden darf – und wenn ja, was. So geht er sicher, daß seine weiteren Planungen nicht vergeblich sind. Den Bauantrag ersetzt eine solche Voranfrage nicht.

Die Behörde stellt fest, ob die Pläne und Beschreibungen für das Haus sämtlichen Bauvorschriften entsprechen.

Planung, Termine, Ausführung

Wer Termine exakt planen will, muss dreierlei wissen: Art und Umfang der Maßnahmen, Ausführungsdauer und welche Handwerker nötig sind.

1. Art und Umfang der Modernisierungsmaßnahmen, mit so exakten Plänen, wie sie im Altbau möglich sind. Eine Analyse des Bauzustandes, vorgenommen durch einen Architekten, soll vorausgegangen sein. Am besten mit Hilfe einer „Checkliste Zustand", damit sich die Details für den Terminplan leichter überschauen lassen.
2. Welche Handwerker durch flexibel gehaltene Ausschreibungen heranzuziehen sind, falls die Arbeiten nicht vom Bauherrn selbst übernommen werden.
3. Die Ausführungsdauer der einzelnen Arbeiten sowie die Lieferfristen bestimmter Bauteile usw.

Die nach heutigen Maßnormen hergestellten und sofort erhältlichen Bauteile wie Türen oder Fenster passen oft nicht in ein Althaus aus dem Jahre 1935. Sonderanfertigungen werden nötig und brauchen längere Zeit. Auch kann es passieren, dass die einzige Fliese, die dem Bauherrn gefällt, umständlich aus Japan besorgt werden muss.

Wenn Sie diese drei Punkte aufmerksam durchgelesen haben, dann wird die Bitte, sich Zeit für eine gründliche Vorplanung zu lassen, sicher nicht befremden.

Und noch etwas: Wenn Sie sich entschieden haben, dann lassen Sie es bitte dabei. Denn jede Änderung während der Bauzeit verzögert die anderen Arbeiten, bringt Ärger, kostet Zeit und vor allem Geld. Rechnen Sie auch mit allerlei Überraschungen im Althaus: Mit unbrauchbaren, verkalkten Wasserleitungen zum Beispiel, mit verfaulten Hölzern im Fachwerk oder sonstigen verborgenen Mängeln, die erst während der Arbeiten sichtbar werden. Ein zu eng gehaltener Terminplan wird durch sie schnell zu Altpapier.

Sind diese Voraussetzungen klar, dann ist es relativ einfach, einen Terminplan aufzustellen. Nur wissen müssen Sie noch, wer nach wem kommt.

Nun: Der Arbeitsablauf bei der Altbau-Modernisierung gleicht im Prinzip dem Ablauf im Neubau. Doch bietet er den zeitlichen und materiellen Vorteil, dass zum größten Teil der Rohbau mit den notwengen Trockenzeiten für Mauerwerk und Beton schon beendet ist.

Die Frage der Baufeuchtigkeit oder besser Trockenheit für gewisse Bauteile und Materialien sollten Sie trotzdem im Auge behalten: Sie können nämlich sehr viel Zeit sparen, wenn Sie, wo irgend möglich, sich für eine Trockenbauweise entscheiden:

Für Zwischenräume nehmen Sie beispielsweise Holzwände, Gipsdielen oder geklebte Gasbetondielen.

Statt des üblichen Wandputzes geht es häufig besser mit Gipskartonplatten oder, falls nicht anders möglich, mit so genanntem Maschinenputz – der trocknet immerhin in ca. 10 bis 14 Tagen aus.

Auch Holzschalungen benötigen keine Trockenzeit und können an der richtigen Stelle ungemein reizvoll sein. Anstelle von Nassestrichen (Unterböden) sind sogenannte Trockenestriche zu empfehlen, beispielsweise Spanplatten, die auf weichen Faserplatten oder auf geschüttetem Material liegen, oder Trockenestrich-Verbundelemente aus Gipskarton- oder Gipsfaserplatten.

Diese Beispiele mögen hier genügen, doch sei noch eine kurze Bemerkung zum Thema Baufeuchtigkeit angefügt:

Eingedrungenes Regenwasser oder sonstige Feuchtigkeit – geplatzte Wasserleitung, umgestürzter Wassereimer oder Ähnliches – trocknet unverhältnismäßig schneller aus als die für den Abbindeprozess des eingebauten Materials notwendige Wasserbeimengung.

Sie brauchen also keine grauen Haare zu bekommen, wenn es einmal hereinregnet. Im Übrigen ist es ratsam, die Witterung zu beachten und die vom Wetter abhängigen Arbeiten bei entsprechender Trockenheit auszuführen. Sehen Sie zu, dass beispielsweise in der kühlen Jahreszeit die Heizung möglichst bald eingeschaltet werden kann. Aber wenn geheizt wird, dann öffnen Sie bitte die Fenster, damit die Feuchtigkeit, die durch die warme Luft aufgenommen wurde, auch entweichen kann und sich nicht wieder in den Räumen niederschlägt.

Doch nun zurück zum Hauptthema, zur Reihenfolge der einzelnen Arbeiten. Zu beachten ist dabei eine ganz einfache Regel: Jede Arbeit baut auf der vorhergehenden auf, ohne Wand keinen Wandputz, ohne Wandputz keine Tapete usw. Bei der Aufzählung der Reihenfolge der einzelnen Arbeiten, wie sie hier folgt, sind wir von einem Umbau ohne größere Komplikationen ausgegangen. Neben kleineren Rohbauarbeiten wie das Setzen von Wänden kommen alle üblichen Modernisierungsarbeiten vor: neue Installationen im sanitären und elektrischen Bereich, z. B. neue Fenster, Türen, Wand-, Decken- und Fußbodenbeläge, Wärmedämmung des Daches und der Außenwände, Ausbesserung der Dachdeckung, neue Heizung, Ausschleudern (Auspressen) des Kamins zur Querschnittverringerung, neue Anstriche. Selbstverständlich überschneiden sich viele Arbeiten, auch müssen einzelne Arbeiten zeitlich geteilt werden – z. B. muss die Badewanne montiert sein, bevor der Fliesenleger kommt, und der Maler muss die Wände hinter den Heizkörpern streichen oder tapezieren, bevor diese befestigt werden usw.

Wie ein solcher Plan in der Praxis funktioniert, will der beigefügte Terminplan veranschaulichen, der auf den Tag genau eingehalten werden könnte.

Die in unserer schematischen Aufstellung zusammengefassten Arbeiten sind aufgeteilt. Beispiel: Die Schreinerarbeiten bestehen aus Innentüren neu, Regalen Dachgeschoss, Schalungen. Die Rohbauarbeiten sind in die zum richtigen Zeitpunkt notwendigen Einzelmaßnahmen unterteilt, ebenso die Zimmererarbeiten usw. Die Arbeiten überschneiden sich zeitlich, d. h., sie laufen parallel. Für alle Arbeiten wurde der vorgesehene zeitliche Rahmen mehr als verdoppelt, um so die zeitliche Flexibilität zu erreichen, die Überraschungen abfangen kann. So bekam beispielsweise der Fußbodenleger zwei volle Wochen Zeit. Sie sehen, ein Kinderspiel ist es nicht, einen Terminplan aufzustellen, der auch wirklich praktikabel ist. Doch werden auch jene zurechtkommen, die viel selber machen wollen, wenn sie sich nur jeden Arbeitsgang bis ins Detail überlegen und ihren Terminplan wieder und wieder überarbeiten, bis er stimmt. Das lohnt sich in jedem Fall.

Für Ihre Planung: Die schematische Reihenfolge der Arbeiten

- Rohbauarbeiten: Erdarbeiten, Kanalisationsarbeiten, Mauerarbeiten, Betonarbeiten.
- Arbeiten für die Sanitär-Installation und die Elektro-Installation.
- Abpressen und Abnahme der Heizkörper sowie Isolierung der Warmwasserleitungen,
  Parallel: rechtzeitige Bestellung und Einbau von Fenstern mit guten Wärmedämm- und Schalldämmwerten.
- Ausbesserung des Daches durch Umdecken und Ergänzen unbrauchbarer Dachplatten sowie Wärmedämmung des Daches von außen (bei ausgebautem Dachraum) oder von innen.
- Klempnerarbeiten am Dach: z. B. Dachrinne, Regenfallrohre, Verwahrungen usw., Ausschleudern des Kamins, um eine Querschnittverringerung zu erreichen.
- Anbringen von Putzleisten und Putzbrettern an neuen Wänden als Lehren für den Putzer. Versetzen der inneren und eventuell auch der äußeren Fensterbänke samt Konsolen usw.
- Innenputzarbeiten: alle gefährdeten Bauteile dabei abdecken bzw. abkleben.
- Während dieser Arbeiten notwendige größere Befestigungen für Außenmarkisen und Ähnlichem anbringen, auf jeden Fall vor dem Wärmeputz außen. Wichtig ist dabei, trockenes und frostfreies Wetter abzuwarten.
- Estricharbeiten: Nassestrich wegen der Baufeuchtigkeit nur, wenn ein Trockenestrich nicht möglich ist.
- Schreinerarbeiten: z. B. neue Türen, Türen ausbessern, Wand- und Deckenverschalungen.
- Schlosserarbeiten: Fenstergitter, Balkongitter, Gartentor, Briefkastenanlage.
- Fliesenleger: Wand- und Bodenfliesen in Küche, Bad, Eingangsflur, Wandsockel.

Abb. Ytong

Wie setze ich die Bauarbeiten in Gang?

Die Ausführungsplanung

Ausführungspläne sind Zeichnungen, nach denen die Handwerker auf der Baustelle arbeiten sollen. Deshalb enthalten sie alle für die Ausführung notwendigen Angaben. Grundrisse, Schritte und Ansichten werden in der Regel im Maßstab 1:50 gezeichnet. Wichtige Details in einem noch größeren Maßstab, ggf. bis zur Größe von 1:1. In die Zeichnung fließen alle Vorgaben aus der Entwurfs- und Genehmigungsplanung sowie Beiträge der übrigen Fachingenieure ein, die an der Planung beteiligt sind.

Die Ausschreibung

Meist kann der Bauherr nur wenige Bauarbeiten am eigenen Haus selbst übernehmen. Schon vor dem ersten Spatenstich klärt er, was er Fachfirmen überlassen will. In der Regel wirken viele verschiedene Handwerker beim Bau mit, wie z. B. Maurer, Dachdecker oder Installateure.

Der Architekt schreibt aus und prüft die Angebote

Der Bauherr kann sich viel Mühe sparen, wenn er seinen Architekten mit der Auswahl der zu beauftragenden Fachfirmen betraut. Der Architekt weiß, welche Arbeiten anfallen, und kann auf Grund seiner Baupläne den Materialverbrauch genau berechnen. Auch bei der Auswahl des Materials ist der Architekt ein guter Ratgeber.

Um frühzeitig zu wissen, wie viel Zeit und Geld für den Bau einkalkuliert werden müssen, führt der Architekt eine Ausschreibung durch. Das heißt, dass er mehrere Bauunternehmen oder Handwerker um ein schriftliches Preisangebot für eine bestimmte Leistung bittet.

Je detaillierter die Ausschreibung ist, um so exakter kann der Handwerker die Preise anbieten – und der Bauherr die Gesamtkosten abschätzen. Wer bei der Ausschreibung Leistungen vergisst, kann bei der Endabrechnung eine böse Überraschung erleben.

Mit den Mengenangaben allein kann der Handwerker die Preise noch nicht genau ermitteln. Deshalb wird der Architekt ihm mitteilen, welches Material der Bauherr wünscht, sei es beim Stein oder beim Fußbodenbelag. Welche Fenster und Türen werden eingebaut, wie wird die Fassade verputzt? Auch das sind Fragen, die die Ausschreibung beant-

Abb. Ytong

wortet. Der Architekt achtet auf die richtige Form und Gliederung der Ausschreibung und auf eine präzise Leistungsbeschreibung.

Mengen und Leistungsbeschreibungen werden für die einzelnen Gewerke, d. h. die verschiedenen Handwerksbereiche, getrennt aufgestellt. So kann man genau kalkulieren, welche Arbeiten z. B. für den Maurer, Zimmerer, Dachdecker und Tischler anfallen.

Der Architekt achtet besonders darauf, dass sich die Firmen an die Vorgaben halten, denn sonst kann er nachher die verschiedenen Angebote nicht vergleichen. Wichtig ist auch, dass in den Angeboten die Zahlungstermine und die Ausführungszeit genannt sind.

Der Architekt kennt viele Handwerker und Baufirmen und kann deren Arbeit einschätzen. Er prüft ihre Angebote und beurteilt, ob die Preise angemessen sind. Auf Grund der Angebote erstellt er eine Übersicht zu allen Kosten (Kostenanschlag). Der Architekt bereitet die mit den Handwerkern zu schließenden Verträge vor und informiert den Bauherren über die verschiedenen Vertragsformen.

Der Architekt kann beurteilen, ob es sinnvoll ist, wenige, aber leistungsfähige Firmen zu beauftragen. Wenn beispielsweise derselbe Unternehmer sowohl die Erdarbeiten als auch die Beton- und Maurerarbeiten und den Innen- und Außenputz übernimmt, kann er sich bei Verzögerungen nicht damit entschuldigen, andere Handwerker seien mit der Arbeit nicht rechtzeitig fertig geworden. Außerdem gibt es bei Reklamationen keinen Streit darüber, wer einen Fehler verursacht hat.

Abb. Ytong

Das preisgünstigste Angebot ist nicht immer das beste. Es kann sich bezahlt machen, die Aufträge an einen soliden und zuverlässigen, dafür aber etwas teureren Betrieb zu vergeben. Das bedeutet weniger Ärger, und die Mehrkosten werden oft durch eine termingemäße Fertigstellung ausgeglichen.

Abb. Ytong

Weitere interessante Infos bekommen Sie in dem Bauherrn-Handbuch.

Zu bestellen für 1,50 Euro zzgl. Porto bei:
Architektenkammer NRW
Postfach 32 01 28 • D-40416 Düsseldorf
Tel. +49 (0)2 11/49 67-0 • Fax 4 91 14 75
E-Mail: Info@aknw.de • www.aknw.de

Abb. Hebel

Baupläne lesen und verstehen

Vor und während einer Bauphase wird die Baufamilie mit einer beachtlichen Anzahl von Bauzeichnungen konfrontiert, mit denen sie oft nichts oder nur sehr wenig anfangen kann.

Daher ist es für jeden Bauherrn durchaus von Interesse, sich rechtzeitig mit dem Lesen von Bauplänen zu beschäftigen, um beim Fachsimpeln mit Hausherstellern, Bauunternehmern oder Handwerkern nicht als inkompetent abqualifiziert zu werden. Besonders der aktive Bauherr, der durch Eigenleistung Kosten senken will, sollte sich in dem Gewirr aus Linien, Zahlen und Schraffuren zurechtfinden. Um Baupläne zu erstellen oder auch zu lesen und zu verstehen, benötigt man ein gewisses räumliches Vorstellungsvermögen. Heute ersetzen Computer teilweise diese Form der Abstraktion durch Umwandlung der Pläne in dreidimensionale Darstellungen virtueller Bilder. Auf der Baustelle muss man jedoch nach alter Sitte mit „Tusche auf Papier" vorliebnehmen. Die nun folgende theoretische Betrachtung über das Verstehen von Bauplänen lautet meistens komplizierter, als sie tatsächlich ist. Sollte manches also unverständlich erscheinen, ist es ratsam, sich immer wieder Klarheit in den nebenstehenden Abbildungen zu verschaffen.

Linienarten und Schnittebenen

Der Architekt macht bei seinen Zeichnungen – sofern es sich nicht um Ansichten handelt – einen Schnitt durch das von ihm geplante Projekt, rechtwinklig zu der zu betrachtenden Fläche. So entstehen Grundrisse, bei denen der Schnitt ca. einen Meter über dem fertigen Fußbodenaufbau (inkl. Estrich) erfolgen sollte, und Vertikalschnitte mitten durch das Gebäude, vorzugsweise durch den Heizungskeller. Im Grundriss werden Wände, Mauerpfeiler sowie die Umrisse aller massiven Bauteile mit kräftigen Linien dargestellt. Hinzu kommen alle weiteren Kanten, die hinter der Schnittfläche sichtbar werden. Ein Beispiel hierfür sind Deckendurchbrüche oder auch Kanten von Treppenstufen. Im Vertikalschnitt sind es hingegen Fundamente, Wände und Decken, die durch kräftige Linien dargestellt werden. Auch hier finden sich die sichtbaren Kanten, beispielsweise die von Türöffnungen, wieder. Bauteile, die in der Schnittebene nicht sichtbar, für das Verständnis der gesamten Darstellung allerdings unentbehrlich sind, werden in kurz gestrichelten Linien dargestellt.

Außerdem besteht die Möglichkeit, weitere, mit dem Bauvorhaben in Verbindung stehende Sachverhalte mit unterschiedlichen Linien zu kennzeichnen: Mit der Strich-Punkt-Linie wird beispielsweise die Lage der Schnittebene, d. h. die Schnittachse, abgebildet. Dies geschieht in der Regel im Grundriss, in dem eine solche Linie duch die Mitte des Bauwerks hindurchgeht. Der Betrachter kann nun in dem Vertikalschnitt, der in dieser Ebene erfolgt, in das „offene“ Gebäude hineinschauen. Lang gestrichelte Linien sind hingegen dafür geeignet, vorhandenes Gelände oder verdeckte Leitungen wie beispielsweise Drainage- oder Regenwasserleitungen darzustellen. Diese müssen allerdings im Plan als solche beschriftet werden. Eine zusätzliche Beschriftung ist z. B. auch bei einer Grenzmarkierung notwendig. Eine Bauplatz- oder Gemarkungsgrenze wird durch eine lang gestrichelte, mit Punkten unterbrochene Linie gekennzeichnet.

Maßlinien und Schreibweisen

Das Bauwerk wird in der Zeichnung von den Maßketten umrahmt: Die Maßlinien sind deutlich dünner als die Darstellungslinien und werden als durchgezogene Volllinien parallel zu den zu bemaßenden Strecken angeordnet. Oft sind fünf Maßlinien hintereinander notwendig, um alle für die Herstellung des Gebäudes relevanten Maße abtragen zu können. Die äußerste gibt dabei in der Regel die Außenmaße des Gebäudes an. Auf den weiteren Maßketten findet man Innenmaße, Maße von Maueranschlägen und -vorsprüngen sowie Wandstärken. Die Maßlinienbegrenzung ist durch Schrägstriche oder Punkte im Linienkreuz darzustellen. Abweichend davon werden Treppen, Fenster und Türöffnungen, Aussparungen für Schächte und Rohre anders vermaßt: Eine Hilfslinie deutet auf den zu vermaßenden Bauteil hin, und Breite und Höhe werden ober- beziehungsweise unterhalb der Hilfslinie aufgetragen. Die Hilfslinie selbst verläuft in diesen Fällen orthogonal, d. h. senkrecht zu den übrigen Maßlinien dieser entsprechenden Seite.

So wie bei den Hilfslinien werden die Maßzahlen bei der „Normalvermaßung“ parallel zu den Maßlinien aufgetragen. Die Maßzahlen sollen möglichst so eingetragen werden, dass sie mittig zwischen Maßlinienbegrenzungen stehen und von unten oder von rechts lesbar sind. Die Schreibweise der Maßzahlen hat in Zeichnungen auch eine besondere Bedeutung: Als Kommazahl geschriebene Maße sind als Meterangaben zu verstehen. Ganzzahlige Maße ohne Komma bedeuten Angaben in Zentimetern, dahinter hochgestellte Ziffern geben die hinzuzuzählenden Zehntelzentimeter wieder. Grundsätzlich sind alle Maßzahlen möglichst so einzutragen, dass sie von unten oder von rechts lesbar sind. Der Vertikalschnitt weist zuzüglich der bekannten Maßlinien auch noch eine weitere Form der Darstellung von Maßen auf, in diesem Falle von Höhenmaßen. Das Bauwerk wird in verschiedene Ebenen eingeteilt. Jeder Ebene ist eine Maßzahl zuzuordnen, die sich auf die Ebene mit der Maßzahl 0.00 bezieht. Diese Bezugsebene entspricht oft einem festgelegten Punkt der Geländeoberkante und kann beim Bauwerk im Einzelfall die Oberkante des Fertigfußbodens im Erdgeschoss sein. Positive Maßzahlen geben den Abstand der betreffenden Ebene von der Bezugsebene nach oben in Metern wieder, umgekehrt sind die negativen für den Abstand nach unten.

Die Ausführungspläne

Für den Handwerker auf der Baustelle sind die Ausführungspläne von besonderer Bedeutung. Diese sind meistens im Maßstab 1:100, in Ausnahmen auch im Maßstab 1:50 erstellt und enthalten teilweise zusätzliche Detail- und Sonderzeichnungen. Durch Aufmessen einer oder mehrerer fraglicher Strecken und maßstabgerechtes Umrechnen kann sich der Selbstbauer bei im Plan fehlenden Maßen schon eine grobe Orientierung verschaffen. Er sollte jedoch nie nach einer solchen Information ein Bauteil

Baustoffe, Mauerwerk

gewachsenes Erdreich

aufgefüllter Boden

Mauerwerk aus künstlichen Steinen

Mauerwerk aus Naturstein

Stahlbeton

unbewehrter Beton

Leichtbeton, Porenbeton

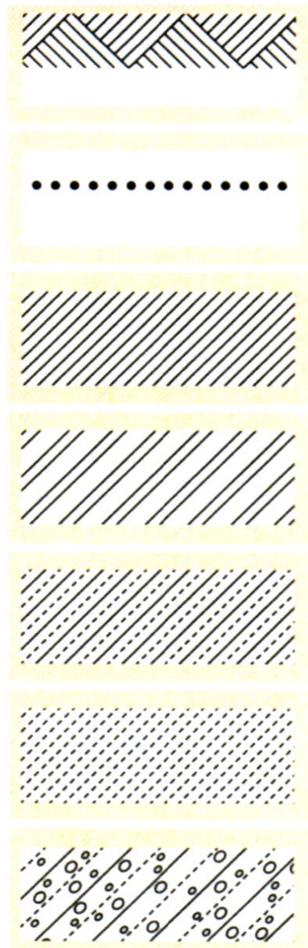

Glas, Gips

Tafelglas, Fensterglas

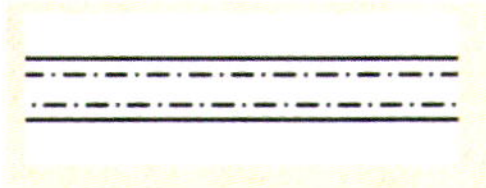

Gipsbauplatten

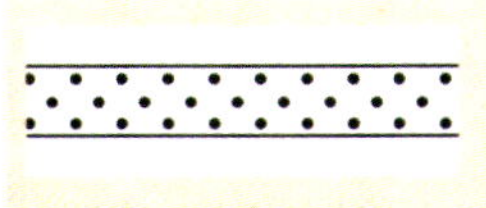

Abdichtungen, Dämmungen

Abdichtung allgemein

Dämmschicht gegen Wärmeverlust

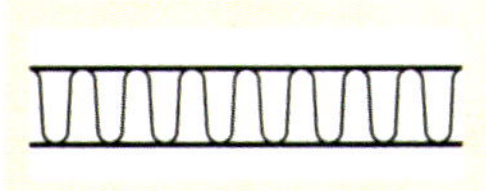

Dichtungsbahn mit Einlage aus Gewebe

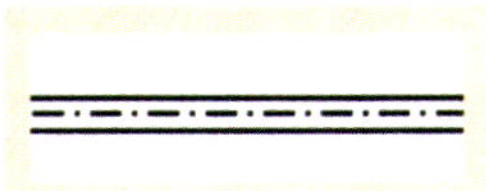

Bautenschutzfolie mit Verstärkung

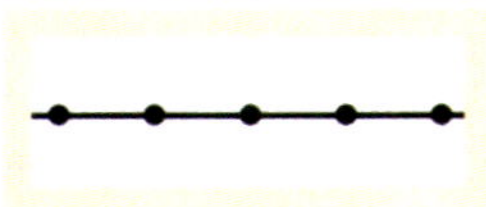

Schaumkunststoff

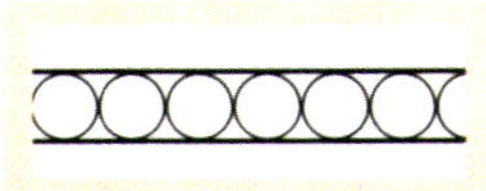

Kork

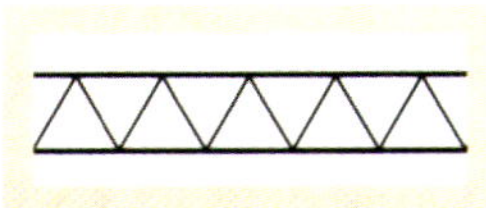

erstellen! Erst mit komplett vermaßten Grundrissen in der Hand kann die Arbeit in Angriff genommen werden.

In der Baupraxis begegnet auch der Fachmann mitunter Ausführungsplänen, die selbst ihn vor Schwierigkeiten stellen können. Dazu gehören unter anderem die Bewehrungspläne des Statikers, die mit unzähligen Linien und speziellen Materialbezeichnungen gespickt sind. Eine Ausnahme bilden die Deckenbewehrungspläne für den Einbau einer Fertigteildecke mit Ortbeton. Bei einer solchen Decke muss auf der Baustelle noch die Deckenoberbewehrung montiert werden. Dies geschieht nach einem vom Deckenhersteller entworfenen Plan. Da die Oberbewehrung von herkömmlichen Geschossdecken nicht so umfangreich ist wie die Unterbewehrung, sind Lage und alle nötigen Angaben zur Materialkennzeichnung in diesem Plan noch relativ übersichtlich angegeben. Dagegen sind Architektenpläne wesentlich einfacher zu verstehen: Wände, die mit unterschiedlichen Steinen oder anderen Ma-

Der Vertikalschnitt A-A

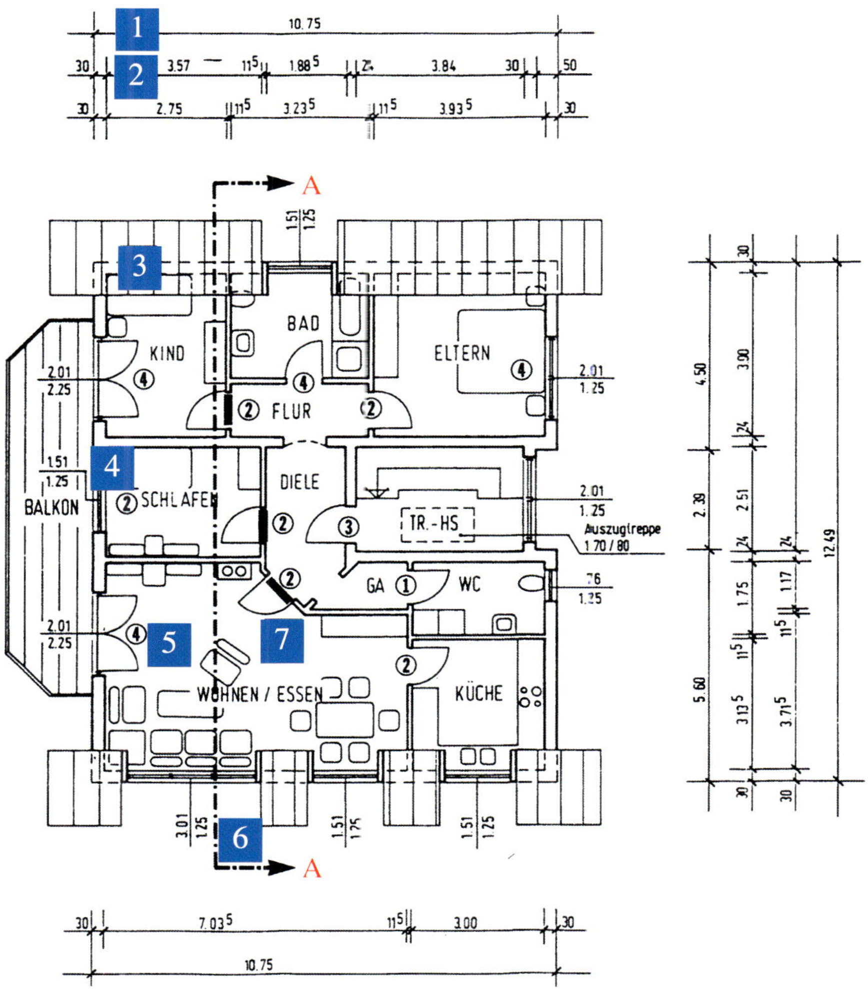

terialien hergestellt werden, kennzeichnen die Architektenpläne unterschiedlich farbig. Diese Form der Darstellung ist besonders dann nützlich, wenn die gängigen Schraffuren nach DIN 1356 nicht mehr ausreichen. In der Legende wird dann detailliert erklärt, um welchen Baustoff es sich handelt. Außerdem werden in den Plan verschiedene Positionsziffern eingetragen, um die Lage einzelner Bauteile wie Stürze oder Rollladenkästen zu erklären. Zusätzlich zu den Detailzeichnungen wird dem Selbstbauer der maßgenaue Einbau aller Materialien ermöglicht.

Zeichenerklärung

1. Die äußere Maßlinie: Die Entfernung der Gebäudeaußenkanten wird in Metern aufgetragen.

2. Weitere Maßlinien für die Innenmaße: Die Wandstärken werden ohne Komma in Zentimetern angegeben.

3. Die gestrichelten Linien kennzeichnen die vom Dachkörper verdeckte Giebelwand.

4. Die Hilfslinie weist auf die Fensteröffnung im Schlafzimmer hin. Die Öffnung ist 1,51 Meter breit und 1,25 Meter hoch.

5. Die eingekreisten Positionsziffern 1 bis 4 weisen auf Rollladenkästen und Stürze unterschiedlicher Größe hin. In einer separaten Legende wird das Baumaterial genau beschrieben.

Der Dachgeschossgrundriss

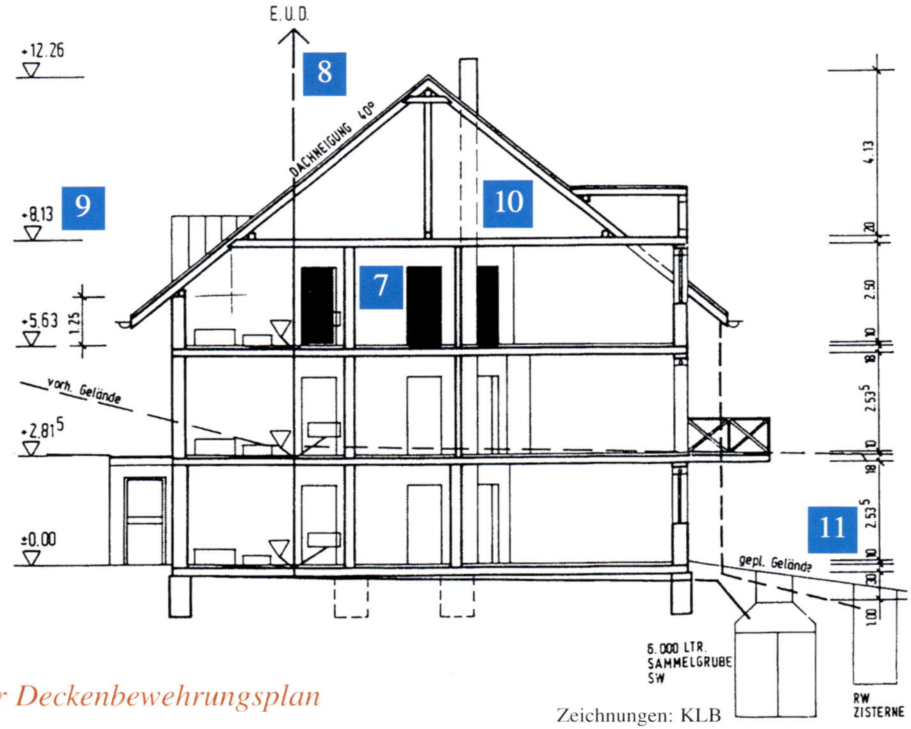

Der Deckenbewehrungsplan

Zeichnungen: KLB

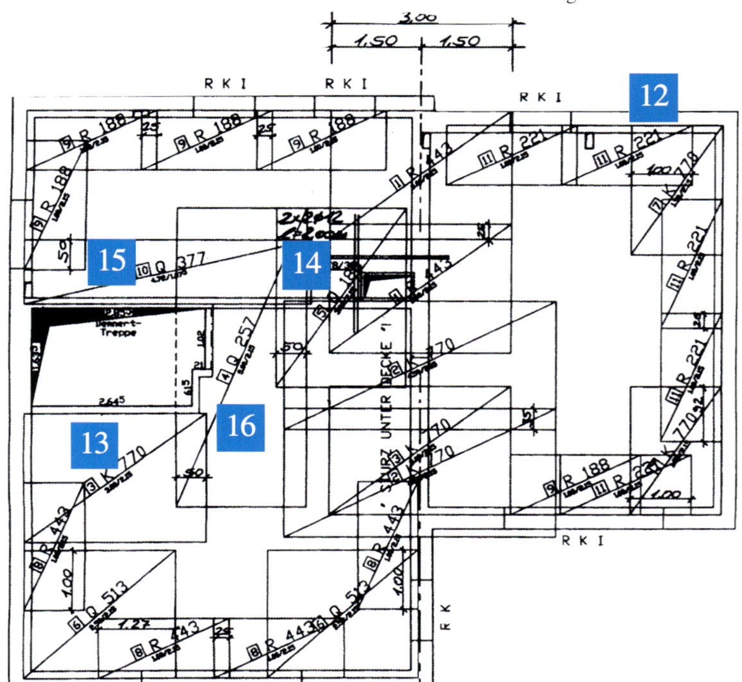

6. Die Strich-Punkt-Linie kennzeichnet die Lage einer Schnittebene. Die durch die angegebene Blickrichtung entstehende Schnittfläche wird im nächsten Plan dargestellt.

7. Zur Orientierung sind die im Vertikalschnitt sichtbaren Türöffnungen in beiden Zeichnungen farbig gekennzeichnet.

8. Die Entlüftung der sanitären Anlagen wird im Vertikalschnitt mit einer kräftigen Linie dargestellt. Die Entlüftung soll, wie die Abkürzung zeigt, über das Dach erfolgen.

9. Dünne Hilfslinien deuten auf die relevanten Ebenen hin, hier ist es jeweils die Oberkante des Fertigfußbodens. Ein Pfeil weist zusätzlich auf das Höhenniveau hin, die nebenstehende Maßzahl gibt den Abstand zur Bezugsebene (0.00) an.

10. In der festgelegten Schnittebene ist hier der Blick zum Schornstein durch eine Wand versperrt. Darum wird er gestrichelt dargestellt.

11. Die Maßkette ist geeignet, um lichte Geschosshöhen, Deckenstärken und die Stärke des Fußbodens aufzutragen.

12. Bei einem Deckenbewehrungsplan, hier für eine Fertigdecke, erscheint das Gewirr aus Linien noch komplizierter. Wichtig ist die Abbildung der tragenden Wände.

13. Lage, Größe und Bezeichnung der einzelnen Baustahlmatten sind das Entscheidende in diesem Plan. Hier handelt es sich um eine Matte K 770 mit den Abmessungen 3,00 x 2,15 Meter, die direkt im Anschluss an das Treppenloch zu verlegen ist.

14. Am Schornstein müssen zusätzlich Einzelstäbe verlegt werden, und zwar beidseitig je zwei Stäbe, zwei Meter lang und mit einem Durchmesser von zwölf Millimetern.

15. Die Positionsziffern in den eckigen Feldern sind wichtig zur Identifizierung der Position auf der Materialliste. Gleiche Ziffern bedeuten also nicht gleiche Lage innerhalb eines Bauwerks, sondern jeweils gleiche Materialbeschaffenheit.

16. Die Diagonallinie ist wichtig, um bei den sich überlappenden Matten Anfang und Ende zu kennzeichnen.

Ein detaillierter Ausführungsplan mit allen Maßen und Angaben: Die farbige Kennzeichnung der verschiedenen Wände stellt dabei immer eine nützliche Hilfe dar.

Abb. Hebel AG

Baustoffe

Neben den schon erwähnten Mauersteinen in ihren unterschiedlichsten Ausführungen werden heute mit Hilfe von Metall- und Holzbaustoffen Ideenreichtum, Geschmack und Kreativität im Hausbau umgesetzt. Ob mit diesen Werkstoffen nur Akzente gesetzt oder Exklusivität betont werden soll, diese Entscheidung beruht nicht nur auf dem individuellen Geschmack, sondern auch auf genauer Kenntnis, wo welche Baustoffe optimal eingesetzt werden können.

Bei Metallbaustoffen z. B. hat erst die konsequente Weiterentwicklung der Produktions- und Bearbeitungstechnik dazu beigetragen, dass diese Materialien seit Anfang des 19. Jahrhunderts den statischen Anforderungen im Hochbau entsprechen. Wolkenkratzer sind nur ein Beispiel des Machbaren mit dem Werkstoff „Stahl".

Metallbaustoffe haben den großen Vorteil, industriell gefertigt und montiert werden zu können. Die gestalterischen Möglichkeiten gehen nahezu in das Unendliche. Standardprodukte wie Dachrinnen, Gitterroste und Regenfallrohre sind uns allen bekannt.

Ebenso begegnet uns der Baustoff Metall in Heizungsrohren, Armaturen oder im Fensterbau. Ob als Balkon- oder Treppengeländer, als Stufen zur Dachterrasse oder als Bewehrung im Beton, Metall findet sich in verschiedensten Formen und unterschiedlich starker Prägung in jedem Haushalt.

Fallrohr aus Zink

Wachsende Bedeutung finden Metalle heute in der Fassadengestaltung. Da Metalle aber generell unter Temperatureinfluss arbeiten, ist dieses spezifische Merkmal besonders bei der Planung zu berücksichtigen, um Spannungsschäden vorzubeugen.

Als wirksamer Korrosionsschutz wird das Feuerverzinken angesehen. Möchten Sie bei der Fassadengestaltung verschiedenartige Metalle verwenden, erkundigen Sie sich vorher in einem Fachbetrieb nach der Verträglichkeit untereinander. Nicht alle Metalle können miteinander kombiniert werden. Einige reagieren miteinander. Um diese Kontaktkorrosion zu vermeiden, können Abstandhalter aus Gummi oder Kunststoff zwischengesetzt werden.

Die Unempfindlichkeit von Kupfer gegenüber Witterung und Temperatur hat zu mannigfaltigem Einsatz dieses Werkstoffes im Hausbau geführt. Mit der Zeit entsteht auf der Oberfläche eine grüne Patina, die eine Zerzetzung verhindert. Ob als Bestandteil der Fassadengestaltung, im Dachbereich oder als Rohrleitung – Kupfer ist über Jahrzehnte hinweg ein beständiger und edler Baustoff.

Ähnliche Qualitäten wie Kupfer hat der Baustoff Aluminium aufzuweisen. Vorwiegend als Ingrediens im Tür- und Fensterbau eingesetzt oder in Vordach-Konstruktionen, hat auch Aluminium einen natürlichen Korrosionsschutz. Durch eine spezielle Oberflächenbehandlung erreicht man die Bildung einer Oxidschicht, die in unterschiedlichen Farbtönen eingefärbt werden kann. Das macht Aluminium zu einem attraktiven Designelement.

Wenden wir uns nun einem der ältesten Baustoffe überhaupt zu: dem Holz. Holz wurde schon zu Urzeiten zur Errichtung von Unterkünften verbaut und findet heute besonders bei Naturliebhabern Verwendung.

Gesundheitsliebe, Umweltinteresse und Preisbewusstsein haben den Stellenwert des Baustoffes Holz in den Vordergrund gerückt. Holz ist ein nachwachsender Rohstoff, der einzigartig darin ist, das schädliche Kohlenmonoxid zu binden und damit der Atmosphäre zu entziehen. Holz ist – unter gesundheitlichem Gesichtspunkt betrachtet – wohngiftfrei und durch Feuchtigkeitsregulierung in der Lage, ein absolutes „Wohlfühlklima“ zu schaffen. Statisch betrachtet hat Holz ein geringes Gewicht, gute Wärmedämmfähigkeit sowie die erforderliche Druckfestigkeit.

Unser Tipp:

Setzen Sie Aluminium nur an adäquaten Stellen ein und achten Sie auf fachmännische Montage. Aluminium reagiert empfindlich auf Kratzer, die sich nur schwer beseitigen lassen.

Weitere Infos:
Rheinzink GmbH & Co. KG
Bahnhofstr. 90 • D-45711 Datteln
Tel. +49 (0)23 63/6 05-0 • 6 05-2 09
E-Mail: info@rheinzink.de • www.rheinzink.de

DKI – Deutsches Kupferinstitut e.V.
Am Bonneshof 5 • D-40474 Düsseldorf
Tel. +49 (0)2 11/4 79-63 00 • Fax 4 79-63 10
E-Mail: info@kupferinstitut.de
www.kupferinstitut.de

Arbeitsgemeinschaft Holz e.V.
Rather Str. 49a • D-40476 Düsseldorf

Stahl-Informations-Zentrum
Postfach 10 48 42 • D-40039 Düsseldorf
Tel. +49 (0)2 11/67 07-0 • Fax 67 07-3 44
E-Mail: siz@stahl-info.de • www.stahl-info.de

Mauersteine

Mauersteine sind der Massivbaustoff schlechthin. Es gibt unterschiedliche Mauersteine für das gesamte Baugefüge auf der Grundlage von Festigkeit (Statik) und Rohdichte (Wärme- und Schallschutz).

Zu den meist verwendeten Mauersteinen gehört seit tausenden von Jahren der Ziegel. Baubiologisch ist er ein hochwertiges Naturprodukt und erfüllt alle Anforderungen an Schall-, Brand- und Feuchtigkeitsschutz und Witterungsbeständigkeit. Die ausgezeichneten Wärmedämm- und Wärmespeichereigenschaften werden durch eine Porosierung des Ziegels erreicht und spiegeln sich in einem angenehmen Raumklima wieder.
Als Alternative zum Ziegel bietet sich der Porenbeton an. Dieser überzeugt vorwiegend durch sein leichtes Gewicht, einfache Bearbeitung und ausgezeichnete Wärmedämmbeschaffenheit. Obwohl keine vergleichbare Schalldämmung wie bei Ziegeln erreicht wird, sind diese immer noch gut im Vergleich mit anderen Baustoffen.
Kalksandsteine werden überwiegend zum Bau tragender Wände, zum Fundament- und Kellerbau eingesetzt. Die hohe statische Belastbarkeit und der gute Schallschutz sind die Kerneigenschaften dieses Mauersteins. Frostbeständige Vormauer-Kalksandsteine finden ihre Verwendung in der Sichtmauerwerk-Gestaltung.
Großformatige Leichtbetonsteine, Bims- und Blähtonsteine mit ihrem geringen Gewicht und dem Charakteristikum der optimalen Wärmedämmung zählen zu den wirtschaftlichen Baustoffen und werden auch in kompletten Bausätzen angeboten, was den Hausbau erheblich vereinfacht.

Großformatige Bauteile bieten Rationalisierungseffekte. Abb. Hebel „Jumbo ®“

Mauersteine und Anzahl je m²

Bez.	Format (LxBxH in mm)	Anzahl
NF	240 x 115 x 71	48 Stück
DF	240 x 115 x 52	64 Stück
2-DF	240 x 115 x 113	32 Stück
3-DF	240 x 175 x 113	32 Stück
4-DF	250 x 115 x 238	16 Stück
6-DF	250 x 175 x 238	16 Stück
8-DF	250 x 240 x 238	16 Stück
10-DF	250 x 300 x 238	16 Stück
12-DF	250 x 365 x 238	16 Stück

Infos unter:

Xella International GmbH
Franz-Haniel Platz 6-8 • D-47119 Duisburg
Tel. +49 (0) 8 00/5 23 56 65
Tel. +49 (0) 8 00/5 35 65 78
E-Mail: info@xella.com
www.xella.com

Röben Tonbaustoffe GmbH
Postfach 12 09 • D-26330 Zetel
Tel. +49 (0)44 52/8 80 • Fax 8 82 45
E-Mail: roeben@roeben.com
www.roeben.com

Ein neuer Planziegel von der Fa. Trost bringt beste Voraussetzungen für den Bau von Niedrigenergiehäusern.

Schnell und ohne Komplikationen lassen sich Ytong-Bauteile verarbeiten.

Abb. rechts: Energie sparende Mauerwerk-Konstruktionen mit Röben-Poroton-Plansteinen

Das Dach - Schönheit, Sicherheit und Schutz

Das Dach bildet nicht nur den „krönenenden“, oberen Abschluss Ihres Hauses. Für welche Dach-neigung oder Dachform Sie sich entscheiden, ob die Eindeckung mit Ton- oder Betondachsteinen, Schiefer oder Dachplatten erfolgt, an welcher Position Gauben oder Fenster eingesetzt werden sollen, hier spielt nicht nur der ästethische Aspekt eine Rolle.

Das Dach erfüllt in erster Linie eine Schutzfunktion. Gerade dieser Bauteil ist wie kein anderer dem Wetter und Umwelteinflüssen ausgesetzt. Es soll Regen, Hagel, Sturm, Kälte, Hitze und Frost Widerstand leisten. Und wir erwarten nach der Fertigstellung, dass gerade das Dach unser Haus viele Jahre vor allen schädlichen Einflüssen durch Natur und Umwelt bewahrt.

Unser Tipp:

Nutzen Sie hier die Erfahrung und Kompetenz von Dachdeckerfachbetrieben. Lassen Sie sich bei der Materialauswahl eingehend beraten. Nur die korrekte Planung und fachlich akkurate Ausführung aller Arbeiten bietet den gewünschten Schutz, verhindert Eindringen von Nässe und garantiert Haltbarkeit über viele Jahre hinweg.

Dachneigung und Dachform

In Deutschland wird im Hausbau überwiegend den geneigten Dächern (5 bis 40 Grad) der Vorzug gegeben. Flachdächer bis maximal 5 Grad Neigung und Steildächer ab 40 Grad sind bei uns weit weniger verbreitet. Einer Gratwanderung zwischen baulichen Vorschriften und persönlichem Geschmack gleich kommt die Auswahl zwischen Pult- oder Satteldach, Walm- oder Mansarddach usw. Interessant ist auch die Alternative der Dachbegrünung, mit dem Vorteil einer guten Dämmung und Schaffen einer positiven, ökologischen Wirkung (Mikroklima). Nicht alles, was gefällt, ist erlaubt – fragen Sie also rechtzeitig Ihr Bauamt. Egal für welche Dachform Sie sich entscheiden, die Gesamtharmonie des Hauses steht auch hier im Vordergrund. Aber Achtung: Je komplizierter die ganze Dachgestaltung mit Gauben, Kehlen, Fenstern usw., desto größer ist das Risiko, „Schwachstellen“ zu schaffen, und umso teurer wird es.

Dachkonstruktion

Diese richtet sich nach dem Grundriss, der Dachform, der Dachneigung und der geplanten Dachraumnutzung. Zur Verfügung stehen Holzkonstruktionen für Dachstühle oder Massivkonstruktionen als Dach- oder oberste Geschossdecke. Unser Tipp: Gerade wenn Sie einen Ausbau planen, achten Sie auf die bauliche Eignung des Dachstuhls. Ziehen Sie einen Fachmann zu Rate.

Unterspannbahnen und Dachdämmung

Unterspannbahnen verhindern das Eindringen von Feuchtigkeit, z. B. durch Schlagregen, Flugschnee, und sind staubabweisend. Sie sind von außen dicht und von innen dampfdurchlässig.

Die Dämmung hat gleich mehrere Funktionen zu erfüllen. Zuerst einmal sorgt sie für das „Wohlfühl-Klima“, indem sie extreme Winter- und Sommertemperaturen „aussperrt“, damit diese die Raumtemperatur nicht beeinflussen. Die richtige Dämmung verhindert Energieverlust, schützt vor Temperaturschwankungen und fördert ein angenehmes Raumklima. Die Wärmeschutzverordnung macht hier genaue Vorgaben bzgl. des Wärme- und Umweltschutzes, die eingehalten werden müssen. Zur Dämmung werden unterschiedliche Materialien wie z. B. Mineralfaser eingesetzt. – *Siehe Extrakapitel*

Abb. Trost

Die verschiedenen Dachformen zur Auswahl

Satteldach mit Kniestock

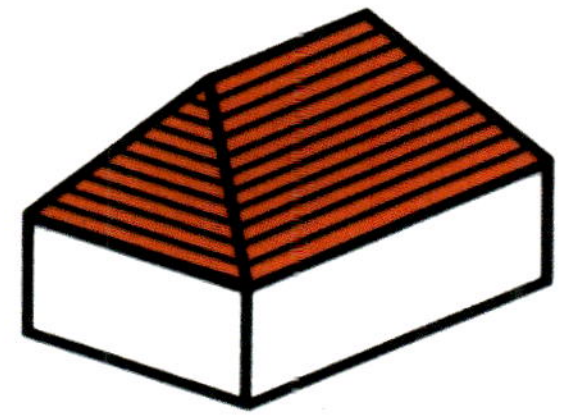
Walmdach

Zeltdach

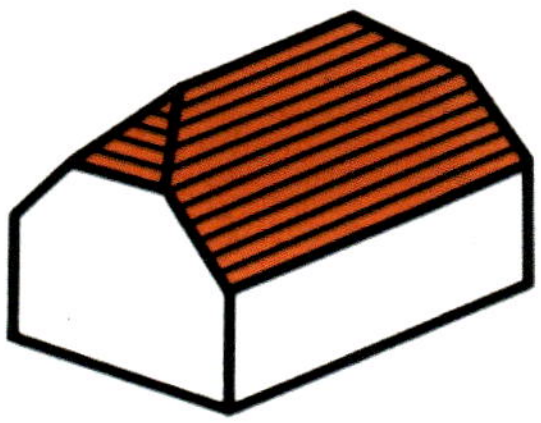
Satteldach mit Krüppelwalm

Mansarddach

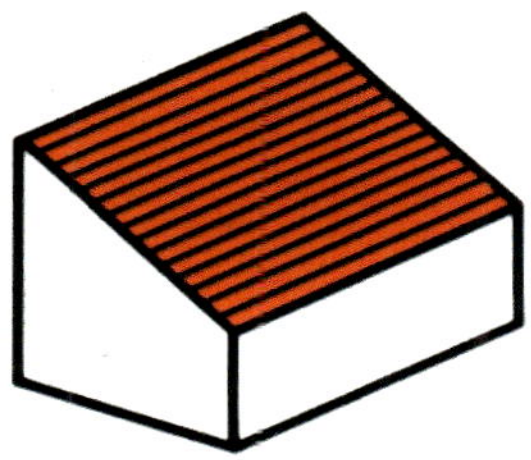
Pultdach

Satteldach

Zur Beachtung: Nicht jede gewünschte Dachform wird vom Bauamt genehmigt. Vorher beim Bauamt erkundigen!

Dacheindeckung

Wenden wir uns jetzt der Eindeckung zu. Auch hier gilt es aus der Flut unterschiedlichster Materialien zu filtern. Zu beachten ist, dass nicht jedes Dachdeckungsmaterial oder jede Dachdeckungsart für bestimmte Dachneigungen verwendet werden kann. Während profilierte Flachdachziegel und ausdrucksstarke Betondachsteine wirkungsvoll die Optik flach geneigter Dächer unterstützen, entfalten Schiefermaterial, Faserzementplatten oder Bitumenschindeln auf steileren Dächern ihre volle Schönheit.

Ton-Dachziegel und Beton-Dachsteine sind mit 92 Prozent die absoluten Vorreiter bei den Deckungsmaterialien. Bei der Auswahl des geeigneten Materials muss aber immer auf die Dachneigungen und den vorhandenen oder geplanten Unterbau Rücksicht genommen werden. In beiden Sparten unterscheidet man zwischen Flächenziegeln und Formziegeln. Flächenziegel dienen der Flächendeckung, während Formziegel wie Trauf-, First-, Kehl-, Ortgang-, Antennen-, Grad- und Lüftungsziegel zu den Sonderformen zählen, die zur Detailausführung verwendet werden.

Tondachziegel

Tondachziegel sind ein Naturprodukt und zeichnen sich durch hohe Langlebigkeit aus. Sie halten allen Witterungseinflüssen stand, egal ob Hitze, Regen, Frost oder Hagel. Zu den bekanntesten Ziegeln zählen hier Biberschwänze, Krempziegel, Falzziegel, Hohlpfanne und Flachdachpfannen. Aus der Altbausanierung sind die kräftig roten Tondachziegel nicht mehr weg zu denken.

Betondachsteine

Auch die Betondachsteine, welche aus einer Mischung aus Zement, quarzhaltigem Sand und Wasser hergestellt sind, erfüllen alle Anforderungen an Haltbarkeit und Ökologie. Sie zeichnen sich durch eine große Vielfalt an Farben, Formen und Funktionen aus. Die schmutzabweisende Oberflächen-Veredelung lässt keine Bemoosung oder Kalkausblühung mehr zu.

Ob Frankfurter Pfanne, Heidelberger

Dachsanierung ohne teure Entsorgung. Mit einem Gewicht von unter 5 kg pro m² können Metalldachplatten von LUXMETALL häufig sogar über das alte Dach verlegt werden. Das spart Abriss- und Entsorgungskosten.

Dachstein oder die Harzer Dachpfanne. Der Dachgestaltung sind hier keine Grenzen gesetzt.

Alternativen

Mit Reetdach-, Faserzementplatten-, Schiefer-, Metall- oder Holzschindeldeckung lassen sich weitere Akzente in der Dachgestaltung setzen. Dennoch gilt es bei aller Liebe zur Individualität: Beachten Sie die Bebauungspläne Ihrer Kommune. Der Gesamtharmonie des Baugebietes sollte Rechnung getragen werden.

Dachaufbauten

Unter den Dachaufbauten stehen Gauben an erster Stelle. Gauben sind senkrecht stehende Fenster in einer geneigten Dachfläche. Die Varianten im Aufbau reichen hier von Satteldachgauben über Rund-, Spitz-, Schlepp- und Fischmaulgauben bis hin zu der wunderschönen Fledermausgaube und werden vom Zimmermann in den Dachstuhl mit eingearbeitet. Um lichtdurchflutete Dachwohnungen zu schaffen, eignen sich Dachflächenfenster oder großflächige Atelierfenster. Das „dunkle Kämmerlein" im Dachgeschoss ist dank großzügiger Fenstervielfalt längst kein Thema mehr.

Lange Lebensdauer ist garantiert

Röben hat über 50 verschiedene Tondachziegelsorten und -farben im Sortiment. Dazu passend: Formziegel von der Traufe bis zum First. Ob Antennenziegel, Dunstrohr, Lüfterfirst oder schmückende Zierfirstplatte – jede Form ist aus gebranntem Ton und fügt sich nahtlos in die Dachfläche ein.

Unser Tipp:

Damit Sie lange Freude an Ihrem Dach haben, lassen Sie es regelmäßig vom Fachmann auf Schäden untersuchen. Denken Sie auch an die regelmäßige Reinigung der Dachrinnen und Fallrohre. Das Vorbeugen erspart Ihnen Schäden und teure Reparaturen.

Baustoff	Preise* in Euro/m²
Dachziegel	ab ca. 30,-
Betondachsteine	ab ca. 25,-
Schiefer	ab ca. 30,-
Holzschindeln	ab ca. 30,-
Reet	ab ca. 55,-
Metall	ab ca. 45,-
Faserzement	ab ca. 40,-

*Circapreise ohne Gewähr für Eindeckung und Material von Dachflächen; bei allen Preisen werden noch Zulagen für Kehle, Ortgang, Traufe, Grate, Firstabdeckung etc. berechnet.

Schieferdächer wieder hochmodern

Ein Urgestein liegt bei vielen Neubauten wieder ganz oben auf. Immer öfter entscheiden sich Bauherren für Natur auf dem Dach. Durch moderne Verarbeitungs- und Verlegetechniken ist der 400 Millionen Jahre alte Baustoff heute eine attraktive Alternative.

Beim Preis kommt es vor allem auf die Deckart an. Bis auf die „Wilde Deckung“ werden alle Formate bereits Stück für Stück im Werk vorgefertigt. Der preiswerte Weg zum neuen Schieferdach führt über die geschwungene Bogenschnitt-Deckung. In sanften Rundungen ist sie die dekorative Krone für ein gemütliches Einfamilienhaus. Mit nur ca. 47 Euro pro m^2 fertig verlegt, ist die Deckung besonders für preisbewusste Bauherren attraktiv.

Ihr im Aussehen sehr ähnlich ist die von Rathscheck Schiefer neu entwickelte „Universal-Deckung“: Das Multitalent liegt im gleichen Preissegment wie die Bogenschnitt-Deckung, ist aber ein Alleskönner. Das Format lässt sich universell von links, rechts und sogar auf dem Bogen stehend verarbeiten.

Hausbesitzer, die auch privat eine klare Linie bevorzugen, entscheiden sich für die Rechteck-Deckung. Ab ca. 65 Euro kommt der Quadratmeter fertig verlegt auf das Dach. Die moderne Deckart glänzt durch die Einheit von Form und Funktion – und ist durch große, schnell zu verlegende Formate eine günstige Variante schimmernder Schieferqualität.

Für Freunde runder, geschwungener Formen bietet sich die Schuppen-Deckung an. Schmaler behauen als die Bogenschnitt-Deckung fügen sich die schuppenförmigen Schiefer zu einem belebten Dach zusammen, das aber seine klassische Ästhetik niemals verliert.

Die Königin der Deckarten für den anspruchsvollen Geschmack ist die „Altdeutsche Deckung“. Unterschiedlich

große Schiefer ergeben auch auf den kompliziertesten Dächern ein edles Gesamtbild. Die Altdeutsche Deckung bestimmt nicht nur das Bild vieler historischer Dorf- und Stadtkerne, sondern ist auch heute bei Architekten und Bauherren wieder sehr beliebt.

Kunst am Dach ist die Wilde Deckung. Sie entsteht aus der Kombination von besonders hochwertigem Schiefer und höchstem handwerklichem Geschick des Schieferdeckers.

Infos unter:
Rathscheck Schiefer und Dach-Systeme KG
Barbarastr. 3 • D-56727 Mayen
Tel. +49 (0)2651/955-0 • Fax 955100
E-Mail: info@rathscheck.de
www.schiefer.de

Modern und preiswert: Die runde Form der Bogenschnitt-Deckung bringt Leben aufs Dach. Das moderne Format ist die günstigste Möglichkeit zum neuen Schieferdach.

Multitalent: Die Universal-Deckung von Rathscheck Schiefer ähnelt in ihrem Aussehen der Bogenschnitt-Deckung.

Klare Linien: Die moderne preiswerte Rechteck-Deckung bietet alle positiven Eigenschaften des Schiefers.

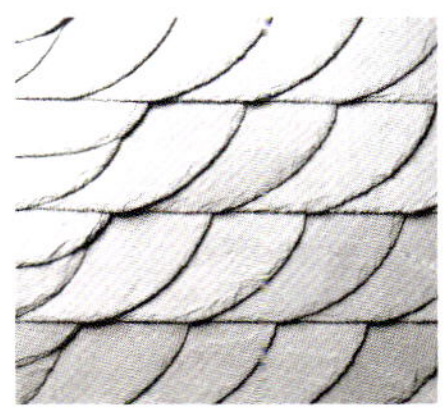

Klassiker: Die Altdeutsche Deckung schmückt zahlreiche mittelalterliche Fachwerkbauten.

Die Wilde Deckung ist wohl die aufregendste Art, sein Dach decken zu lassen.

Baubegleiter entdecken Mängel rechtzeitig

Wenn die stolze Familie beim Einzug in ihr neugebautes Eigenheim gravierende Mängel entdeckt, ist es oft zu spät:

Eine regelmäßige Kontrolle ist wichtig und bewahrt den Bauherrn vor größeren Schäden, die zu hohen Mehrkosten führen können.

So mancher Bauunternehmer ist nicht bereit, Fehler zuzugeben und nachzubessern. Ein jahrelanger Rechtsstreit mit zusätzlichen Kosten kann folgen. Daher empfiehlt der Informationsverein Besser Bauen (IVBB) schon während des Baus Qualitätskontrollen durchzuführen. So kann der Bauherr rechtzeitig reklamieren. Zugleich werden Bauträger und Handwerker motiviert, sorgfältiger zu arbeiten. Auch der Bauherr sollte die Baustelle so oft es geht besuchen und den Fortgang der Arbeiten mit der Kamera festhalten.

Abb. Braas

Der Bauherr kann selbst einen unabhängigen Architekten oder Ingenieur bestellen oder eine Organisation wie den Bauherrenschutzbund, den Verband privater Bauherren, TÜV oder DEKRA beauftragen. Bietet das Bauunternehmen selbst eine Qualitätskontrolle an, sollte Einsicht in die Mängelprotokolle vertraglich fixiert werden. Der Fachmann prüft Baupläne und Baubeschreibung. Er muss die Baustelle regelmäßig begehen, stets bevor Bauabschnitte verkleidet werden. Unabdingbar ist eine professionelle Begleitung bei der Bauabnahme: Mit Unterzeichnung des Protokolls gehen alle Rechte und Pflichten auf den Bauherrn über.

(www.dach.de)

Tipps für effektive Dachpflege

Wenn im Frühling das große Reinemachen ansteht, greift so mancher beherzt zu Lappen und Besen.

Doch neben dem gründlichen Hausputz und eventuellen Gartenarbeiten bietet der Frühling auch einen guten Anlass, die wichtigsten Bestandteile eines Hauses zu überprüfen – und dazu zählt vor allem das Dach. Denn nicht nur „saurer Regen" hinterlässt mit der Zeit unübersehbare Spuren auf dem Dach. Auch harte Wintermonate, Wind oder Abgase setzen ihm zu. Wer jedoch einige einfache Tipps beachtet, kann unnötigen Aufwand und Kosten vermeiden.

Dabei ist es ratsam, einen Fachmann zu kontaktieren: Denn die meisten Dächer sind von unten kaum einsehbar und sollten schon aus Sicherheitsgründen nur vom Fachmann begangen werden. Der Dachhandwerker entdeckt mit seinem geschulten Auge auch verdeckte Mängel. So kann er beispielsweise feststellen, ob Anschlüsse und Einbauteile eines Daches noch voll funktionstüchtig sind, ob eine Reparatur oder Sanierung schadhafter Teile ausreicht oder ob eine Umdeckung mit neuen Dachpfannen sinnvoller ist. Eine große Gefahr für Dächer stellen z. B. einzelne defekte Dachpfannen dar, die eine Durchfeuchtung des Tragwerks verursachen können – mit schwer wiegenden Folgen: faulende Hölzer oder gar Hausschwamm.

Neben offensichtlichen Schäden an der eigentlichen Deckung sollte auch geprüft werden, ob das gesamte Bauteil Dach mit seiner Unterkonstruktion noch den gestiegenen Ansprüchen an die Wohnqualität entspricht oder ob der Dachraum künftig mitgenutzt werden soll.

Ein Highlight von Braas ist die bewährte Frankfurter Pfanne mit der speziellen, Schmutz abweisenden STAR-Oberfläche. Dabei werden Schmutz- und Staubpartikel aus der Atmosphäre einfach mit dem Regenwasser abgespült.

Wer sein Dach gegen Schnee und Sturm sichert, kann dem Winter gelassen entgegen sehen. Verschiedene, auf einander abgestimmte Systemteile eignen sich sowohl für Neubauten als auch für die Nachrüstung und bieten optimalen Schutz.

Wartungsverträge schaffen Sicherheit für Hausbesitzer

Den gewachsenen Ansprüchen an das Aussehen und die Funktion eines Daches tragen Braas Dachpfannen sowie exakt darauf abgestimmte Braas Dachsystemteile Rechnung. Damit es zu irreparablen Schäden gar nicht erst kommt, ist ein Wartungsvertrag mit dem örtlichen Dachhandwerker-Fachbetrieb zu empfehlen. Der Fachmann erkennt Schäden, die für den Laien nicht auszumachen sind. Musterverträge für Wartungen lassen sich über Fachbetriebe oder den Zentralverband des Deutschen Dachdeckerhandwerks beziehen.

(www.dach.de)

Die Krönung für´s Haus - das Ziegeldach

Das Dach ist Symbol geworden für Schutz und Geborgenheit, für Wohlbefinden und Sicherheit.

Es waren die Römer, die den Tondachziegel zu uns gebracht haben – vor etwa 2000 Jahren. Die Idee war so gut, dass die steigende Nachfrage immer neue an die klimatischen und ästhetischen Erfordernisse angepasste Formen entstehen ließ. Die Herstellungsverfahren wurden ständig weiterentwickelt, am Prinzip aber gab es bis heute einfach nichts zu verbessern. Die vier Grundelemente Erde, Wasser, Luft und Feuer sind nach wie vor die natürlichen Komponenten des Tondachziegels. Sie sind es, die ihn so unvergleichbar wertvoll machen.

Röben-Hohlfalz-Verschiebeziegel LIMBURG rotengobiert.

Röben-Flachdachziegel FLÄMING schwarz-engobiert, Glanz-Engobe. Fassade: Röben Keramik-Klinker FARO, grau-nuanciert, glatt, NF.

Natürlich währt am längsten.

Eine der größten Stärken des Tondachziegels ist die absolute Schadstoffresistenz. Aggressive Umwelteinflüsse wie UV-Strahlen, extreme Temperaturschwankungen usw. können Funktion und Optik des Ziegels nicht beeinträchtigen. Frostbeständigkeit und lange Lebensdauer sind unbestritten. Deshalb kann Röben jedem Tondachziegel mit gutem Gewissen eine 30-jährige Garantie gegen Frostschäden mit auf den Weg geben.

Farbe auf dem Dach

Typisches Qualitäts-Merkmal des Tondachziegels ist seine natürliche Farbe. Ein kraftvolles Naturrot, wie es nur aus reinem Ton im Feuer entstehen kann. Alternativen zu dieser Farbe – das Dach muss ja nicht immer rot sein – sind Engoben und Glanz-

Röben Flachdachziegel FLANDERN blau-grau. Verblender RYSUM: Hellere und dunklere Anflammung von Hellrot bis zu schillerndem Blau machen das Mauerwerk lebhaft und kräftig.

Engoben, die vor dem Brand aufgetragen werden. Beide sind nichts anderes als Tonschlämmen, also eine keramische Oberfläche. Der Unterschied liegt allein im Glanz. Im Feuer fest mit dem Scherben verbunden, verlieren diese Farben auch nach vielen, vielen Jahren nichts von ihrer einmaligen Schönheit.

Röben Reform-Verschiebeziegel RHEINLAND blau-grau.

Infos unter:
Röben Tonbaustoffe GmbH
Postfach 12 09 • D-26330 Zetel
Tel. +49 (0) 44 52/88 0 • Fax 8 82 45
E-Mail: info@roeben.com
www.roeben.com

Volle Dämmung für Steildächer

Ganzheitliche Lösungen steigern Funktionssicherheit und Energieeffizienz!

Die Energiesparmembran DELTA-MAXX PLUS hat für die winddichte Abschirmung einen unterseitigen Selbstkleberand.

Immer mehr Bauherren suchen nach funktionssicheren und Energie sparenden Lösungen, wenn es um Neubau und Sanierung geneigter Dächer geht. Entsprechend diesen Anforderungen gibt es innovative und praxisbewährte Systemlösungen, die das vollgedämmte Steildach und seine bauphysikalischen Funktionen ganzheitlich erfassen. Durch den Einsatz der neuen DELTA-MAXX PLUS Energiesparmembran oder der Schalungsbahn DELTA-FOXX in Kombination mit der Luft- und Dampfsperre DELTA-REFLEX wird die Funktionssicherheit und Energieeffizienz erheblich gesteigert. Für die Heizkostenersparnis sorgt die winddicht verlegte Energiesparmembran. Sie verhindert, das kalte Luft die Dämmschicht durchströmt. Ausgestattet mit einem Selbstkleberand wird die äußere Dachhaut winddicht verklebt und so die Luftwechselrate um 35 Prozent gemindert. Für Bauherren bedeutet das eine Heizkostenersparnis von bis zu 9 Prozent pro Jahr. Auch raumseitig ist darauf zu achten, dass die Wärmedämmung vor eindringender Feuchtigkeit geschützt wird. Die aluminiumbeschichtete DELTA-REFLEX bietet einen 100-prozentigen Luft- und Dampfstopp und sichert bis zu 10 Prozent höheren Wärmeschutz. Durch die Materialzusammensetzung schirmt DELTA-REFLEX zusätzlich 30 Prozent der elektromagnetischen Strahlenbelastung für den Menschen ab.

Bei vollgedämmten Dächern mit harter Schalung: DELTA-FOXX, diffusionsoffene Schalungsbahn.

DELTA-REFLEX wird per Tacker angebracht bzw. als DELTA-REFLEX PLUS mit integriertem Selbstkleberand geklebt.

Infos unter:
Dörken GmbH & Co. KG
Wetterstr. 58 • D-58313 Herdecke
Tel. +49 (0)23 30/6 3-0 • Fax 6 3-3 55
E-Mail: bvf@doerken.de • www.doerken.de

Sicherer Schutz fürs Fundament

Die selbstklebende Flächenabdichtung DELTA-THENE wird einfach von der Rolle weg auf der Grundmauer verlegt.

Systemsicherheit für trockene Keller und rundum geschützte Bausubstanz!

Gebäude müssen auf trockenen Füßen stehen, nur so ist die Bausubstanz auf Dauer allen Belastungen gewachsen. Dringt erst einmal Feuchtigkeit in die Grundmauern, ist der bauliche Verfall absehbar. Speziell zum Schutz empfindlicher Dickbeschichtungen wurde die „Vier-Schichten-Bahn" DELTA-GEO-DRAIN Quattro entwickelt. Wandseitig verhindert dabei eine Gleitfolie die gefürchteten Punktbelastungen der Bitumenmasse und wirkt bei Setzung des Füllbodens zusätzlich als Gleitfläche für die Noppenbahn. Deren Aufgabe ist es, anfallendes Wasser sicher zur Ringdränage abzuleiten, und wirkt so als Flächendränage, wie sie die Norm bei wasserundurchlässigen Böden oder an Hanglagen vorschreibt. An der Außenseite verhindert ein aufkaschiertes Filtervlies das Zuschlämmen der Noppen und gewährleistet die dauerhafte Funktion der Dränageschicht.

Als Alternative zur Bitumendickbeschichtung empfiehlt sich die innovative Kaltselbstklebebahn DELTA-THENE. Sie wird als selbstklebende Abdichtung einfach von der Rolle weg verlegt. Die etwa 1,5 mm dicken Bahnen schaffen auch bei großen Flächen in nur einem Arbeitsgang eine glatte Basis-Abdichtung mit einheitlichen Schichtdicken, die mit herkömmlichen Spachtelmassen nur mit großer Sorgfalt und entsprechend hohem Zeitaufwand herzustellen sind. Die Bahnen werden wie eine Bitumentapete von oben nach unten verarbeitet. Spezialwerkzeug ist nicht erforderlich. Die hohe Flächenleistung ermöglicht dabei eine Zeitersparnis von bis zu 50 Prozent. DELTA-THENE ist sofort nach dem Aufkleben wasser- und schlagregendicht. Eine Abbinde- oder Durchtrocknungszeit entfällt. Unmittelbar nach der Verlegung können Schutz-, Dränage- und/oder Perimeterdämmschichten aufgebracht und die Baugrube verfüllt werden.

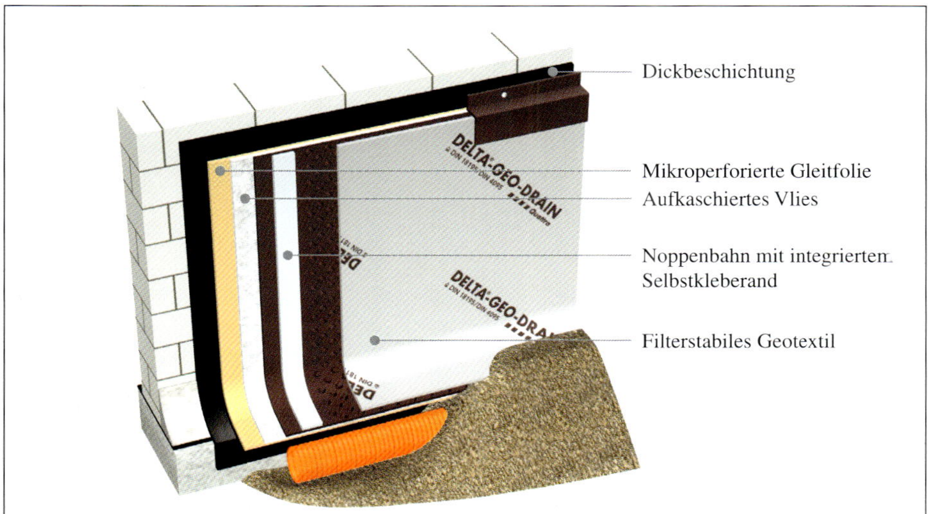

DELTA-GEO-DRAIN Quattro ist das zuverlässige Schutz- und Dränagesystem für alle druckempfindlichen Bitumendickbeschichtungen.

Infos unter:
Dörken GmbH & Co. KG
Wetterstr. 58 • D-58313 Herdecke
Tel. +49 (0)23 30/6 3-0 • Fax 6 3-3 55
E-Mail: bvf@doerken.de • www.doerken.de

Neuer Glanz für alte Dächer

Wetterfeste Neubeschichtung für verwitterte Dächer. Delta Roofcoat sorgt für eine frische Farbpracht.

Die lufttrocknende, schmutzabweisende und hochwertige Acrylfarbe erneuert verwitterte Dachflächen durch eine dauerhaft wetterbeständige Beschichtung. Sie ist lösemittelarm, nahezu geruchlos und damit umweltfreundlich. Darüberhinaus besitzt sie eine hohe UV-Beständigkeit und ist hoch wasserbeständig und alkalibeständig.

Delta Roofcoat lässt sich durch Rollen, Streichen und Spritzen verarbeiten. Die Beschichtung kreidet nicht und hat eine hohe Elastizität.

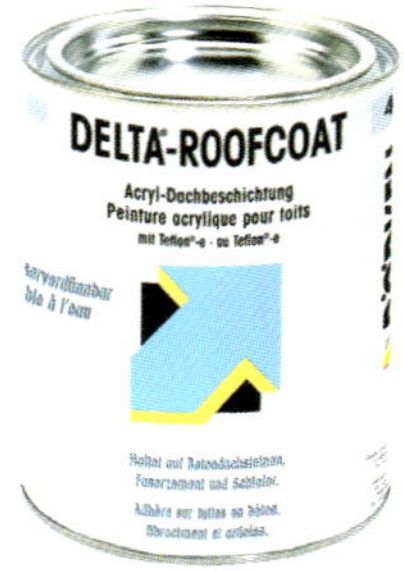

Es sind 10 Farbtöne lieferbar, die auf Deutschlands Dachpfannenfarben abgestimmt sind. Alle Farbtöne sind untereinander mischbar. Aufgetragen werden kann Delta Roofcoat auf Dächern mit Betondachsteinen, Faserzement-Dachplatten und Faserzement-Wellplatten, besplitteten Dachbahnen (ab 3% Neigung), Natur- und Kunstschieferfassaden sowie auf Hart-PVC.

Bei einer Temperatur von 20° und einer Luftfeuchtigkeit von ca. 60% liegt die Trocknungszeit bei nur 1-2 Stunden.

Infos unter:
Dörken GmbH & Co. KG
Wetterstr. 58 • D-58313 Herdecke
Tel. +49 (0) 23 30/6 3-0 • Fax 6 3-3 55
E-Mail: bvf@doerken.de
www.doerken.de

Laubstop - da wird der Herbst schön

Der Herbst mit seinen bunten Farben und frischen Winden sorgt für schöne Momente. Neben den schönen Seiten hat der Herbst auch seine Schattenseiten. Fast jeder von uns kennt das Problem von Dachrinnen, die durch herabfallendes Laub verstopft werden. POLY-NET Laubstop ist die Lösung.

Ein in Längsrichtung aufgeschnittenes Kunststoffgitterrohr. Es wird einfach in die Dachrinne eingelegt und klemmt sich anschließend selbstständig fest. Das anfallende Laub sammelt sich auf dem Gitterrohr, trocknet und wird fortgeweht. Selbst bei vorübergehend starkem Laubaufbau lässt Laubstop das Regenwasser ungehindert abfließen.

Das Produkt POLY-NET Laubstop, das Original, zum Schutz vor Verschmutzung und Verstopfung in den Dachrinnen durch herabfallendes Herbstlaub. Seit über zehn Jahren ist Laubstop bewährt im Einsatz. Das Prinzip ist einfach und effektiv. Laubstop ist ein Gitterrohr aus witterungs- und UV-beständigem Kunststoffmaterial. Auf der Unterseite ist das Rohr in der Längsrichtung aufgeschnitten. Durch diese Konstruktion klemmt sich das Gitterrohr selbstständig in der Dachrinne fest und der Rinnenboden bleibt frei für das abfließende Regenwasser. So bleiben auch kein Schmutz oder Reststoffe in der Rinne liegen.

Infos unter:
Norddeutsche Seekabelwerke GmbH & Co. KG
Postfach 1464 • D-26944 Nordenham
Tel. +49 (0) 47 31/82 12 29 • Fax 82 15 27
www.polynet-laubstop.de

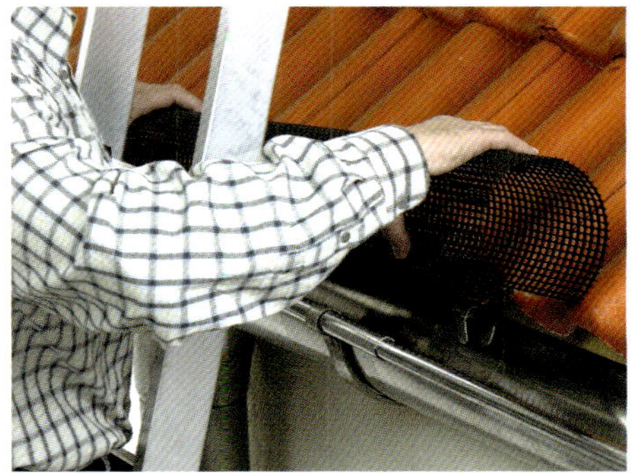

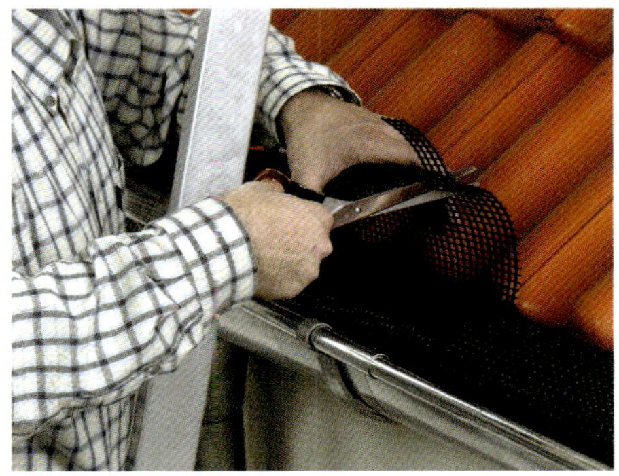

Die Fassade

Die Fassade ist der Blickfang (das Outfit) eines jeden Hauses. Sie drückt den individuellen Geschmack der darin lebenden Bewohner aus. Genaue Überlegungen zum Aufbau und zur Gestaltung sollten hier allen Entscheidungen vorausgehen.
Bedenken Sie, dass die Fassade in ähnlicher Weise wie das Dach, den Witterungs- und Umwelteinflüssen ausgesetzt ist.

Ob Sie sich für Außenputz, einen Anstrich oder Verblender entscheiden, achten Sie darauf, dass folgende Ansprüche gewährleistet sind: lang anhaltender Witterungsschutz und lange Lebensdauer, optimale Wärmedämmung nach Energieeinsparverordnungen, Schallschutz, Wartungsfreiheit, guter Austausch der Luftfeuchtigkeit und Pflegeleichtigkeit.
Dieses Haus-Planset bietet Ihnen Entscheidungshilfen , den Aufbau und die Gestaltung Ihrer Fassade unter Berücksichtigung aller relevanten Gesichtspunkte zu planen.

Wandaufbau

Nach Ansicht von Fachleuten ist die mehrschalige Wandkonstruktion mit Dämmung und Hinterlüftung (von innen nach außen) die beste Lösung. Sie zeichnet sich durch extrem hohen Witterungsschutz aus, ist langlebig - bis an die 60 Jahre - und gepaart mit Wartungsfreiheit über viele Jahrzehnte haltbar. Aber auch andere Wandaufbauten, z. B. in Form einer hinterlüfteten Vorhangfassade die eine Sonderform des mehrschaligen Wandaufbaus darstellt und viele Gestaltungsmöglichkeiten bietet– oder die Putzfassade, haben ihre Vorteile. Eine vorgesetzte Holzfassade, die

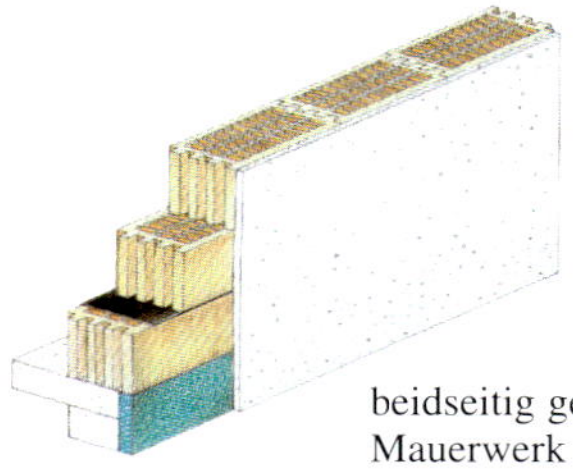

beidseitig geputztes Mauerwerk

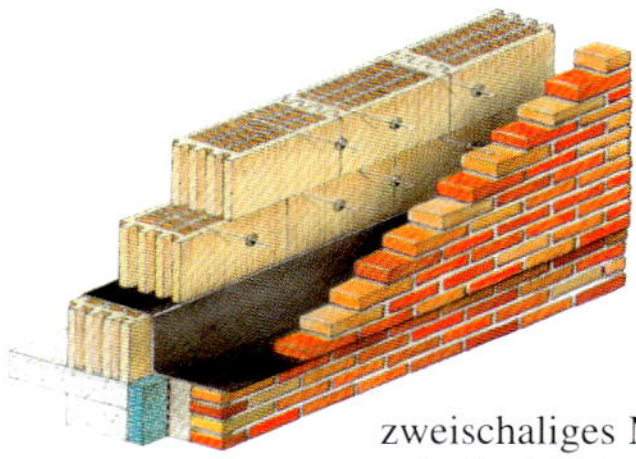

zweischaliges Mauerwerk + Luftschicht

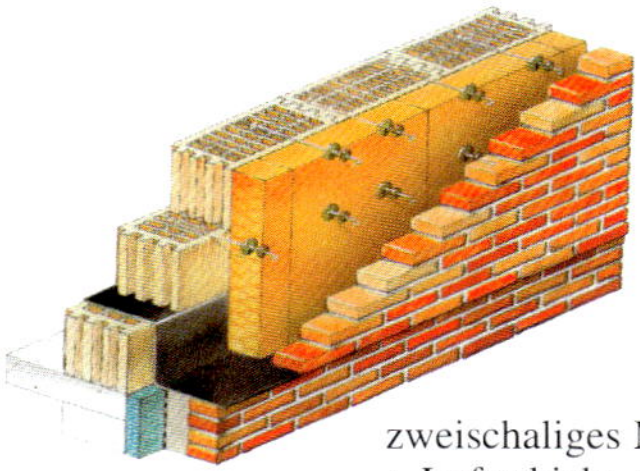

zweischaliges Mauerwerk + Luftschicht + Dämmung

Grafik: Poroton

Anbringung von Riemchen oder Pflanzen an der Wand ergänzen die Varianten der Fassadengestaltung.

Wer besonderen Wert auf die farbliche Komponente seiner Fassade legt, ist am besten mit einem Außenputz bedient, der mit farblichen Akzenten je nach Geschmack betont werden kann. Die Auswahl reicht von mineralischem Außenputz über Maschinenputz bis hin zum Edelputz. Auf eine gute Wärmedämmung muss auch hier nicht verzichtet werden, da bei der Verarbeitung Wärmedämmputze oder Wärmedämm-Verbundsysteme zum Einsatz kommen.
Naturliebhaber ziehen vielleicht eher eine vorgehängte Holzfassade in Erwägung oder entscheiden sich für eine zusätzliche Fassadenbegrünung mit Wein, Schling- oder Rankpflanzen. Pflanzen bieten an intakten Hausfassaden Schutz vor Schlagregen, Wind und sind in der Lage Staub zu binden. Ökologisch betrachtet mit Sicherheit eine sinnvolle Form des Außenwandschutzes. Ökologische Gesichtspunkte sollten auch bei der Holzfassade unbedingt beachtet werden. Die Verwendung zulässiger Holzschutzmittel ist eine Voraussetzung für „Gesundes Wohnen". Achten Sie ebenso bei Lasuren und Holzfarben auf die Umweltverträglichkeit.

Hier unser Hinweis:

Eine Nachbehandlung von Holz ist alle 2 - 5 Jahre erforderlich, je nach Witterungseinflüssen.

Eine Fassadenbegrünung sieht nicht nur schön aus, sondern liefert ach noch andere Vorteile wie Wind- und Regenschutz und Wärme- und Schalldämmung.

Außenanstriche/-beschichtungen

Haltbare Anstriche erzielen Sie nur mit einer fachgerechten Vorbehandlung des Untergrundes. Anstriche auf Putzgrund, Ziegelmauer- oder Kalksandsteinmauerwerk, Beton oder Faserzement, auf Holz oder verwandten Werkstoffen, auf Kunststoffen, Metallen und Glas sind nur dann vor allen Wetter- und Umwelteinflüssen geschützt, wenn der Untergrund und die Beschaffenheit des zu behandelnden Materials in einwandfreiem Zustand sind.

Außenwandbekleidungen und Verblender

Als weitere Gestaltungselemente empfehlen sich Außenwandbekleidungen und Verblender, die in unterschiedlichster Art und Weise angebracht werden. Ob gemauert, gemörtelt oder als vorgehängte Verblendung, aus Materialien wie Klinker, Holz, Faserzementplatten, Glasfliesen, keramischen Spaltplatten oder -klinker, Schiefer, Metall, Kunststoff oder Keramik, die Auswahl ist nahezu grenzenlos.

Die Redaktion Haus-Planset meint: Egal für welche Form der Fassadengestaltung Sie sich auch entscheiden, berücksichtigen Sie immer folgende Faktoren neben den bauphysikalischen und technischen Erfordernissen: die Anforderung an die Witterungs- und Umweltverhältnisse, Wärme-, Sonnen- und Schallschutz, die Himmelsrichtung, architektonisch sinnvolle Gliederung und Gestaltung, die Harmonie, den Pflege- und Wartungsaufwand und nicht zuletzt wirtschaftliche Gründe.

Ein Verblendersystem besteht aus hochwertigen Mineralien und ist (bei einer Materialdicke von nur 3 mm) leicht und einfach zu verarbeiten.

Infos unter: delport-Flachverblender
Stickgraser Damm 131 • D-27749 Delmenhorst
Tel. +49 (0) 42 21/97 82 64
E-Mail: service@delport.de
www.delport.de

Das wachsende Energiebewusstsein führt dazu, dass mehr und mehr zweischalig gebaut wird. Diese Bauweise besteht aus Hintermauerwerk, Luftschicht und Vormauer, auch Verblendschale genannt. Während das Hintermauerwerk die tragende Rolle spielt, ist die Verblendschale für den Schutz und die Optik der Fassade zuständig. Die Luftschicht sorgt für Wärmedämmung.

Infos unter:
Röben Tonbaustoffe GmbH
Postfach 12 09 • D-26330 Zetel
Tel. +49 (0) 44 52/88 0 • Fax 8 82 45
E-Mail: info@roeben.com
www.roeben.com

QUEBEC - ein fein bossierter Keramik-Klinker mit schroffer Oberfläche, der in der Fassade ein lebendiges Licht- und Schattenspiel erzeugt. Diesen Ziegel gibt es ebenfalls in exklusivem Schwarz.

Abb. links: Keramik-Klinker OSLO, perlweiß, glatt.

Klinker und Verblender - der bewährte Langzeit-Fassadenschutz

Doppelt hält einfach besser und ist auf Dauer auch preiswerter. Vormauern heißt zweischalig bauen, dass bedeutet, dass vor die tragende Wand eine sogenannte "Wetterschale" aus Ziegelsteinen gemauert wird. Auf diese Weise erhält das Haus eine solide und schlagregendichte Außenhaut.

Eine Ziegelfassade hat neben ihrem guten Aussehen die Aufgabe, alle möglichen Wettereinflüsse von der tragenden Innenwand abzuhalten. Die Lebensdauer des Hauses erhöht sich dadurch ganz erheblich. Im Sprachgebrauch unterscheidet man bei Mauerziegeln zwischen Klinkern, Keramik-Klinkern, Verblendern und Handform-Verblendern. Die physikalischen Unterschiede sind in der DIN-Norm festgelegt. Dabei handelt es sich nicht um bessere oder schlechtere Ziegel: Jede Gruppe hat ihre ganz besonderen charakteristischen Merkmale.

Eines haben sie alle gemeinsam: Die absolute Frostfestigkeit, bewiesen in unzähligen harten Wintern, und ihre fast unbegrenzte Lebensdauer. Wie der persönliche Geschmack des Bauherrn die Architektur seines Hauses bestimmt, so wählt er auch den passenden Ziegel. Einen Ziegel müssen Sie in der Fläche sehen. Das erleichtert die Entscheidung.

Doppelt ist einfach besser und auf Dauer preiswerter - die zweischalige Mauerwerks-Konstruktion.

Somit sind die unterschiedlichen Anforderungen an die Außenwand gut verteilt: Die massive Ziegel-Innenwand wirkt klimaregulierend. Die zusätzliche Dämmung verbessert den Wärmeschutz. Die Verblendung mit oder ohne dahinter liegender Luftschicht schützt vor der sommerlichen Hitze und sonstigen Witterungseinflüssen. Wer baut, tut gut daran, auf den Cent zu

Röben-Handstrich-Verblender MOORBRAND, sandgelb-bunt, NF.

Röben Klinker WESTERWALD rot, glatt, NF und Röben Keramik-Klinker FARO schwarz-nuanciert, glatt, NF.

achten. Denn auch eine Vielzahl von kleinen und kleinsten Ausgaben addiert sich unter dem Strich oft zu einer ganz erklecklichen Summe. Wie gut, dass mitunter die bessere Lösung auch die günstigere ist. Denn die zweischalige Wand ist langfristig preiswerter als die einschalige Wand mit Außenputz und Anstrich. Auch wenn man beim Bauen seines Hauses noch nicht daran denkt: selbst das schönste Haus ist nicht vor dem „Zahn der Zeit“ geschützt, aber mit Klinkern sicher am besten.

Die neuen schwarzen von Röben von links nach rechts:
QUEBEC schwarz-nuanciert, bossiert
FARO schwarz-nuanciert, glatt
FARO schwarz-nuanciert, geschiefert

Infos unter:
Röben Tonbaustoffe GmbH
Postfach 1209 • D-26330 Zetel
Tel. +49 (0) 4452/880 • Fax 88245
E-Mail: info@roeben.com
www.roeben.com

Massive Holzfassaden

Es ist die unerschöpfliche Vielgestaltigkeit, die Holz so faszinierend macht.

Immer mehr Bauherren haben den Wunsch, sich mit natürlichen Materialien zu umgeben, immer mehr Planer und Architekten haben den Wunsch, die Vorteile natürlicher Baustoffe auch als gestalterisches Element zu nutzen.

Für alle, die in der Architektur die Bahnen des Alltäglichen verlassen aber auf Wirtschaftlichkeit nicht verzichten wollen, ist Holz der ideale Werkstoff; denn seine Vorzüge bringt Holz schon von Natur aus mit. Eigenschaften, die mit anderen Materialien oft nur durch hohen technischen und konstruktiven Aufwand zu realisieren sind.

Der hohe Fertigungsgrad, die Präzision im Detail, die Vielseitigkeit und die einfache Verarbeitung der Osmo Fassadensysteme sorgen für schnelle und unkomplizierte Montage und senken die Kosten. Das macht Osmo Fassadenholz nicht nur für Planer, sondern besonders für kühle Rechner interessant.

Abb. links: Cono ist Osmo´s aktuelle Interpretation einer zeitlosen Fassadentradition. Für neue Ansichten, für moderne Lebensweisen.

Abb. oben: Die individuelle Kombination der Vario-Profile gibt Ihrer Fassade immer die Ausstrahlung, die Sie wünschen.

Infos unter:
Osmo Holz und Color GmbH & Co. KG
Affhüppen Esch 12 • D-48231 Warendorf
Tel. +49 (0) 2581/922-100 • Fax 922-200
E-Mail: info@osmo.de
www.osmo.de

Mehr als nur Fassade

Die Fassade ist das Gesicht Ihres Hauses. Sie ist als Schutzschild Wind und Wetter ausgesetzt, muss Frost und Regen ebenso wie pralle Sonne über sich ergehen lassen. Gründe genug, bei Neubau und Renovierung in Material und Verarbeitung keine Kompromisse zu machen.

Eine Fassade hat viele Aufgaben. Sie soll Wasser abweisen, Wärme im Haus halten, Wasserdampf durchlassen – und dazu soll sie noch schön sein. Gar nicht so einfach, diese Ansprüche unter einem Hut zu bringen.

Wer den materiellen und ästhetischen Wert eines Gebäudes auf Dauer erhalten will, sollte also auf systematischen Fassadenschutz achten. Die Schöner Wohnen Farbe Fassadenschutzsysteme basieren auf innovativen Produkten ebenso wie auf langjähriger Erfahrung und praxisbewährter Technik. So lassen sie sich bei Neubau und Renovierung von Putz-, Fachwerk- und Klinkerfassade auf jeden Fassadentyp und jedes Baumaterial optimal abstimmen. Sie bieten in jedem Fall einen wirkungsvollen und dauerhaften Schutz.

Blicken Sie hinter die Fassade

Bei der Fassadenrenovierung gilt: Die richtige Prüfung und Vorbehandlung des Untergrundes ist bereits die halbe Renovierung. Mit den Grundierungen und Fassadenfarben von Schöner Wohnen Farbe können Sie die verschiedensten Typen von Untergründen renovieren. Alle Untergründe sollten zuvor auf ihre Saug- und Tragfähigkeit überprüft werden, bei Altanstrichen ist eine zusätzliche Elastizitätsprüfung nötig.

Generell ist es sehr wichtig, dass Sie nur auf einer sauberen, unbeschädigten und tragfähigen Oberfläche arbeiten. Am besten, Sie machen sich vor Beginn der Arbeit ein genaues Bild, reinigen die Fassade und führen alle notwendigen Prüfungen und Vorarbeiten aus. Beseitigen Sie Verschmutzungen und bessern Sie alle Schäden aus. Bereiten Sie den Untergrund Ihrer Fassade Schritt für Schritt auf Grundierung und Anstrich vor – so gelingt Ihnen eine Fassadenrenovierung mit optimaler Langlebigkeit und Schutzwirkung.

Schmutzablagerungen, Moos oder Algen entfernen Sie am besten mit klarem Wasser und einer Bürste oder einem Hochdruckreiniger.

Feine Risse sollten vor Beginn der Arbeiten sorgfältig aufgekratzt, ausgebürstet und nach der Grundierung verputzt werden. Benutzen sie hierzu den gebrauchsfertigen, schnell trocknenden Schöner Wohnen Fertigspachtel, damit Sie zügig weiterarbeiten können.

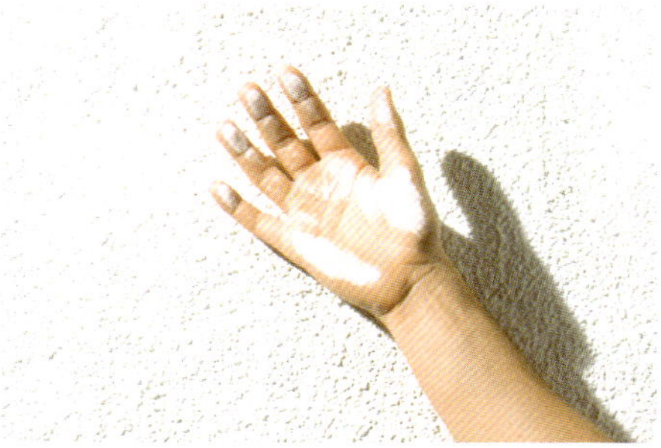

Abriebtest

Beim Reiben mit der Handinnenfläche auf dem Untergrund sollte sich kein weißer, mehlartiger Abrieb bilden. Ist dies dennoch der Fall, braucht Ihre Fassade eine Reinigung und anschließende Grundierung.

Tragfähigkeitstests

Kleben Sie ein Stück Klebeband auf die Fassade, und ziehen Sie es ruckartig in einer Bewegung ab (Klebebandtest). Bleiben Teile des Altanstrichs am Klebeband haften, muss der Anstrich in diesem Bereich entfernt werden.

Kratzen Sie mit einem festen, kantigen Gegenstand und leichtem Druck an der Fassade (Kratztest). Löst sich dabei der Altanstrich oder platzt der Putz ab, muss die Beschichtung an der entsprechenden Stelle entfernt werden.

Achten Sie auch auf Hohlräume, die sich durch vorsichtiges Klopfen mit einem Hammer in regelmäßigen Abständen finden lassen (Klopftest). Hohlräume müssen vollständig geöffnet, sorgfältig gesäubert und verputzt werden.

Saugfähigkeitstest

Tragen Sie mit einem Schwamm Wasser auf die Fassade auf. Wenn es sehr schnell einzieht, sollte die Oberfläche grundiert werden, um später einen gleichmäßigen, ansprechenden Anstrich zu gewährleisten.

Elastizitätstest für Altanstriche

Drücken Sie mit dem Fingernagel auf die Fassadenoberfläche. Wenn sich Druckstellen im Altanstrich nach kurzer Zeit wieder zurückbilden, ist Ihre Fassade dauerelastisch beschichtet. In diesem Fall sollten Sie die Renovierung von einem Handwerker durchführen lassen.

Das Imagine Farbmischsystem

Alle Fassadenfarben und Kunstharzputze stehen über das Farbmischsystem Imagine von Schöner Wohnen Farbe in nahezu unbegrenzter Farbvielfalt zur Verfügung.

Infos unter:
J. D. Flügger • Schöner Wohnen Farbe
Postfach 74 02 08 • D-22092 Hamburg
Tel. +49 (0)1 80/5 35 83 44 37 (0,12 Euro/Min.)
E-Mail: info@schoener-wohnen-farbe.de
www.schoener-wohnen-farbe.de

Haustüren haben mehrere wichtige Funktionen

Als optisches und schützendes Bauelement des Hauses ist die Tür besonders wichtig. Die Auswahl sollte im Zusammenhang mit dem gesamten Haus feinfühlig abgestimmt werden.

Die Haustür kann transparent, z. B eine Rahmentür und Seitenteile mit Glas, oder geschlossen, als Volltürblatt ausgeführt werden. Isolierglas, Sicherheitsgläser und Lichtbauelemente aus Kunststoffglas sind ideal. Stimmen Sie ab, was Ihrem Geschmack entspricht! Glassplitter können gefährlich sein – aus diesem Grund sollten ausschließlich Sicherheitsgläser verwendet werden. Gewölbte Glaseinsätze empfehlen sich vor allem für Sprossen- und Holztüren. Durch die Wölbung der Außenscheibe ergibt sich ein zusätzlicher Spiegel-Effekt, der die Einsicht am Tage erschwert. Die innere Scheibe kann aus Gussglas, Verbundglas oder Einscheiben-Sicherheitsglas bestehen. Auf jeden Fall sollten Sie bei der Wahl des Glases auch auf wärme- und schalldämmende Eigenschaften achten.

Holz, Kunststoff, Aluminium – die richtige Materialwahl.

Wie bei den Fenstern gibt es Holz, Kunststoff, Stahl – verzinkt oder emailliert –, Edelstahl oder Aluminium.

Die Haustür wird beansprucht durch Temperaturunterschiede, Feuchtigkeit, Sturm, Regen, Schnee, Sonnenbestrahlung und tägliche Benutzung. Diese Einflüsse müssen vom Material und perfekter Verarbeitung abgehalten werden. Beginnen wir mit dem Material, welches die älteste Tradition hat, dem Holz. Diesen natürlichen Werkstoff gibt es z. B. in Eiche, Buche, Mahagoni und Kiefer. Die Hölzer müssen werkseitig bestens geschätzt, imprägniert bzw. beschichtet sein. Alu-Profile gewähren 100-prozentigen Schutz vor Rissbildung und Verzug. Achten Sie aber darauf, dass mögliche Oberflächenprobleme durch eine hochwertige Einbrennbeschichtung oder einen PM-Mantel vermieden werden. Kunststoff hat ähnliche Vorteile wie Aluminium. Besonders die strapazierfähige Oberfläche, die nie nachgestrichen werden muss, spricht für dieses Material. Allerdings sollte auch hier auf hochwertige Oberflächen geachtet werden.

Einbruchssicherung im Türbereich

Die meisten Einbruchsdelikte werden mit Zugang durch die Haustür begangen. Achten Sie daher auf z. B. folgende Konstruktionen:

1. Die Schließplatte sollte ausreichend fest mit der Metallzarge verbunden sein, wobei Schwenkriegelschloss und Schließplatte eine kaum zu überwindende Einheit bilden muss.

2. Ein Schwenkriegel, der von unten in die Schließplatte eingeschwenkt ist, lässt sich weder herausdrücken noch aufhebeln.

3. Sicherheits-Blockier-Systeme arretieren den Schwenkriegel, wenn der Schließzylinder aufgebrochen wird.

4. Zusätzliche Sicherungsbolzen, Tür-Stahlgittereinlagen, Doppellager-Bänder usw. erhöhen die Einbruchshemmung.

Von der exklusiven Türanlage bis zur preisbewußten Haustür.

Haustür futur 452 mit Seitenteil:
Sämtliche Haustüren der Baureihe rekord-futur lassen sich ohne Probleme mit maßgefertigten Seitenteilen ergänzen.

Haustür signum 558
Individualität ist ein wesentliches Merkmal handwerklicher Kunst. Mit Haustüranlagen machen Sie jeden Eingang zum Portal.

Haustüren haben Persönlichkeit. Sie sind Ausdrucksform für Wohn- und Lebensstil der Bewohner eines Hauses. Klare Formen, ehrliche Materialien und ausdrucksvolle Farben sind darum die Prinzipien, die bei der Entwicklung der Türen von rekord entscheidend sind.

Die Haustür der Zukunft gibt es schon!

Wie „aus einem Guss" präsentiert sich dieses innovative Eingangssystem, das jederzeit ergänzungs- und verwandlungsfähig bleibt, ohne seine geschlossene Form zu verlieren.

Optisch zurückhaltend präsentiert sich das Eingangssystem onyx.
Die Haustür signum 689, Designgriff, Vordach, Modulsäule und Haustür sind zeitlos und formschön.

Die Systeminformation

Liegt Ihnen eine präzise Vorstellung von der Wunsch-Haustür vor, machen Sie eine kleine Skizze und geben diese Ihrem rekord-Fachhändler. Nach Weiterleitung wird Ihnen eine ausgearbeitete CAD-Zeichnung und ein detailliertes Angebot erstellt.

Spielen Sie mit Form und Farben und nutzen Sie die bislang ungekannten Möglichkeiten der neuen Gläser mit grafischen Mustern.

- signum: Die Baureihe, bei der fast alles möglich ist.
- kontur: Das sind Türen, die selbst bei großflächiger Verbretterung niemals schwer wirken.
- profil: Wenn Sie eine etwas massiver wirkende Haustür bevorzugen, so sind Sie bei der Baureihe genau richtig.
- futur: Das neue Eingangskonzept, das durch seinen modularen Aufbau auf fast alle Wünsche eingeht.

Sicherheit groß geschrieben!

rekord-Haustüren haben eine völlig neuartige und bislang einzigartige Beschlagtechnik, dank der die Haustüren bereits in der Standardversion des Beschlags den Anforderungen nach ET-2 entsprechen.

Farben, Gläser, Profile, Hölzer, Drücker ...

Die Möglichkeiten der Gestaltung scheinen schier unendlich. Betonen Sie deshalb ihre Haustür mit außergewöhnlichen Designgläsern, ansprechenden Ornamentgläsern, edlen Drückergarnituren oder spielen sie mit Farben.

Infos unter:
rekord-fenster + türen
Itzehoer Straße • D-25578 Dägeling
Tel. +49 (0)48 21/84 01 00 • Fax 84 02 27
E-Mail: rekord@rekord-online.de
www.rekord-online.de

Holztüren aus Aluminium - robust und pflegeleicht

Haustüren müssen einiges aushalten können. Tausende Male werden sie geöffnet und wieder geschlossen, dabei häufig unsanft angefasst und mit harten Gegenständen wie Schlüssel, Einkaufskörben oder Spielzeug traktiert. Hinzu kommen die Spuren, die Regen, Schnee und Hagel hinterlassen. Damit all dies der Schönheit der Tür auf Dauer nichts anhaben kann, bedarf es robuster und strapazierfähiger Oberflächen.

Hier zeigen sich die Vorteile von Aluminium-Haustüren: Der Werkstoff ist trotz seiner Leichtigkeit äußerst stabil, und eine natürliche Oxidschicht schützt bereits das unbehandelte Metall zuverlässig vor Witterungseinflüssen. Beim Türenhersteller Biffar werden die Aluminium-Türen nach dem Verschweißen der Rahmen zunächst mit der Schutzschicht für bessere Lackhaftung versehen und dann in einem umweltschonenden Verfahren mit einem Farbpulver lackiert. Diese Beschichtung fühlt sich auch bei niedrigen Temperaturen angenehm an, ist unempfindlich gegen Schläge und Stöße sowie äußerst pflegeleicht. Flecken und Abdrücke von verschmierten Kinderhänden lassen sich ganz leicht mit klarem Wasser oder bei hartnäckiger Verschmutzung mit einem schonenden Reinigungsmittel entfernen.

Ob sie mit schmutzigen Kinderhänden oder dreckigen Schuhen geöffnet werden - Aluminium-Haustüren sind hart im Nehmen und äußerst pflegeleicht.

Im Gegensatz zu Holztüren müssen Haustüren aus Aluminium nie mehr gestrichen werden. Die hochwertigen Oberflächen gibt es in vielen Farbtönen. Die Beschichtung ist äußerst langlebig und hält selbst Hagel und direkter Sonneneinstrahlung stand. Dabei behalten die Farben auch noch nach Jahren ihre Leuchtkraft.

Infos unter:
Biffar Info-Dienst Deutschland
In den Seewiesen • D-67480 Edenkoben
Tel. +49 (0) 180/2328232 • Fax 06323/801-79
E-Mail: info@biffar.de
www.biffar.info

Vordach-Montage - Wetterschutz mit Synergieeffekt

Mit der Vordach-Montage bietet die Schüco Solar Premium-Linie gerade dann eine optimale Lösung, wenn die Gebäudedachausrichtung keine wirkungsvolle Platzierung einer Solaranlage zulässt.

Als Vordach über Eingangsbereichen, Terrassen oder Fenstern schützen die Kollektoren und Module vor Witterungseinflüssen und liefern dabei noch wertvolle Energie. Im 30°- oder 45°-Winkel montiert – wahlweise in waagerechter oder senkrechter Anordnung – bietet die Vordach-Montage eine Flexibilität, die auch zur kreativen Gestaltung und harmonischen Ergänzung von individuellen Architekturlösungen ideal genutzt werden kann.

Die Vordach-Montage ist gerade dann eine optimale Lösung, wenn die Gebäudedachausrichtung keine wirkungsvolle Platzierung einer Solaranlage zulässt.

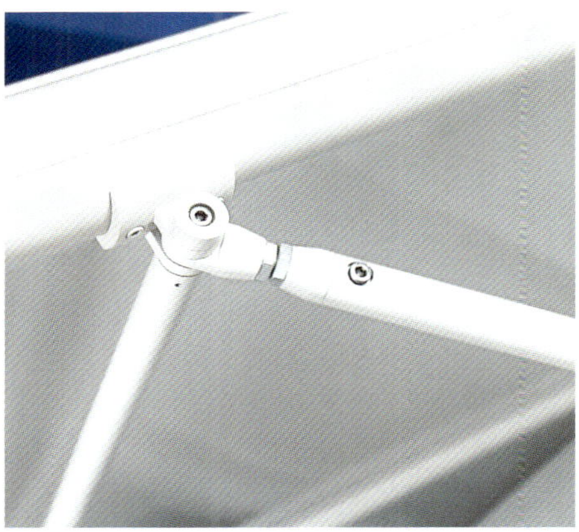

Abb. links: Zur optimalen Ausrichtung bei der Vordach-Montage sind die Tragprofile per Gelenk justierbar.

Infos unter:
Schüco International KG
Karolinenstr. 1-15 • D-33609 Bielefeld
Tel. +49 (0) 521/783-0 • Fax 783-451
E-Mail: info@schueco.com
www.schueco.com

29

Ein solcher Eingang macht das gesamte Haus attraktiver!

Individuell gestaltete Hauseingänge mit hochwertigen Säulen und Zierelementen aus witterungsbeständigem Spezialbeton von Niessen wirken stets als Blickfang.

Die Firma Niessen stellt hochwertige, stilvolle Bauelemente für die Hausfassade, die Außenanlagen sowie für den Schwimmbad-, Bad- und Wellnessbereich her.
Die aus witterungsbeständigem Spezialbeton gefertigten Elemente sind stabil, dauerhaft und dadurch besonders wertbeständig. Ein großer Formenvorrat und der eigene Modell- und Formenbau ermöglichen die Lösung fast jeder – auch individuellen – Gestaltungsaufgabe am Bau.
Verschönern Sie Ihr Haus: ob es eine umfassende Gestaltung oder auch nur ein paar formschöne Fensterbänke sind; Sie werden von der Wirkung begeistert sein!

Infos unter:
Niessen GmbH & Co. KG
Brunsgasse 43 • D-53117 Bonn
Tel. +49 (0)2 28/9 45 45 63 • Fax 9 45 45 64
E-Mail: info@niessen-gmbh.com
www.niessen-gmbh.com

Fenster und Haustüren aus Aluminium-Holz - ein bleibender Eindruck

Keine Kompromisse
Moderne Fenster sind maßgebliche Gestaltungselemente. Sie verleihen dem Haus seinen ganz persönlichen Charakter und bestimmen die Atmosphäre der Innenräume. Ästhetik und Wertigkeit, zeitlose Eleganz und filigrane Optik - das alles verkörpert das perfekte Fenster der Zukunft.

Abb. oben: Sonderformen wie Rund- und Schrägfenster unterstützen die Fassaden-Gestaltung.

Abb. unten: Edle Hölzer wie z.B. Kirschbaum harmonieren mit der Inneneinrichtung

Abb. oben rechts: Haustüren lassen sich nach Kundenwunsch gestalten.

Abb. oben: Unterschiedliche Farben bieten Platz für perfektes Design

Aluminium-Holz-Fenster und Haustüren

Bauchkribbeln beginnt in den Augen

Die Natur gab uns die Sinne. Dafür möchten wir uns bei ihr bedanken. Durch sie können wir sehen, fühlen, riechen und hören. Und etwas ganz besonderes entdecken Aluminium-Holz-Fenster für Wohnen mit Weitblick.

Bedruckte Gläser sorgen für unvergessliche Eindrücke

Infos unter:
Kneer GmbH · Fenster und Türen
Riedstr. 45 • D-72589 Westerheim
Tel. +49 (0) 73 33/83-0 • Fax 83 40
E-Mail: info@kneer.de
www.kneer.de

Wohngenuß mit integriertem Wetterschutz. Edles Holz im Innenbereich verbreitet eine wohltuende Atmosphäre und ergänzt die Einrichtung perfekt.

Die aufgesetzte Aluminiumschale im Außenbereich schützt wertvolle Fenster und Haustüren ein Leben lang vor Verwitterung.

Alu-Holz-Fenster und Haustüren sind wetterfest, langlebig und wertbeständig. Gute Wärmedämmung und ein minimaler Pflegeaufwand sind die wesentlichen Merkmale des Aluminium-Holz-Fensters. Nicht nur mit der Farbe hat man die Qual der Wahl, auch bei der Innenoptik der Fenster kann man zwischen schlichter Eleganz und der klaren Linienführung moderner Architektur wählen. Die Machbarkeit aller Sonderkonstruktionen wie Parallel-Schiebe-Kipp, Hebe-Schiebe, Falt-Schiebe-Türen, Schwingflügel, Rund- und Stichbogen sind ein Garant dafür, dass keine Wünsche offen bleiben.

Wählen Sie die Aluminium-Farbe aus der Farbtonkarte passend zu Ihrem Haus und entscheiden Sie sich für eine der wunderschönen, seidenmatten Holzarten. Wie wäre es mit Fichte, Kiefer, Eiche oder Meranti?

Oder lieben Sie das Besondere wie Ahorn, Erle, Nussbaum, Teak und Kirschbaum?

Abb. unten: Jeder Bauherr kann seine Wünsche realisieren.

Design mit Durchblick

Aufeinander abgestimmte Verglasungen für Garagen-Sectionaltore und Haustüren.

Wie gebe ich meinem Haus ein individuelles Gesicht? Mit dieser Frage beschäftigen sich immer mehr Hausbesitzer und Renovierer. Eine Antwort darauf lautet: durch optisch harmonisch aufeinander abgestimmte Garagentor-/Haustürkombinationen. Attraktive Verglasungen setzen dabei besondere Akzente und sorgen für mehr Licht in Garage und Hausflur.

Das hochwertige LPU 40 von Hörmann ist jetzt auch mit dem beliebten Motiv M-Sicke erhältlich.

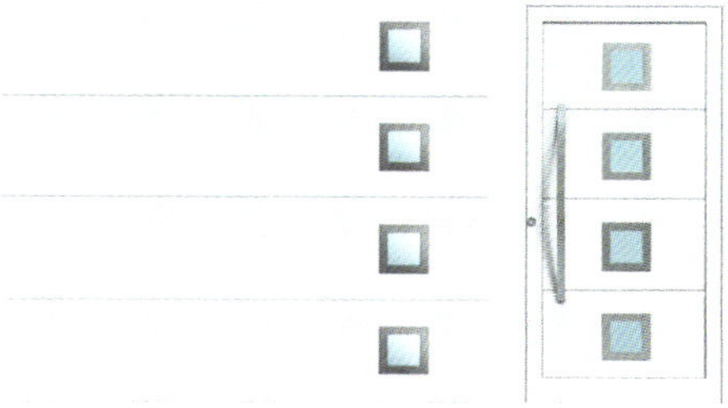

Die Garagentor-Verglasungen des Herstellers Hörmann beispielsweise stehen klar oder mit Kristallstruktur zur Wahl. Aufgesetzte oder neben der jeweiligen Verglasung auf dem Torblatt platzierte Dekorelemente aus Edelstahl verleihen Garagentor und Haustür eine persönliche Note. Hörmann bietet jetzt für drei Design-Sectionaltor-Motive stilvolle und auf die Haustür abgestimmte Verglasungen an.

Alt, unansehnlich und unsicher. Innerhalb kürzester Zeit tauscht Normstahl das Garagentor aus.

Garagentor-Tausch leicht und schnell gemacht!

Suchen Sie sich die passende Oberfläche und Wunschfarbe. Zubehör wie Fenstereinsätze oder Nebentüren können Sie auch gleich passend wählen. Zum vereinbarten RENO-Termin fahren die Monteure vor und nimmt genau Maß, z.B. für die individuelle Maßfertigung (ohne Aufpreis) Ihres Decken-Sectional-Tores. Das alte Tor wird gegen das neue einfach ausgetauscht. Ihr altes Tor wird fachgerecht entsorgt und in spätestens 24 Stunden ist alles erledigt!

Infos unter: Normstahl GmbH
Normstahlstr. 1-3 • D-85366 Moosburg
Tel. +49 (0) 8761/683-0 • Fax 683-210
E-Mail: info@normstahl.de
www.normstahl.de

Hörmann KG Verkaufsgesellschaft
Upheider Weg 94-98 • D-33803 Steinhagen
Tel. +49 (0) 5204/915-0 • Fax 915-277
E-Mail: info@hoermann.de
www.hoermann.de

Fensterplanung

Fenster sind unsere Verbindung zur Außenwelt. Sie lassen Licht und Helligkeit, Sonne, Wärme und Luft ins Haus. Fenster werden im ganzen Haus benötigt, vom Keller über das Wohnzimmer bis hin zum Dach.

Das Ergebnis einer wohl durchdachten Fensterplanung drückt sich in einer harmonischen Einbettung in die Fassade und einem wohnlichen Ambiente im Inneren des Hauses aus. Die Selektion des passenden Fensters ist gar nicht so einfach. Wärme- und Schallschutz-Forderungen, Sicherheit, Sicht- und Sonnenschutz sind ebenfalls Thema. Die Größe des Fensters ist in Bezug zur Größe des Zimmers zu setzen und die Ausrichtung nach Osten, Süden, Westen oder Norden mit unterschiedlicher Sonnenbestrahlung und Lichteinfall zu bedenken.

Die nachfolgenden Ausführungen sollen Sie darin unterstützen, eine adäquate Wahl zu treffen, die zum einen Ihre Ansprüche erfüllt, zum anderen die geforderten Qualitäten nicht außer Acht lässt.

Fenster unterscheiden sich in Größe, Form, Material, Verglasung und Öffnungsart. Voneinander abweichende Wärmedämm- und Schallschutzwerte je nach Verglasung, Dichtung und Einbau sind zu berücksichtigen, wobei genaue Richtwerte eingehalten werden müssen. Die fachgerechte Montage von Fenstern ist hier ein Muss, um Wärmeverluste von vornherein auszuschließen.

Rahmen

Als Fenstermaterial stehen primär Holz, Aluminium und Kunststoff zur Verfügung, welche auch miteinander kombiniert in den Rahmenkonstruktionen in Erscheinung treten können.

Das im Rahmen verwendete Nadel- oder Laubholz wird nach Kriterien wie Witterungsbeständigkeit, Resistenz gegen Umweltschadstoffe, Pilz- und Insektenbefall selektiert. Die Anstrichverträglichkeit und selbstverständlich das Aussehen beeinflussen ebenfalls die Auswahl des Rohstoffes. Entsprechende Oberflächenbehandlungen mit Holzschutz und Lasur schützen das Material und garantieren lange Haltbarkeit. Unser Tipp: Regelmäßiger Neuanstrich im Abstand von 5 bis 10 Jahren garantiert Ihnen dauerhafte Freude an Ihren Holzfenstern.

Während Aluminiumfenster eher an öffentlichen Gebäuden zum Einsatz kommen, sind Kunststofffenster eine echte Alternative im privaten Wohnungsbau. Sie sind pflegeleicht, korrosions-, licht- und witterungsbeständig. Sie sind als Vollkunststofffenster erhältlich oder ausgeschäumt, mit einem Metallkern.

Alternativ zu den vorgestellten Rahmenmaterialien sind auch Kombinationen erhältlich, z. B. Alu-/Holz- oder Holz-/Kunststofffenster.

Verglasung

Einfachgläser, Verbund- oder Doppelfenster-Isolierglas sowie Multifunktions-Isolierglasscheiben spiegeln die ganze Bandbreite des Werkstoffes „Glas“ wider. Einfachglas darf im Wohnungsbau nur noch in Keller- oder Nebenraumfenstern verwendet werden, da dieses nicht den gesetzlichen Anforderungen nach Wärme- und Schallschutz genügt.

Eine gute Fensterplanung unter Berücksichtigung mehrerer Kriterien ist wichtig!

Optimale wärme- und schalldämmende Eigenschaften werden dem Isolierglas zugeschrieben. Zwei oder drei Glasscheiben werden in bestimmtem Abstand zueinander angeordnet. Deren Zwischenräume, mit Luft oder Gas gefüllt, übernehmen die Dämmfunktion.

Die neue Generation der Multifunktions-Isolierglasscheiben übernimmt neben der Aufgabe der Wärmedämmung den Schall- und Sonnenschutz. Eine spezielle Beschichtung auf der Innenseite der raumliegenden Scheibe verhindert den wärmeverringernden Strahlungsaustausch. Der Einbau spezieller Schallschutzfenster empfiehlt sich z. B. in Häusern an stark frequentierten Straßen oder Industriegebieten, wo der Lärmpegel deutlich höher liegt als z. B. in reinen Wohngegenden oder verkehrsberuhigten Zonen.

Fensterformen und Öffnungsarten

Nahezu jede gewünschte Fensterform ist heute erhältlich, sei es als Standard oder Sonderanfertigung. Dreieckige Fenster, Rund- oder Spitzbogenfenster, Fenster in quadratischer, rechteckiger oder runder Form; diese Variationen machen die Entscheidung nicht unbedingt leichter, wenn man einmal vom Preis für bestimmte Sonderformen absieht.
Je nach Nutzungsart, Lage und Größe der Fenster stehen verschiedene Öffnungsarten zur Verfügung, z. B. Dreh-, Kipp-, Klapp-, Wende- oder Schwingflügelfenster. Kombinierte Dreh-Kipp-Flügelfenster und Schiebefenster, die vertikal oder horizontal zu verschieben sind, ergänzen das Sortiment der Öffnungsarten. Letztere finden überwiegend bei Terrassentüren oder Wintergärten Verwendung.

Belichtung und Belüftung

Das sind die Hauptaufgaben, die dem Fenster zukommen. Um eine optimale Belichtung der einzelnen Zimmer zu erreichen gilt folgende Faustregel: Die Fensterfläche soll mindestens $^1/_{10}$ bis $^1/_8$ der Bodenfläche des zu belichtenden Zimmers ausmachen.
Räume mit Fenstern, die z. B. zur Süd-

Diese Fensterläden sind aus Hartholz gefertigt und können individuell auf ihre Fenstermaße gefertigt werden.

Infos unter: Peters + Peters • D-24568 Kaltenkirchen
Tel. +49 (0)41 91/88 00-1 • www.friesenzaun.de

oder Westseite zu starkem Lichteinfall oder zu großer Sonneneinstrahlung ausgesetzt sind, können wirkungsvoll zusätzlich durch Markisen, Jalousien oder Rollläden geschützt werden, die mit Sensoren bestückt bei zu großer Wärmeeinstrahlung automatisch ausfahren. Gleiches lässt sich auch im Winter umsetzen; hier schützt das frühzeitige Herunterlassen der Rollläden oder Jalousien vor unnötigem Wärmeverlust.
Die richtige Belüftung vermittelt ein angenehmes Raumklima und beugt Energieverlusten vor. Den bestmöglichen Luftaustausch erreicht man mit kurzen, aber kräftigen Lüftungsphasen. Morgens genügen 15 bis 20 Minuten bei weit geöffneten Fenstern, um abgestandene und mit Schadstoffen angereicherte Luft durch Frischluft auszutauschen. 3 bis 4-mal täglich sollte dieser Vorgang wiederholt werden. Ausreichende Belüftung lässt „schlechte Luft" gar nicht erst entstehen, befreit die Räume von Schadstoffkonzentrationen und Gerüchen und bringt neuen Sauerstoff und damit ein angenehmes und gesundes Raumklima. Lange oder ständige Auf-Kipp-Stellung des Fensters hingegen führt zu unnötigen Wärme- und Energieverlusten und damit zum Anstieg der Heizkosten.

Dachfenster

Eine Sonderstellung unter den Fenstern nehmen heute die Dachfenster ein. Die Schaffung von zusätzlichem Wohnraum unter dem Dach hat sich etabliert, oder ein Studio oder Schlafzimmer „nahe dem Himmel" wird von Anfang an mit in die Planung einbezogen. Je nach Dachform und Dachneigung ist die unterschiedliche Größe und Anordnung der Fenster zu planen. Steile Dächer lassen kürzere Fenster zu, während längere Fenster in flacheren Dächern weiteren Ausblick erlauben.
Eine gleichmäßige Fensterverteilung im Dach bedeutet gleichmäßiges Licht, konzentrierter Lichteinfall lässt sich mit Einzelfenstern erreichen. Mit gegenüberliegenden Fenstern in Nebeneinander-Anordnung wird optimale Lichtverteilung erzielt.

Rollladensysteme

Ein perfektes Rollladensystem für schräge Fensterformen bietet die Firma Roma an.

Infos unter:
Roma Rollladensysteme GmbH
Ostpreußenstr. 9 • D-89331 Burgau
Tel. +49 (0)82 22/40 00-0 • Fax 40 00-72
E-Mail: info@roma.de • www.roma.de

Die ideale Kombination aus frischer Luft und viel Licht

Wenn Sie mehr Licht in Ihr Leben hoch oben bringen wollen, lange Freude an Ihren Neu- oder Umbauten haben möchten und Ihnen die Wertoptimierung und -erhaltung Ihres Zuhauses am Herzen liegen – dann sind Sie bei den Dachwohnfensterlösungen von VELUX bestens aufgehoben.

Die Tür hinter dem Alltag schließen, zur Ruhe kommen und einfach mal abschalten. Die ganze Hektik vergessen. Zeit für Gespräche oder ein gutes Buch. Die letzten Sonnenstrahlen gemeinsam genießen. Zu Hause ist es immer noch am schönsten.

Wo früher ein dunkler Dachboden war, ungenutzter Raum sein Dasein fristete und Licht, Luft und Sonne fehlten, ist heute der Lebensmittelpunkt des Hauses. Die richtige Wohlfühl-Atmosphäre entsteht durch die richtige Dachwohnfensterlösung.

Ob nebeneinander, übereinander oder als variable Lösung aus beiden Ideen – die Kombinationsmöglichkeiten von Dachwohnfenstern setzen dem Bauherrn keine Grenzen in der Gestaltung. VELUX schafft so ein großzügiges Ambiente. Willkommen auf dem Dach der Welt.

Abb. links: VELUX öffnet Räume und vereint das Beste von drinnen und draußen. Im Bild die Kombinationslösung „Open Air“ mit dem ausklappbaren CABRIO.

Möglichkeiten ohne Grenzen

Für jede Raumsituation gibt es bei VELUX eine maßgeschneiderte Fensterlösung. Zu beachten ist lediglich die Dachneigung: Denn steilere Dächer erfordern kürzere, flachere Dächer längere Fenster. Innovative Techniken machen immer größere Glasflächen möglich.

Abb. unten: Dank der durchdachten Einhand-Griffleiste sind VELUX Schwingfenster auch dann bequem zu bedienen, wenn sich vor dem Fenster eine Arbeitsfläche befindet. Genießen Sie den Ausblick.

Der Raum bestimmt die Konzeption

Für schwer zugängliche Fenster empfehlen sich elektrische Motoren zum Öffnen und Schließen sowie Regensensoren. Bei INTEGRA™ ist die komplette Elektrik bereits vorinstalliert und die Handhabung per Fernbedienung entsprechend bequem. Dachwohnfenster mit Oben- oder Untenbedienung? Kunststoff oder Holz? Das ist nicht nur eine Frage des persönlichen Geschmacks. Wichtig bei der Planung ist die spätere Raumnutzung. Sollen Möbel oder Schreibtisch vor dem Fenster stehen? Werden die Fenster für Bad oder Küche benötigt? Alle Faktoren sollten schon bei der Planung berücksichtigt werden.

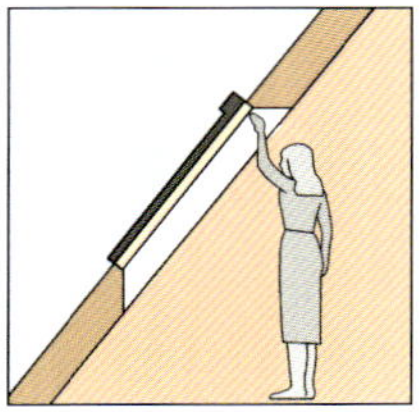

Fenster mit Obenbedienung sind bequem zu erreichen, weil man sich zum Öffnen und Schließen nicht unter die Dachschräge bücken muss. Sie sind ideal, wenn Möbel oder Arbeitsplätze vor dem Fenster platziert sind.

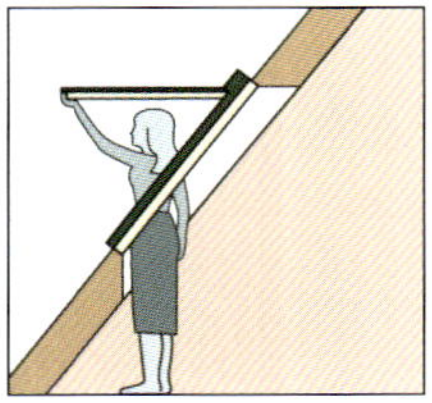

Die Unterkante von Fenstern mit Untenbedienung muß höher liegen als bei Fenstern mit Obenbedienung. Der Zutritt sollte frei sein, die Unterkante zur bequemen Bedienung bei ca. 120 cm liegen.

Sicher ist sicher

Für Kinderzimmer sollten Dachwohnfenster mit Obenbedienung gewählt werden. Sie sind von Erwachsenen bequem zu bedienen, selbst wenn die Spielfläche direkt vor dem Fenster liegen sollte. Außerdem können die Kleinen die Obenbedienung schwer erreichen. Für die Großen ganz einfach ein gutes Gefühl.

Klapp-Schwing-Fenster oder Schwingfenster?

Klapp-Schwing-Fenster eignen sich besonders, wenn Sie einen ungestörten Ausblick genießen möchten. Durch den großen Öffnungswinkel verschwindet der Fensterflügel fast vollkommen aus dem Blickfeld. Außerdem dient die zusätzliche Schwingfunktion zum bequemen Putzen der Außenscheibe. Da Klapp-Schwing-Fenster – technisch bedingt – von unten zu bedienen sind, werden sie mit einer Unterkante von ca. 120 cm eingebaut. Der bessere Ausblick-Komfort kann durch die Verlängerung nach unten mit Zusatzelementen erreicht werden.

Schwingfenster mit der bequemen Einhandbedienung oben sind nicht nur sehr robust, sondern auch preiswerter. Da unten keine Bedienungselemente angeordnet sind, kann die Fensterunterkante nahezu beliebig niedrig eingebaut werden. Diese sollte jedoch nicht tiefer als 90 cm liegen.

Kunststoff oder Holz?

Die EVERFINISH-Ausführung mit Holzkern und pflegeleichter Kunststoffoberfläche bewährt sich überall da, wo es um Unempfindlichkeit gegen Feuchte geht. Sie ist also ideal für die Küche und das Bad. Holzfenster sind überall dort eine gute Entscheidung, wo die behagliche Ausstrahlung des natürlichen Rohstoffes Holz gewünscht wird.

Völlig neue Perspektiven

Jede Dachwohnung kann einen Platz an der Sonne bekommen. Mit dem VELUX GDL „CABRIO“ entsteht im Handumdrehen ein balkonähnlicher Dachaustritt. Die großzügige Fensterfläche schafft viel Licht und freien Blick vom Boden bis fast zur Decke.

Abb. rechts: Kleiner Ausflug gefällig? Ein kleiner Schritt nach draußen, und schon ändert sich die Sicht der Dinge.

Abb. oben: Der begehbare VELUX Dachbalkon schafft das richtige Outdoor-Feeling.

Grenzenlose Freiheit

Der VELUX Dachbalkon wird in den Teil der Dachschräge eingebaut, der wegen seiner geringen Höhe nicht genutzt wird. So entsteht innen kein Raumverlust. Über Balkontüren führt der Weg nach draußen. Die Klapp-Schwing-Fenster sind mit unten liegendem Öffnungsgriff leicht zu bedienen. Ideen ohne Ende für mehr Ausblick oder begehbare Balkons – ohne auch nur einen Zentimeter Wohnfläche zu verschenken. Platz genug für das private Studio.

Aus Alt wird Neu

Seit über 50 Jahren hat VELUX einen festen Platz auf Deutschlands Dächern. Auch wenn sich die Dachwohnfenster in VELUX Qualität durch Langlebigkeit und Zuverlässigkeit sowie Wartungsfreiheit auszeichnen – irgendwann wird ein altes Fenster gegen ein neues ausgetauscht. Egal, um welchen Typ es sich bei Ihrem Fenster handelt oder wie alt es ist – ein Austausch gegen ein neues Dachwohnfenster ist ganz einfach. Kein Staub, kein Dreck – ein Austausch von VELUX Dachwohnfenstern ist ganz unkompliziert und erfordert wenig Aufwand. Der Handwerker setzt das neue Dachwohnfenster in die vorhandene Öffnung ein, fertig. Die Innenverkleidung wird dabei nicht beschädigt und muss nicht erneuert werden.

Abb. unten: Die VELUX Austauschfenster-Garantie gewährleistet den unkomplizierten Austausch aller jemals gefertigten VELUX Dachwohnfenster durch ein modernes VELUX Fenster dieses Typs.

Es wird Zeit, neue Wege zu gehen …

Mit der Kombination von Dachwohnfenstern und Solarkollektoren gehen Sie einen weiteren Schritt in die Zukunft. Das perfekt aufeinander abgestimmte System ergänzt die Vorteile der VELUX Dachwohnfenster um die Möglichkeit der Gewinnung und Nutzung thermischer Solarenergie.

Da die Einsparung von fossilen Brennstoffen die Anschaffung einer Solaranlage längst nicht mehr nur ökologisch, sondern auch finanziell rechtfertigt, entwickeln sich VELUX Solarkollektoren für eine ständig wachsende Zahl von Einfamilienhäusern zu einem integralen Bestandteil der Dacharchitektur. Das ausgereifte solarthermische System zur Ausnutzung der Solarenergie für die Brauchwassernutzung und Heizungsunterstützung kann bedenkenlos mit handelsüblichen Heizungssystemen verbunden werden. Bei wirtschaftlicher Dimensionierung der Kollektoren können ca. 60 Prozent des jährlichen Energiebedarfs zur Erwärmung des Warmwassers abgedeckt werden. Das Beste: Die Energiegewinnung mit Solaranlagen wird durch den Bund und teilweise auch durch die Länder und Kommunen gefördert.

Vielfältige Einsatzmöglichkeiten der Solarthermie

An 365 Tagen im Jahr zur Brauchwassererhitzung.

Solaranlagen werden zu 80 Prozent zur Warmwassererwärmung eingesetzt. Und zwar das ganze Jahr über zum Duschen, Waschen und Spülen. Durch den Einsatz der Solarenergie wird mehr als die Hälfte des ganzjährigen Warmwasserbedarfs umweltschonend und kostengünstig erzeugt – in 10 Jahren zum gleichen Preis wie heute – egal wie die Energiepreise sich entwickeln!

Vorteile:

- Die einfache, ausgereifte Technik garantiert die Effizienz der Solaranlage.
- Die Kollektorfläche ist vergleichsweise klein. Zur optimalen Versorgung einer Familie mit vier Personen reichen 4 bis 5 m² Kollektorfläche von VELUX aus.

Die Solaranlage ist ganzjährig nutzbar.

Der CO_2-Ausstoß verringert sich. Zusätzliche Heizungsunterstützung im Frühjahr und Herbst. Solaranlagen werden zur Heizungsunterstützung vor allem in den Übergangsmonaten von Frühjahr und Herbst eingesetzt. Die für das Heizen benötigte Energie kann bis zu 20 Prozent durch eine Solaranlage abgedeckt werden.

Vorteile:

- Die Heizung wird entlastet.
- Heizkosten werden gespart.
- Der CO_2-Ausstoß verringert sich.

Im Rahmen der Energieeinsparverordnung 2002 (EnEV) lassen sich die Erträge der Solaranlage auf andere energieeinsparende Maßnahmen anrechnen.

Geringe Einbaukosten

Der Einbau entspricht in seinem Ablauf dem der VELUX Dachwohnfenster. Jedoch verkürzt sich die Einbauzeit wesentlich, da durch die Montage der Kollektoren auf die Dachlatten kein Eingriff in die Dachkonstruktion erforderlich ist. Die mitgelieferten Montagewinkel entsprechen in ihrer Profilierung denen des VELUX Dachwohnfensters. Ein geschulter Dachhandwerker kann den Einbau von VELUX Solarkollektoren somit einfach und kostengünstig durchführen.

Sonnenenergie wird heute gefördert

Sowohl Bund als auch Länder fördern Solaranlagen. Auf den Internetseiten von VELUX finden Sie eine umfangreiche Fördermitteldatenbank, die Sie über Mittel des Bundes, der Länder und Kommunen, sowie Städte und Energieversorger informiert.

Weitere Infos:
VELUX Deutschland GmbH
Gazellenkamp 168 • D-22502 Hamburg
Tel. +49 (0)1 80/3 33 33 99 • Fax 3 33 33 98
E-Mail: info@velux.de • www.velux.de

Wintergärten – die Individualität Ihrer Wünsche!

Beratung und Planung multimedial – wie wird ein Wintergarten an Ihrem Haus wirklich aussehen? Die Firma Solarlux zeigt es Ihnen! Präsentationsprogramme stellen den gewünschten Wintergarten an einer Zeichnung oder Fotografie Ihres Hauses dreidimensional dar.

Das besondere Glas Pilkington Activ™ reinigt sich kontinuierlich aktiv mit Hilfe von Tageslicht und Regen. Es muss wesentlich seltener gereinigt werden und wenn, genügt oft einfaches Abspritzen mit Wasser ohne Abledern.

Pilkington Holding GmbH
Alfredstraße 236 • D-45133 Essen
Tel. +49 (0) 201/12 54 Fax 1 25 50 25
E-Mail: info@pilkington.de
www.pilkington.com/europe/germany

... eine gute Lösung gibt's bestimmt!

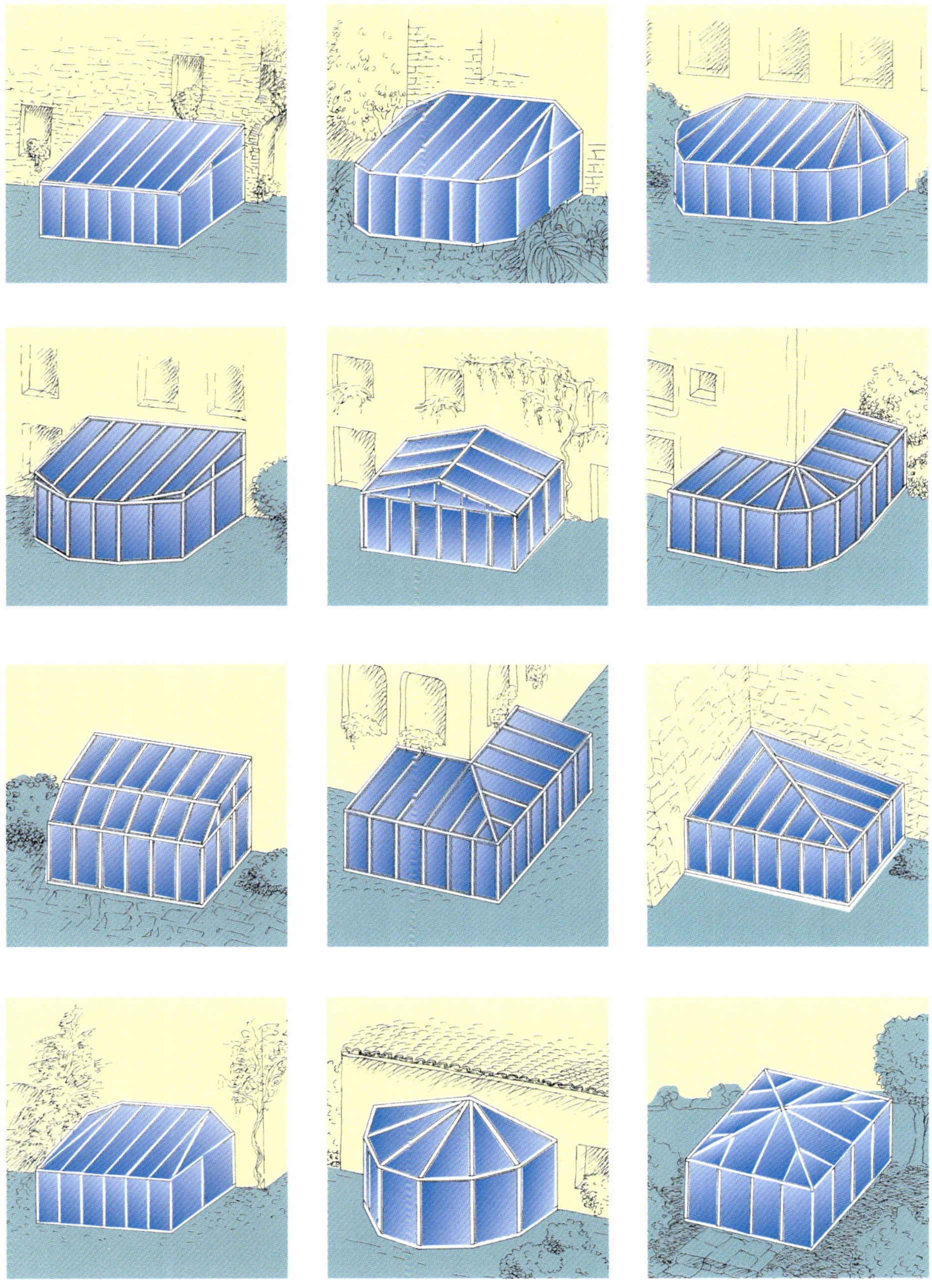

Urlaubsfeeling im Wintergarten

Familie Dörenberg fühlte sich bereits seit vielen Jahren in ihrem Haus im modernen Fachwerkstil sehr wohl. Einziger Nachteil war die überdachte Loggia. Der bevorzugte Ruheplatz für die knapp bemessene Freizeit war wind- und wetteranfällig und deshalb nur eingeschränkt zu nutzen.

Das Ärzteehepaar wünschte sich eine Lösung, die Natur bei jedem Wetter und zu jeder Jahreszeit genießen zu können und die das Gefühl vom Sitzen unter freiem Himmel nicht beeinträchtigte.
Nach langen Überlegungen gab es für das Paar nur ein Ergebnis: Die Terrasse sollte verglast werden und es reifte der Wunsch, einen wohnlichen Wintergarten an das 14 Jahre alte Haus zu bauen.

Die Loggia wich dem Wohlfühl-Wintergarten

In der „Erlebniswelt Wintergarten" von Solarlux, dem Entwickler und Hersteller von Premium-Wintergärten, fanden die Bauherren eine Vielzahl an ausgestellten Glasbauten aus Aluminium, Holz und der Werkstoffkombination Holz/Aluminium. Die anspruchsvollen technischen Lösungen und unvergleichlichen Designs ließen keine Wünsche offen. Zudem überzeugte das Paar die Betreuung, die weit über eine reine Wintergartenplanung hinausging. Die zum Bau des Wunschwintergartens notwendigen Nebenleistungen, wie Bauanträge und Baugenehmigungen, Fundamente, Estrich, Bodenbeläge, Heizung und Elektrik sollten gleich mit ausgeführt werden. So wurde das Leistungspaket zum „Alles aus einer Hand"-Service.
In intensiver und sorgfältiger Zusammenarbeit wurde ein eleganter, voll unterkellerter Design-Wintergarten realisiert. Für

Ort der Entspannung: Ob in Geselligkeit oder allein - der Wintergarten bietet Raum für alle Bedürfnisse.

die Konstruktion des Glasanbaus wurde opal-weißes Holz gewählt, das im Inneren eine behagliche und entspannende Wohnatmosphäre schafft. Von außen schützt eine durchgängige Verkleidung von Aluminiumprofilen das Holz vor Bewitterung. Wie ein weiteres kleines Haus schließt sich der 49 m² große Wintergarten harmonisch an das Hauptgebäude an und ist durch eine Tür vom Wohnzimmer aus problemlos zu erreichen.

Idealer Ort der Entspannung

„Für mich ist unser Wintergarten ein Urlaubsersatz. Für meine Pausen steht immer eine Liege bereit, auf der ich ungestört lesen und mich ausruhen kann. Und ich habe mich sogar schon im tiefsten Winter hier gesonnt“, verrät die beruflich eingespannte Ärztin. Wenn es draußen regnet und stürmt, findet es die Familie in ihrem Glasanbau besonders gemütlich. *„Es ist herrlich entspannend, wenn die Regentropfen aufs Dach trommeln. Und ein richtiges Gewitter ist immer ein sehenswertes Naturschauspiel.“* Lieber würde die Familie heute auf ihr Wohnzimmer als auf ihren herrlich gemütlichen Wintergarten verzichten.

Abb. unten: Schiebelüfter im Fußbereich der Faltwände sorgen für eine Frischluftzufuhr.

Fließender Übergang vom Wohnraum zur Natur

Um den Raum komplett zum Garten öffnen zu können, wurden auf allen drei Außenseiten des Wintergartens praktische Solarlux-Faltwände eingebaut. Mit wenigen Handgriffen werden die wärmegedämmten Glaselemente zusammengefaltet und ergeben so eine größtmögliche Öffnung, die einen nahtlosen Übergang in den Garten schafft. Die Begrenzung von Wohn- und Naturwelt wird aufgelöst und führt zur vollkommenen Erholung im eigenen Heim.

Abb. unten: Zur Entlüftung stehen Dachlüftungsfenster und Walzenlüfter zur Verfügung.

Komfortable Technik

Ein durchdachtes System steuert das Be- und Entlüften des Glasanbaus. Die Frischluftzufuhr erfolgt durch Schiebelüfter im Fußbereich der Faltwände, die Abluft wird durch Dachfenster oder durch einen motorisch betriebenen Walzenlüfter realisiert. Eine installierte Außenbeschattung auf der südlichen Dachfläche reduziert bei Bedarf die Lichtintensität im Wintergarten und vermeidet bei starker Sonneneinstrahlung eine unnötige Hitzeentwicklung.

„In unserem Wintergarten genießen wir unsere freie Zeit jetzt viel intensiver“, resümieren die Bauherren zufrieden. *„Unser Familienleben findet fast ausschließlich hier statt und die Kinder erledigen ihre Hausaufgaben im Wintergarten viel lieber.“*

Infos unter:
Solarlux Alumimium Systeme GmbH
Gewerbepark 9-11 • D-49143 Bissendorf
Tel. +49 (0) 54 02/4 00-0 • Fax 4 00-2 00
E-Mail: info@solarlux.de
www.solarlux.de

Luft ohne Grenzen

Ein bekanntes Szenario: Wochenende, Sonnenwetter, frische Luft und duftender Kaffee auf der heimischen Terrasse. Doch ein plötzlich aufkommender Wind oder Wolkenbruch beendet abrupt den gemütlichen Nachmittag. Der Freisitz muss fluchtartig verlassen werden.

Eine komfortable Lösung gegen solch unliebsamen Witterungseinflüsse schafft das Glashaus-Konzept von Solarlux. Wesentlicher Bestandteil des innovativen Glashauses ist eine ungedämmte Dachkonstruktion, die aus Glas und filigranen Profilen der Materialart Aluminium oder Holz/Aluminium besteht. In Verbindung mit senkrechten, bodentiefen Glasflügeln entsteht so ein filigranes Glashaus nach Maß, das im geschlossenen Zustand einen ungehinderten Blick in den Garten erlaubt und dennoch Schutz vor Wind und Regen gewährt. Die einzelnen Elemente lassen sich mit wenigen Handgriffen bequem zur Seite schieben, so dass der Terrassencharakter erhalten bleibt.

Der Gestaltungsfreiheit sind mit dem Glashaus von Solarlux so gut wie keine Grenzen gesetzt. Um beispielsweise Windböen auszusperren, kann eine einzelne Seite des Glashauses schnell geschlossen werden. Bei Regentropfen oder kühlen Frühjahrs- und Herbstabenden enststeht bei allseitig geschlossenen Glaselementen ein behaglicher und wettergeschützter Raum, in dem es sich angenehm verweilen lässt. So kann der familiäre Luftplatz viel häufiger und intensiver genutzt werden.

Das Glasdach sowie die senkrechten Flügel sind in Modulbauweise konzipiert und können je nach Bedarf in aufeinander folgenden Bauabschnitten realisiert werden.

Öffnen Sie bei schönem Wetter mit wenigen Handgriffen bequem und schnell Ihr Solarlux-Glashaus zur Natur und genießen Sie Ihren ursprünglichen Terrassencharakter!

Geschlossen bietet das Glashaus Schutz vor Wind und Wetter und dennoch freie Sicht nach draußen. Die Ganzglasanlage ist von innen zu verriegeln. Eine Bedienung von außen ist ebenfalls möglich.

Komfort pur: Ob bei Regenwetter oder strahlendem Sonnenschein: Mit dem Solarlux-Glashaus genießen Sie Ihre Terrasse zu jeder Jahreszeit!

erfüllt. Eine 3-Punkt-Verriegelungs-Mechanik gewährleistet zudem einen optimalen Schutz vor Einbruch.

Als führender Entwickler und Hersteller bietet Solarlux weltweit das umfangreichste Programm an Faltwänden aus Aluminium, Holz oder der Werkstoffkombination Holz/Aluminium. Elf verschiedene Programme erlauben vielfältige Einsatzmöglichkeiten: als Wohnraum-Außenelement, als senkrechte Verglasung von Wintergärten, als Geschäftseingang oder auch als Balkon- oder Poolverglasung.

Abb. links oben: Flexible Öffnungen mit faltbaren Fenstern oder Türen schaffen jedes Mal ein neues Raumgefühl.

Faltbare Fenster - für maximale Freiheit

Großflächige Fenster prägen immer häufiger das Gesicht vieler Eigenheime. Doch den Wunsch der Bewohner nach variablen Wohnraumöffnungen können Standardtüren und –fenster leider nicht erfüllen.

In den Boden eingelassene Schwellen machen den Weg nach draußen frei – zu ebener Erde und ohne Stolperkanten.

Die optimale Lösung für variable Fensterbreiten bietet der Hersteller Solarlux. Mit Solarlux Faltwänden lassen sich Fensterflügel durch einfaches Zusammenfalten in maximale Raumöffnungen verwandeln. So kann beispielsweise eine zehn Meter breite Glasfront wie eine Ziehharmonika auf nur 50 Zentimeter zusammengefaltet werden. Die schmalen Flügelpakete „parken" dann Platz sparend an der Seite. An warmen Tagen wird durch komplettes Öffnen der Faltwand ein fließender Übergang vom Wohnraum zur Naturwelt geschaffen. Bei einem plötzlichen Wetterumschwung lassen sich die Flügel in sekundenschnelle leicht schließen, und der behagliche Wohnraum ist wieder hergestellt.

Faltwände des Herstellers, die als Außenelement von Wohnräumen eingesetzt werden, bieten noch einen weiteren Vorteil: Werden wärmegedämmte Profile mit hochwertigen Isoliergläsern kombiniert, werden dabei sogar die Vorgaben der neuesten Wärmeschutzverordnung problemlos

Hochwertige Edelstahl-Laufwagen gewährleisten ein leises und leichtes Gleiten der Glaselemente.

Infos unter:
Solarlux Alumimium Systeme GmbH
Gewerbepark 9-11 • D-49143 Bissendorf
Tel. +49 (0) 5402/400-0 • Fax 400-200
E-Mail: info@solarlux.de
www.solarlux.de

*E*rlebnisraum Balkon

Der Balkon ist für viele ein Platz, an dem vor allem im Sommer ungestört Sonne und Frischluft getankt werden kann. Bei schlechtem Wetter ist der familiäre Freisitz oft verwaist und wird im Winter sogar zur Abstellfläche degradiert.

Um den Balkon das ganze Jahr über genießen zu können empfehlen sich die pfiffigen Balkonverglasungen von Solarlux, die problemlos auf vorhandene Brüstungen montiert werden. Sie gestatten es, je nach Witterung auf einem luftigen Freisitz oder in einem angenehm geschützten Raum zu sitzen.

Hochwertige Laufwerke gewährleisten, dass sich die einzelnen, beweglichen Glasflügel kinderleicht über alle Winkel verfahren lassen. Dadurch eignen sie sich sowohl für gerade, segmentierte wie auch für abgewinkelte Grundrisse. Die Glaselemente können in der „Parkstellung“ um mehr als 90° geschwenkt werden und liegen dann in einem schmalen Paket an der Hauswand an. Durch diese großzügigen und variablen Öffnungsmöglichkeiten wird der ursprüngliche Balkoncharakter erhalten und die wärmenden Sonnenstrahlen lassen sich uneingeschränkt genießen. Zu kühlen Jahreszeiten oder bei Regenwetter lassen sich die Glasflügel schnell schließen, so dass ein zusätzlicher wind- und wettergeschützter Raum geschaffen wird, in dem es sich gemütlich verweilen lässt. Die transparenten Ganzglasanlagen oder mit sehr schmalen Profilen gerahmten Solarlux-Verglasungen bieten auch im geschlossenen Zustand einen ungetrübten Blick nach draußen.

Durch eine Balkonverglasung wird zudem das Wohnklima verbessert, denn sie

Zu jeder Jahreszeit die Natur genießen! Für Balkonbesitzer wird dieses Erlebnis jetzt noch einfacher, denn auch bei schlechtem Wetter lässt sich der Balkon mit wenigen Handgriffen in einen wettergeschützten Raum verwandeln.

dient im Winter als zusätzlicher Wärmespeicher vor dem eigentlichen Wohnraum. Die erhebliche Energieeinsparung schont Umwelt und Geldbeutel gleichermaßen. Auch Lärmbelästigungen durch beispielsweise Straßenverkehr werden durch eine effektive Schalldämmung der Verglasungen maßgeblich vermindert und tragen somit zum gesteigerten Wohlbefinden bei. Mit mehr als 20 Jahren Erfahrung ist Solarlux weltweit der führende Entwickler und Hersteller von Balkon-Verglasungssystemen. Die eigene Entwicklung der Profil- und Beschlagstechnik sowie die stete Optimierung der Produkte sind Garanten für einwandfreie Qualität.

Abb. links: Großzügige und variable Öffnungsmöglichkeiten erhalten den ursprünglichen Balkoncharakter.

Abb. rechts: Bei geschlossener Verglasung wird eine deutliche Lärmreduzierung um mehr als 20 Dezibel erreicht. Wohnkomfort und Lebensqualität werden erheblich gesteigert.

Infos unter:
Solarlux Alumimium Systeme GmbH
Gewerbepark 9-11 • D-49143 Bissendorf
Tel. +49 (0) 5402/400-0 • Fax 400-200
E-Mail: info@solarlux.de
www.solarlux.de

Trockenausbau mit Gipsplatten

Mit Gipsplatten schneller und kostengünstiger zum komfortablen Heim. Patenlösung für nicht tragende Trennwände, Dachausbau, Decken und Fußböden.

Seit Jahren vollzieht sich im Wohnungsbau eine stille Revolution. Wurden früher beim Wohnungsbau die Trennwände in klassischer Manier Stein auf Stein gemauert und anschließend verputzt, erfolgt die Raumaufteilung heute zunehmend im trockenen Ausbau, d.h. in Form von beidseitig mit Gipsplatten beplankten Metallständerwerken. Eine zwischen den Ständern eingebrachte Dämmung sorgt für den gewünschten Schall und Wärmeschutz.

Verdeutlicht wird diese Veränderung der Bauweise durch den Pro-Kopf-Verbrauch an Gipsplatten, der sich in den letzten sieben Jahren verdoppelt hat. Für den trockenen Ausbau sprechen nicht nur die geringeren Kosten sondern auch die schnellere Fertigstel-lung des Gebäudes. Im Gegensatz zur Stein-auf-Stein-Methode wird nach Vollendung des Rohbaus keine nennenswerte Feuchtigkeit in Form von Mauer und Putzmörtel in das Bauwerk eingebracht. Nicht nur bei den nicht tragenden Innenwänden sondern auch bei der Bekleidung der Außenwände und der tragenden Innenwände werden zunehmend Gipsplatten verwendet. Außerdem ist diese fortschrittliche Bauweise ausgesprochen heimwerkerfreundlich und erlaubt es, durch Eigenleistung beim Ausbau Geld zu sparen.

Raumsparend und flexibel.

Darüber hinaus ergibt sich durch den trockenen Ausbau auch ein Plus an Nutzfläche, denn die moderne Ständerbauweise erlaubt im Vergleich zu Massivwänden bei gleich gutem Schall- und Wärmeschutz deutlich schlankere Wände und somit einen durchschnittlichen Raumgewinn von zwei Prozent und mehr. Ein weiterer Vorteil liegt im geringen Gewicht der Trockenbauwände, so dass das Thema 'Deckenlast' kaum eine Rolle spielt. Für den trockenen Ausbau spricht auch die Möglichkeit, die Raumaufteilung entsprechend dem jeweils aktuellen Bedarf zu verändern. Der trockene Ausbau erlaubt dank seiner Flexibilität große Gestaltungsfreiheit. Er lässt beliebige Winkel und dank flexibler Platten auch Rundungen zu.

Klimaregulator

Die Gipsplattenoberflächen bilden einen idealen Tapeziergrund und erweisen sich auch als wirksamer Regulator des Raumklimas, da Gips überschüssige Luftfeuchtigkeit aufnimmt und bei trokkener Raumluft wieder abgibt und sich so gleichsam als, 'Klimaanlage zum Nulltarif' erweist.

Fermacell-Wandplatten halten eine Last von bis zu 50 kg aus.

Schlank und stark

Trotz schlanker Bauweise haben Gipsplattenwände es durchaus in sich, denn sie tragen ebenso das Gewicht von Hängeschränken, wie auch von gewichtigen Bücherborden. An einem einzigen Dübel lassen sich mindestens 50 kg verankern. Verglichen mit massiv gemauerten Wänden verlangen Gipsplattenwände erheblich weniger Aufwand beim Neu- oder Nachverlegen von Leitungen, die problemlos in ihrem Innern Platz finden.

Auch für Nassräume geeignet

Auch bei Nassräumen hat sich der trockene Ausbau inzwischen voll etabliert. So werden heute bei Neubauten wie auch bei der Althaussanierung zunehmend Bad- und Kücheninstallationen auf den tragenden Wänden verlegt und hinter einer Gipsplattenschale aus imprägnierten Spezialplatten oder im

Flexible Grundrissgestaltung erlaubt eine Anpassung an den sich wandelnden Bedarf.

Innern schlanker Trockenbau-Zwischenwände versteckt. Das aufwendige Schlitzen des Mauerwerks ist damit passé. Die moderne Montagetechnik erlaubt jeden neuzeitlichen Komfort bis hin zum wandhängenden WC, das an einem in der Wand verborgenen Tragständer sicheren Halt findet. Wenn sogenannte Dichtkleber oder spezielle, aufzurollende oder aufzuspachtelnde Dichtmassen verwendet werden, auf denen dann die Fliesen im Dünnbettverfahren verlegt werden, lassen sich selbst Duschnischen dauerhaft wasserdicht gestalten.

Schlanke Wände mit hohem Schallschutz

Das tragende Gerüst trocken errichteter Trennwände bildet ein Rahmen aus Metallprofilen. Es wird am Boden, an den angrenzenden Massivwänden und an der Decke angedübelt. Entsprechend den

Auch Nassräume lassen sich kostengünstig im trockenen Ausbau gestalten. Die Leitungen verschwinden im Wandinneren.

Nach zunächst einseitiger Beplankung wird die Dämmung eingebracht und die Gegenseite verkleidet.

Erfordernissen der verwendeten Gipsplatten werden in diesen Rahmen Ständerprofile eingestellt. Diese Konstruktion wird anschließend beidseitig mit Gipsplatten beplankt. Eine dazwischen angeordnete 4 cm dicke Dämmlage sorgt für den unverzichtbaren Schallschutz.

Bei besonderen Ansprüchen an den Schallschutz können auch zwei parallele Ständerwerke mit dazwischen angeordneter Dämmschicht vorgesehen werden, deren Außenseiten jeweils beplankt werden. Diese Konstruktion wird auch gewählt, wenn es gilt, voluminöse Leitungen wie Abwasserfallrohre zwischen den Wandschalen zu verbergen. Die Beplankung mit Gipsplatten verwandelt das Ständerwerk in eine solide Wand. Bei einschaliger Ausführung beträgt ihre Mindestdicke gerade einmal 8 cm, bei doppelter Beplankung oder dem Einsatz spezieller dicker Platten, die eine Minimierung der Tragkonstruktion erlauben, 10 cm. Eine 11 cm dicke Ständerwerkskonstruktion mit beidseitig doppellagiger Beplankung aus 12,5 mm dicken Gipsplatten und dazwischenliegender 4 cm dicker Dämmschicht erreicht den gleichen Schallschutz, wie ihn beispielsweise 24 cm dickes Massivmauerwerk bietet.

Verkleiden von Massivwänden

Sowohl bei der Althaussanierung als auch bei Neubauten bietet sich die Verkleidung von Massivwänden mit Gipsplatten an.

Nach zunächst einseitiger Beplankung wird die Dämmung eingebracht und die Gegenseite verkleidet.

Im Altbau geschieht dies vorzugsweise, um rissige und unebene Wände oder auch Neuinstallationen hinter den Gipsplatten verschwinden zu lassen.

Denkmalgeschützte Häuser werden zur Verbesserung des Wärmeschutzes mit einer Innendämmung versehen.

Dabei kommen häufig rückseitig mit einer Dämmschicht versehene Gipsplatten zum Einsatz. Im Neubau gelangt man auf diese Weise rascher und rationeller zu glatten, tapezierfähigen Wänden.

Im Altbau können die Gipsplatten bei entsprechend trag- und haftfähigem Untergrund direkt mit Ansetzbinder gegen die Altwände gesetzt werden. Oder sie werden mit gegen die Wände gedübelten Hutprofilen verschraubt bzw. als Vorsatzschale mit Abstand vor die Altwand gesetzt.

Zur gleichzeitigen Verbesserung des Wärmeschutzes dienen sogenannte Verbundplatten mit rückseitiger Dämmstoffkaschierung. Bei der Sanierung von Plattenbauten bietet sich auch ein direktes vollflächiges Verkleben auf dem Untergrund an. Beim trockenen Ausbau von Neubauten werden die Gipsplatten üblicherweise mit Ansetzbinder direkt auf die durchgetrocknete Rohwand gesetzt.

Decken verkleiden

Rissige und unebene Decken lassen sich bei der Althaussanierung hinter einer Gipsplattenschale verstecken. Diese kann unter eine direkt an die Decke gedübelte oder daran abgehängte Unterkonstruktion geschraubt werden. Die abgehängte Ausführung verringert das Raumvolumen bei hohen Altbauten und trägt so dazu bei, Heizkosten zu sparen. Dieser Effekt lässt sich durch eine auf der Tragkonstruktion aufliegende Dämmung noch steigern. Sie verbessert zugleich auch den Schallschutz.

Trockenestrich

Auch bei der Fußbodensanierung hilft der trockene Ausbau, Zeit und Kosten zu sparen. Nach Ausgleich etwaiger Unebenheiten durch eine Ausgleichsschüttung werden die handlichen, mit Nut und Feder ausgestatteten Estrichplatten unter Vermeidung von Kreuzfugen in zwei Lagen auf dem Planum ausgelegt, im Fugenbereich verklebt und zusätzlich verschraubt. Der Aufbau erfolgt in der Regel zweilagig. Estrichelemente gibt es auch mit rückseitig aufkaschierter Dämmschicht aus Polystyrol-Hartschaum oder Mineralwolle. Sie dienen zur gleichzeitigen Verbesserung von Wärme- und Schallschutz (Trittschalldämmung).

Dachausbau

Auch beim Dachausbau stellen Gipsplatten eine kostengünstige Lösung dar. Sie werden im Bereich der zuvor gedämmten Schräge an gegen die Sparren geschrauben Metall-Hutprofilen befestigt. Die Abschottung des Drempels (auch ‚Abseite' genannt) erfolgt auf einer Unterkonstruktion aus Metallprofilen,

So ansprechend kann Ihr Bad unterm Dach werden!
Abb.: Roto Frank AG

deren Aufbau weitgehend dem von Trennwänden entspricht. Mit doppellagiger Beplankung und unter Verwendung nicht brennbarer Dämmstoffe lassen sich mit dieser Konstruktion Feuer hemmende F3O-Abschüsse erzielen.

Zwischen Dämmschicht und Unterkonstruktion ist je nach Dämmverfahren eine rundum dicht abschließende Dampfsperre bzw. Dampfbremse aus Polyäthylen-, Metallfolie oder aus einem vom jeweiligen Dämmstoffhersteller vorgeschriebenem Spezialmaterial vorzusehen. Dies gilt übrigens auch für Wände und Decken, wenn zu ihrer Rückseite ein Temperaturgefälle besteht, d.h. zum Beispiel ein unbeheiztes Treppenhaus anschließt. Die Dampfsperre verhindert das Kondensieren von Wasserdampf im Dämmstoff und schließt so mögliche Feuchteschäden und Dämmdefizite aus.

Weitere Infos unter:
IGG - IndustrieGruppe Gipsplatten
Ludolf-Kehl-Straße 13-17
68167 Mannheim
Tel.: 01802/349800
Fax: 06221/33833-50

Fels-Werke GmbH
Postfach 1460 • D-38604 Goslar
Tel. +49 (0)5321/703-0 • Fax 703-321
Techn. Hotline: –49 (0)5381/76400
www.fels.de

Clickboard - die erste wohnfertige Ausbauplatte...

... ist ideal für Neubau und Renovierung, für den trockenen Innenausbau sowie zur Wand- und Deckenverkleidung. Die praktische Klick-Technik und die verarbeitungsfreundlichen Fomate garantieren schnelle und einfache Montage.

Die stabile hochpräzise Klick-Verbidung sorgt für dauerhaft geschlossene Fugen. Kein Spachteln, Schleifen, Streichen und Tapezieren mehr dank wohnfertiger Oberfläche. ClickBoard ist pflegeleicht, langlebig und hoch belastbar. Umfassendes Zubehör-Sortiment passend zu allen Oberflächenstrukturen wird angeboten.

Der Parador Vierfach-Vorteil

1. Universell einsetzbar - ideal für Neubau und Renovierung

Trockener Innenausbau in allen Wohn- und Feuchträumen. Für Decke, Wand und Dachausbau. Überzeugende Funktionalität mit anspruchsvollem Design

2. Montagefreundlich - klick und fertig

Patentierte Klick-Mechanik mit SAFE-LOCK-Profil für schnelle, einfache und sichere Montage. Leichte und sichere Handhabung durch verarbeitungsfreundliche Formate. Kaum Staub und Schmutz bei der Be- und Verarbeitung. Stabile Klick-Verbindung für dauerhaft geschlossene Fugen.

3. Spart Zeit und Geld

Der Innenausbau geht schneller von der Hand: bis zu 50 % Zeitersparnis. In wenigen Arbeitsschritten fertig montiert. Sofort wohnfertig ohne Spachteln, Schleifen, Streichen, Tapezieren.

4. Pflegeleicht, langlebig und hoch belastbar

Kratzfeste und unempfindliche Oberfläche, feucht abwischbar. Nageln, Bohren und Schrauben kein Problem. Belastbar mit bis zu 50 kg. Problemlos renovierbar, auch noch nach Jahren.

Montage ohne Spachteln, Schleifen, Tapezieren und Streichen

Unterkonstruktion

Beplankung

Profile setzen

Sofort wohnfertig

Infos unter:
Parador Holzwerke GmbH & Co. KG
Erlenweg 106 • D-48653 Coesfeld
Info-Hotline +49 (0) 18 05/66 76 68
E-Mail: info@parador.de
www.parador.de

Die Faszination einer neuen Raumdimension

Atmosphäre und Raumgefühl einer klassisch-zeitlosen Gewölbedecke schaffen belebende Kontraste zu modernen Konstruktionen, Räumen oder Materialien. Mit diArco Gewölbesysteme in Fertigbauweise kann das Gewölbe als Raumerlebnis heute wieder von Bauherren und Architekten entdeckt und problemlos eingesetzt werden.

Unglaublich, wie ein Raum mit Gewölbedecke gewinnt! Hier Modell Siena 425.

Durch die Vorfertigung und das Systemangebot in verschiedenen Modellen und Rastermaßen wird es auf überraschend einfache und erschwingliche Art möglich, Gewölbe-3D-Decken zu montieren. Die einzelnen Modelle unterscheiden sich durch eine individuelle Formensprache und verschiedene Stichmaße, die dem daraus gefertigten Gewölbe eine eigene, charakteristische Note verleihen. Neu für alle diArco-Modelle gibt es jetzt eine selbsttragende Gewölbedeckenlösung aus Glasfaserbeton für den nachträglichen Einbau. Damit kann innerhalb des Systems zwischen einer Trocken- bzw. Massivbaulösung gewählt werden. Die etwa 4 mm dünnen Glasfaserbetonelemente können leicht an eine Deckenkonstruktion befestigt werden. Die Elemente eignen sich durch die Feuchtigkeitsresistenz für jeden Wohnbereich, also auch für den Wellnessbereich!
Bei frühzeitiger Planung der Gewölberäume ist allerdings die Massivdecke zu empfehlen, denn sie bietet gegenüber der Trockenbaulösung einige Vorteile: geringere Gesamtkosten, angenehmes Raumklima durch die wirksame Speichermasse und die Ausstrahlung einer echten Gewölbe-Tragwirkung.

Zimmertüren in jedem Stil

Gepflegte Wohnkultur wird in unseren Zeiten immer wichtiger. Nicht nur das Bedürfnis nach einer qualitativ gehobenen Einrichtung wächst. Auch der Innenausbau des Hauses oder der Wohnung soll mit den Möbeln, den Tapeten und Teppichen harmonisieren, kurz: einer Stilrichtung angehören.

Um keinen Stilbruch zu riskieren, sollten Wohnungstüren über ihre technische Funktion hinaus den Gestaltungselementen der Innenarchitektur Rechnung tragen. Ob klassische Ganzglastür, rustikale Massivholztür oder modern gestaltetes Türelement: Türhersteller bieten heute ein vielfältiges Sortiment entsprechend den individuellen Ansprüchen ihrer Kunden.

Für den Wohnungsbereich gibt es eine Auswahl zwischen Standardelementen, zweiflügeligen oder Schiebetüren. Die Optik einer Tür wird aber auch durch den Türdrücker, auch Klinke genannt, bestimmt, der je nach Form und Material klassisch, extravagant, rustikal oder auch schlicht modern sein kann. Als Werkstoff für Türen dienen vorwiegend Holz, Glas, Kunststoff und Metall.

Holztüren, die im privaten Wohnungsbau einen Marktanteil von über 60 Prozent haben, lassen die größten Gestaltungsmöglichkeiten zu. In Neubauten mit hellen Wohnungseinrichtungen werden als Trendoberflächen vorwiegend die Holzarten Ahorn, Buche, Birke und Erle verwendet. Helle Türen haben den Vorteil, dass sie schmale Räume oder Flure optisch größer wirken lassen.

Besonderer Reiz heutiger Türen: die vielen gestalterischen Details wie Lichtöffnungen mit Glaseinsätzen aus Kristall-, Spiegel- oder Satinglas, mit farbigem oder mit geometrisch gemustertem sowie handbemaltem Glas.

Stiltüren nach traditionellen Entwürfen mit symmetrischem Aufbau gefertigt.

Infos unter:
Friedrich Blanke GmbH
Bielefelder Str. 74 • D-49186 Bad Iburg
Tel. +49 (0) 54 93/40 08-0 • Fax 40 08-1 50
www.blanke.de

Eine Tür mit soliden und wertbeständigen Röhrenspanplatten-Innenladen hält auch höheren Beanspruchungen problemlos stand. Eine widerstandsfähige Oberfläche ist durch Mehrschichtlack-Aufbau geleistet.

Vest-Wood Deutschland GmbH
Barmbeker Str. 4a • D-22303 Hamburg
Tel. +49 (0) 40/8 54 09-0 • Fax 8 54 09-5 00
www.kilsgaard.de

Glastüren haben die Doppelfunktion, Licht in den Raum fallen zu lassen und optische Raumbegrenzungen zu minimieren. Rahmenlose Glastüren sind stets aus Einscheiben-Sicherheitsglas (ESG) und können auf Grund ihrer Normung einfach den Platz anderer Standardtüren einnehmen.

Kunststofftüren mit Türblattdeckschichten werden ebenfalls häufig im Innenbereich gewählt. Sie sind in vielfältiger Ausführung, glänzend oder matt sowie in verschiedenen Farben erhältlich. Ihre Unempfindlichkeit, Lichtbeständigkeit und Pflegeleichtigkeit ist häufig ausschlaggebend für den Kauf einer solchen Tür.

Da sich in der Vergangenheit die meisten Kunststoffe im Vergleich zu anderen Türbaustoffen als relativ weich und statisch wenig belastbar erwiesen, werden sie heute im Verbund mit Stahl zu sehr robusten Türrahmen und -blättern verarbeitet.

Infos unter:
Megla-Technik • D-51588 Nümbrecht
Tel. +49 (0)2 22 93/38 88 • Fax 39 20
www.megla.com

Kleines Lexikon der Technik

Woraus besteht eine Tür?

Aus der Türzarge (auch Türstock genannt), die starr an der Wand befestigt und in die später die Tür eingehängt wird. Dafür sind Unterbänder bereits in der Zage und Oberbänder im Türblatt vorgesehen. Im Türblatt ist schon das Schloss, in der Türzarge das Schließblech (Schloss-Gegenüber) eingebaut.

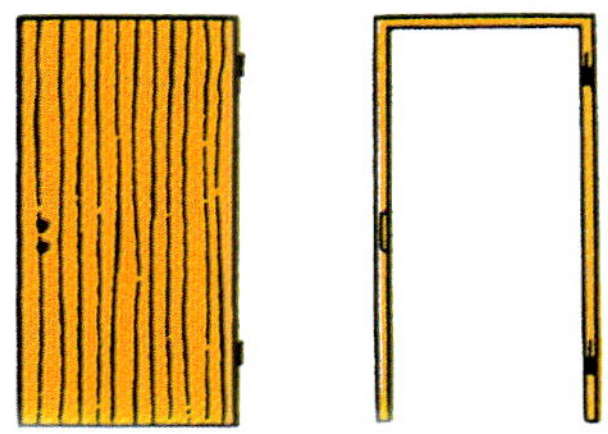

Türblatt Türzarge

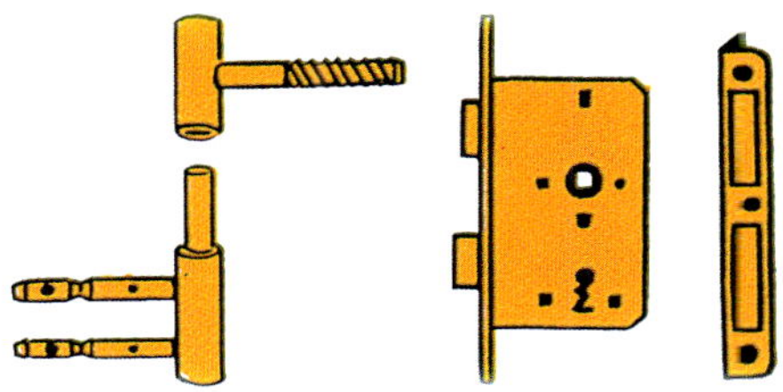

Ober- und Unterband Schloss Schließblech

Es muss keine 08/15-Tür sein!

Innerhalb des Fertigtüren-Programms ist für jeden Verwendungszweck gesorgt, von der Wohnungstür bis zur Lüftungstür für das Bad.

Lichtöffnung Spion Briefschlitz Lüftungen

Was sonst noch zu beachten ist!

Fertigtüren stehen in den wichtigsten, nach DIN genormten Maueröffnungsmaßen zur Verfügung. Sollten Ihre Maueröffnungen nicht der Norm entsprechen, ist im Rahmen des Umbaus die Anpassung durchaus möglich.

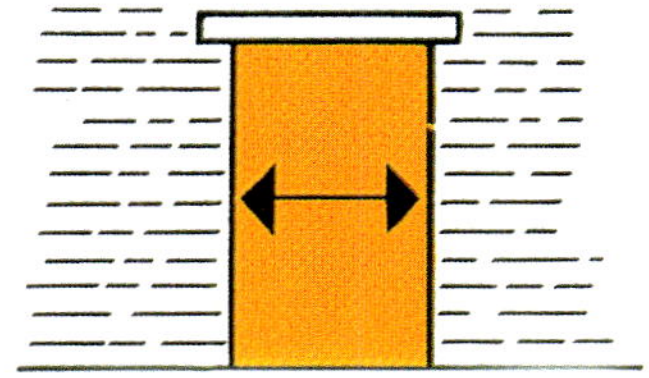

Maueröffnungsmaß (Breite)

Maueröffnungsmaß (Höhe)

Links oder rechts angeschlagen – das ist hier die Frage

Selbst bei gleicher Höhe passt nicht jede Tür in jede Zarge. Wir unterscheiden Links- und Rechtstüren. Das hängt von den Bändern sowie vom Schloss und vom Schließblech ab.

Rechte Tür = rechts angeschlagen

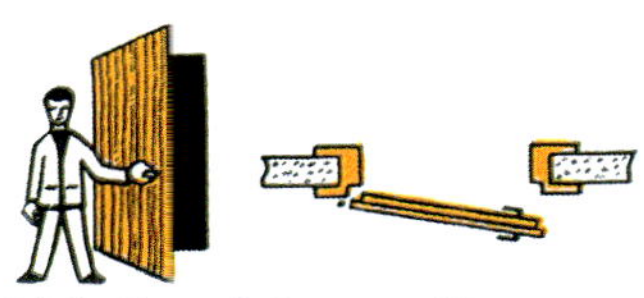

Linke Tür = links angeschlagen

So werden Farb(t)räume wahr

Licht und Farben aus der Natur beeinflussen unsere Stimmungen. Warum also nicht das satte Blau des Himmels, die warmen Orangetöne der Sonne und das frische Grün üppiger Wiesen und Wälder nach Hause holen?

Mit ein wenig Zeit, Farbe und Pinsel kann das eigene Umfeld mit den Lieblingsfarben verschönert werden – ein Job für die ganze Familie. Der Spaßfaktor ist garantiert, denn der selbst gestaltete Raum darf Freunden nicht ohne Stolz vorgestellt werden.

Nicht jeder fühlt sich jedoch stilsicher, dass er ohne Hilfestellung über die Farbgebungen entscheiden will. Harmonieren meine Lieblingsfarben? Wie wirken Sie an der Wand? Diese und andere Fragen verunsichern so manchen Hobby-Handwerker.

Mit den Schöner Wohnen Trendfarben präsentieren sich die 22 aktuellen Farben der Saison, die treffsicher kombiniert werden können. Das Erfolgssortiment entstand in enger Zusammenarbeit mit Trendberatern und Wohnexperten.

Abb. links: Die 22 Trendfarben sind alle perfekt untereinander kombinierbar und lassen einst langweilige Wände lebendig aussehen.

Die kräftigen Töne sorgen insbesondere für warme, sympathische Anmutungen.

Haben Sie nicht auch manchmal ein wenig fernweh? Farben erinnern uns an manche Erlebnisse, z. B. an den Urlaub im sonnigen Süden. Selbst Goethe wusste, dass Farben unsere Gefühle und Stimmungen stark beeinflussen. An trüben Tagen pflegte er deshalb durch ein gelbes Glas zu schauen. Kein Wunder, denn Gelb ist die Farbe der Fröhlichkeit. Räume in denen Gelbtöne dominieren geben uns Energie und steigern unsere Aufmerksamkeit. Blaue und türkise Räume fördern hingegen Entspannung, Ruhe und Ausgeglichenheit.

Die 22 Trendfarben tragen klangvolle Namen wie z. B. Melone, Honey, Mango (Gelb- und Orangenuancen), Fresh, Farn (Grüntöne) und Sky (Blau) und werden als matte oder seidenglänzende Cremige Wand- und Deckenfarbe und als Seidenmattlack angeboten. So können neben Wänden und Decken auch Möbel und andere Gegenstände in die farbliche Gestaltung einbezogen werden.

Die neue inspirierende Farbenwelt

Zusätzlich zu den Trendfarben gibt es auch ein umfangreiches Standardsortiment. Mit Wandfarben, Fassadenfarben einschließlich Silikat- und Siliconharzfarben, Lacken, Grundierungen, einem kompletten Holzschutzprogramm sowie Spezialprodukten stellt Schöner Wohnen Farbe für jede Anwendung das passende Produkt zur Verfügung.

Weiße Farben für Wände und Decken

Nach wie vor sind weiße Räume sehr beliebt. Sie schaffen leichte, klare Atmosphäre und lassen Räume weit, hell und luftig strahlen.

Die am meisten verbreiteten Anstrichmittel für Wände und Decken sind Dispersionsfarben. Sie sind hoch deckend, diffusionsfähig und leicht mit Rolle und Pinsel aufzutragen. Eingesetzt werden kann eine Dispersionsfarbe sowohl auf Raufaser- und Strukturtapeten als auch auf Putz, Beton und Mauerwerk. In der Regel reicht ein Anstrich. Selbst auf Holz kann eine Dispersionsfarbe gestrichen werden. Unterschiede zwischen den einzelnen angebotenen Produkten bestehen häufig in der technischen Güte. Dabei ist nicht immer das preiswerteste Angebot wirklich das günstigste. Denn häufig kommt es vor, dass Wände mit sehr preisgünstigen Farben zwei- oder dreimal gestrichen werden müssen, bevor die notwendige Deckkraft erreicht ist oder das Oberflächenbild ansprechend erscheint. Die Güte einer Wandfarbe wird insbesondere durch Eigenschaften wie Deckvermögen, Strapazier- und Reinigungsfähigkeit sowie das Oberflächenbild der Beschichtung bestimmt. Aus wirtschaftlicher Sicht ist natürlich die Reichweite pro Liter Farbe entscheidend.

Ein Tag am Meer... Weißer Strand und blaues Wasser, das in der Sonne glitzert. Sie genießen den warmen Sand unter den Füßen. Vom Wasser weht eine kühle Brise. Mit jedem Atemzug spüren Sie die reine, gesunde Luft. Sie fühlen sich einfach herrlich frei und unbeschwert!

Natürliche Materialien und PureWhite lassen Kinderzimmer hell und freundlich erscheinen.

PureWhite

In der Zeit, in der immer mehr Menschen unter Allergien leiden, sollte jeder die Möglichkeit haben, sich vor Allergieauslösern zu schützen. Dies gilt speziell für bereits sensibilisierte Personen und Kinder. Auch Konservierungsmittel, wie sie in herkömmlichen Wandfarben vorkommen, können bereits Allergien auslösen.

Mit PureWhite Innenwandfarbe von Schöner Wohnen Farbe können Sie Allergierisiken vermeiden, denn PureWhite ist frei von Konservierungsmitteln sowie gesundheitsschädlichen Emissionen durch z. B. Lösemittel und Weichmacher. PureWhite erfüllt damit die hohen Anforderungen, die besonders Allergiker an eine Innenwandfarbe stellen.

Auch der RWTÜV aus Essen bestätigt, dass Schöner Wohnen PureWhite „für Allergiker geeignet“ ist, denn PureWhite ist eine Wandfarbe aus schadstoff- und allergenkontrolliertem Material. Wo auch immer Sie Schöner Wohnen PureWhite einsetzen – durch den Verzicht auf gesundheitsschädliche Emissionen und Konservie-

rungsmittel in Verbindung mit der hohen Wasserdampfdurchlässigkeit erhalten Sie ein reines, gesundes Raumklima zum Wohlfühlen. Da sich PureWhite sehr leicht verarbeiten lässt, können Sie schon beim Gestalten der eigenen vier Wände so richtig aufatmen.

Polarweiss softcolor

Weiß ist weiß – das war einmal. Denn jetzt bringt Ihnen Polarweiss softcolor mit einer neuen Auswahl raffinierter Weißtöne wie Bambusweiss, Mohnweiss, Schilfweiss oder Kokosweiss Stimmung in Ihre Wohnung. Weiß ist jetzt nicht mehr nur einfach kühl und weiß, sondern ganz wie es Ihrem Lebensgefühl entspricht – emotional, frisch, warm oder beruhigend. Dabei bleibt es aber immer leicht und hell.

Polarweiss softcolor bietet Ihnen als Weißliebhaber die vier beliebtesten Weißtöne, schon fertig abgemischt. Vier Weißnuancen, mit denen Sie die Stimmung Ihrer Wohnräume positiv beeinflussen können. Ideal für ein anspruchsvolles Wohnambiente, das lieber auf die Wirkung dezenter Farbstimmungen als auf bunte Effekte setzt.

Das strahlende Polarweiss!

Die Schöner Wohnen Wohnraumfarbe „Polarweiss“ bietet in allen Belangen eine hervorragende Qualität und ist nach der europäischen Norm für Dispersionsfarben DIN EN 13300 in die bestem Deckkraft-Klasse (Klasse 1) eingruppiert. Bei der für die Reinigungsfähigkeit entscheidenden „Nassabriebbeständigkeit“ erreicht Polarweiss besonders gute Werte (Klasse 2). Schöner Wohnen Polarweiss wurde außerdem mit dem Blauen Engel, weil emissionsarm ausgezeichnet. Dies garantiert eine Renovierung, ohne die Umwelt unnötig zu belasten. Die Räume können direkt nach Trocknung der Farbe wieder benutzt werden.

Weißnuancen sorgen bei Liebhabern von weißen Wänden für Abwechslung. Dezente Weißtöne lassen den Raum frisch und harmonisch wirken. Schöner Wohnen Polarweiss softcolor gibt es in den Farbtönen Bamusweiss, Mohnweiss, Schilfweiss und Kokosweiss.“

Im Heimwerkertest 1/2004, in der insgesamt 13 Innenwandfarben großer deutscher Farbenhersteller auf ihre Deckkraft, Nassabriebbeständigkeit, Verarbeitung, Geruch etc. getestet wurden, ist Polarweiss von Schöner Wohnen Farbe klarer Testsieger und als einzige Innenwandfarbe mit „sehr gut“ beim Preis-/Leistungsverhältnis ausgezeichnet worden.

Imagine Farbwelten

Wer kennt das nicht? Die Qual der Wahl bei der richtigen Farbentscheidung. Kaum hat man beschlossen, beim nächsten Renovieren nicht einfach nur wieder weiß zu streichen, steht man vor dem Problem, den richtigen Farbton zu finden, der am besten zum eigenen Wohnstil und Typ passt.

Mit Imagine, dem Farbmischsystem von Schöner Wohnen Farbe, kann eine Vielzahl von Produkten in fast jedem erdenklichen Farbton direkt im Baumarkt abgetönt und mitgenommen werden. Aber hinter Imagine verbirgt sich nicht nur ein höchst fortschrittliches Farbmischsystem, sondern auch eine moderne, lebendige Farbkollektion, die die Farbtonentscheidung besonders einfach macht.

Kinder haben viel Freude an bunten Farben in den eigenen vier Wänden. Wenn sie sich die Farben selbst aussuchen dürfen, macht das Spielen doppelt soviel Spaß.

Farben tragen in den eigenen vier Wänden entscheidend zum Wohlfühlen bei. Sie erzeugen Stimmungen und schaffen Atmosphäre. Jeder von uns reagiert dabei unterschiedlich auf Farben, und jeder hat seine eigene Lieblingsfarbe. Das macht die Entscheidung für einen Farbton zu einer sehr individuellen und persönlichen Wahl. Mit Imagine von Schöner Wohnen Farbe ist es jetzt besonders einfach geworden, den eigenen Wunschfarbton zu finden und abgetönt zu bekommen. Damit lässt sich der Traum vom individuellen Wohnen noch leichter in die Tat umsetzen.

Schnell und sicher zum richtigen Farbton

Viele Farbmischsysteme bieten eine so enorme Farbvielfalt, dass sie für die meisten von uns schon wieder zu groß ist. Damit die Entscheidung für die Wunschfarbe nicht zur Qual wird, hat Schöner Wohnen Farbe für Imagine eine eigene Farbkollektion entwickelt, die die Farbauswahl erleichtert: die Imagine Farbwelten. Erst entscheidet man sich für eine der 14 Farbwelten. Innerhalb der Farbwelten, z. B. den Zarten Farben, den Erdfarben oder den Lebendigen Farben, findet man dann garantiert nicht nur seinen Wunschfarbton, sondern gleichzeitig eine Vielzahl stilsicherer Kombinationsmöglichkeiten in der Stimmung dieser Farbwelt. Hilfe bei der Entscheidung leistet auch die Broschüre Imagine mit ihren inspirierenden Gestaltungsbeispielen. Die Broschüre gibt es in jedem Bau- und Fachmarkt mit dem Imagine Farbmischsystem, sie kann aber auch kostenlos bei www.schoener-wohnen-farbe.de

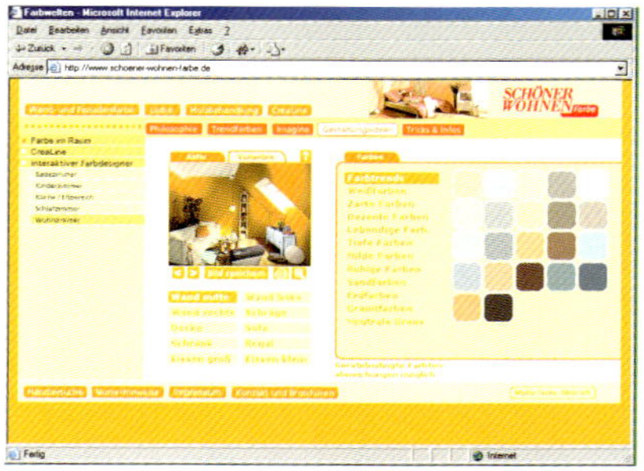

Mit dem interaktiven Farbdesigner auf www.schoener-wohnen-farbe.de kann man die Raumwirkung von Farben spielerisch erkunden und nach Belieben variieren.

angefordert werden. Am Imagine-Regal gibt es zudem Farbmusterstreifen zum Mitnehmen, mit denen jeder zu Hause überprüfen kann, ob der Farbwunsch auch wirklich ins Gesamtbild passt. Neben den Imagine Farbwelten können mit der Farbmischmaschine natürlich auch Farbtöne aus z. B. RAL, NCS, den Sanitärfarben und anderen Farbsystemen gemischt werden. Dabei ist das System so präzise, dass jeder Farbton später problemlos nachgekauft werden kann.

Soviel Auswahl überzeugt

Das Farbmischsystem Imagine mischt nicht nur Wandfarben – auch Bunt- und Speziallacke, Holzbehandlungsprodukte, Fassadenfarben und sogar Dekorputze können exakt nach Wunsch abgetönt werden. Viele Artikel aus dem Sortiment von Schöner Wohnen Farbe können so im Wunschfarbton gemischt werden – auf den Punkt genau und ohne Kompromisse bei der Qualität. Neben den Imagine-Farbwelten können natürlich auch Farbtöne z. B. aus RAL, NCS, den Sanitärfarben und anderen Farbsystemen gemischt werden.

Verarbeitungsfreundliche Produkte auch für ungeübte Heimwerker

Die erste eigene Wohnung, das lang ersehnte Eigenheim oder einfach nur Lust auf Tapetenwechsel? Der Wunsch, das eigene Leben nach individuellen Vorstellungen zu gestalten, sollte sich auch auf den eigenen Wohnraum übertragen. Warum nicht der Fantasie freien Lauf lassen und die Wände mit unterschiedlichen Farb- und Oberflächenstrukturen gestalten?

Mit spielerischer Leichtigkeit kann jeder loslegen, der Lust auf neue Farbe hat. Was zählt, sind individueller Geschmack, ein wenig Geschick und das richtige Zubehör – dann ist es ganz leicht, unverwechselbare Nestwärme zu schaffen.

CreaLine von Schöner Wohnen Farbe hilft kreativen Geistern, das passende Umfeld zum eigenen Lebensstil zu schaffen. Bislang wurden mediterrane Putzstrukturen oder Wischtechniken für die Wände dem Profi überlassen – jetzt stehen die Produkte verarbeitungsfertig im Baumarktregal bereit. Alle Materialien sind aufeinander abgestimmt, besonders leicht zu handhaben und überzeugen in der einfachen Anwendung auf Anhieb.

Holen Sie sich den warmen Süden in Ihre vier Wände!

Wandgestaltungen mit Farbstrukturen haben etwas Leichtes und Beschwingtes. Sie sind lebendig, ohne unruhig zu wirken, und geben dem Raum eine heitere, gelassene Atmosphäre. Ganz entscheidend für die Raumwirkung ist dabei das Zusammenspiel von Farben und angewandter Technik. So bestimmen bei der Wischtechnik Farbwolken die Optik und scheinen auf den Grundfarben zu schweben.

Die Strukturen der Wickel- und Tupftechnik dagegen zeichnen sich durch einzigartige Strukturen und Farbkontraste aus. Auch die Wandgestaltung mit Putzen steht Ihnen offen: von rustikal im klassischen Landhausstil über mediterran-südländisch bis hin zu modernen, anspruchsvollen Wohnwelten, die bewusst auf den Kontrast sandig rauen Wänden und edlen Möbeln setzen.

Kleiner Aufwand - große Wirkung

Metallfarben und -effekte haben sich im Design immer mehr zum Gestaltungstrend entwickelt. Ob gezielt Akzente setzen oder einzelne Wandflächen gestalten – mit CreaLine Metall-Akzent gelingen Ihnen im Handumdrehen einzigartige metalische Effekte.

Infos unter:
J. D. Flügger • Schöner Wohnen Farbe
Postfach 74 02 08 • D-22092 Hamburg
Tel. 01 80/5 35 83 44 37 (0,12 Euro/Min.)
E-Mail: info@schoener-wohnen-farbe.de
www.schoener-wohnen-farbe.de

Paneele, die mehr aus Ihren Räumen machen

Holzpaneele an Decken und Wänden schaffen eine wohnliche, gemütliche Atmosphäre. Ohne Holz wirkt mancher Raum nüchtern und kalt.

Urgemütliches Ambiente schaffen Sie mit Holzpaneelen und -vertäfelung.
Die Verlegung ist relativ einfach, sodass sie auch im Do-it-yourself-Verfahren ausgeführt werden kann.
Neben der schönen Optik dämmen sie den Schall und erhalten gleichzeitig eine beachtliche Wärmedämmung, die durch eine zusätzliche Dämmplatte auch noch verstärkt werden kann.

Kreative Friessysteme eröffnen faszinierende Perspektiven. Zusätzlich können viele Leuchten in das Meister-System integriert werden.

Abb. links: Die Wand und Deckenverkleidung aus massivem Profilholz ist weiß transparent gestrichen und gibt dem Landhausstil seine gemütliche Atmosphäre.

Abb. unten: Das massive Osmo Fichtenprofilholz an der Wand ist durch die farblose Uviwax-Oberfläche gegen das natürliche nachdunkeln durch die Sonneneinstrahlung geschützt.

So ansprechend kann ein Raum mit den Paneelen von Aicher wirken! Einen besonderen Country-Style-Effekt erzeugen die attraktiven Faserbretter mit Zierstäben und handgeschnitzten Aufsätzen.

Infos unter:

osmo Holz und Color GmbH & Co. KG
Afhüppen Esch 12 • D-48231 Warendorf
Tel. +49 (0) 25 81/9 22-1 00 • Fax 9 22-2 00
E-Mail: info@osmo.de • www.osmo.de

Meister-Leisten Schulte GmbH
Zum Walde 16 • D-59602 Rüthen-Meiste
Tel. +49 (0) 29 52/8 16-0 • Fax 8 16-76
E-Mail: info@meister-leisten.de
www.meister-leisten.de

Aicher GmbH Holzindustrie
Kapellenweg 31
D-83064 Raubling b. Rosenheim/Obb.
Tel. +49 (0) 80 35/8 77-0 • Fax 8 77-2 39
E-Mail: info@aicher.de • www.aicher.de

Arbeitsgemeinschaft Holz e.V.
Rather Str. 49a • D-40476 Düsseldorf
Tel. +49 (0)2 11/47 81 80 • Fax 45 23 14
E-Mail: argeholz@argeholz.de • www.argeholz.de

*H*olzboden-Beläge

Bei den Holzboden-Belägen stehen Sie vor einem großen Angebot: vom günstigen Laminatboden bis zum hochwertigen Parkett. Im Folgenden geben wir Ihnen für Ihre Auswahl interessante Informationen.

Holz: Dielen & Parkett

Für Bodenbeläge aus Holz steht eine große Palette heimischer und ausländischer Hölzer zur Verfügung, die sich vor allem in der Oberflächenhärte und in der Tönung unterscheiden. Für Parkett werden überwiegend die härteren Holzarten wie Buche, Eiche, Esche oder Ahorn verwendet, während die weichen Holzarten wie Fichte und Kiefer als Dielen verarbeitet werden.

Um das Eindringen von Wasser und Schmutz zu vermeiden, müssen die Hölzer mit Lasuren, Imprägnierungen, Schutzlacken oder Versiegelungen versehen werden. Die meisten Parkettsorten bestehen heute aus Furnierplatten, bei denen nur die Oberschicht aus dem jeweiligen Edelholz ist. Darunter befindet sich, mehrschichtig gesperrt, verleimtes Nadelholz oder Spanplatten.

Verschiedene Holzarten werden auch als Massivparkett angeboten. Parkett kann bereits fertig versiegelt in Plattenform oder roh, mit anschließender Versiegelung, verlegt werden. Um Risse und Verwerfungen zu vermeiden, sollte das Parkett vor dem Verlegen einige Tage bei Zimmertemperatur im Raum gelagert werden, um sich der Umgebungstemperatur anzupassen und entsprechend auszudehnen bzw. zusammenzuziehen.

Da Holz, bedingt durch Wärme- und Feuchtigkeitsunterschiede, arbeitet, sind kleine Rissbildungen nie ganz zu vermeiden. Auch wenn das Holz durch die Versiegelung relativ gut geschützt ist, lassen sich Kratzspuren, z. B. durch kleine Steinchen zwischen den Schuhsohlen, und Druckstellen, z. B. durch Pfennigabsätze oder punktförmige Möbelfüße, nicht vermeiden.

Allerdings kann das Parkett, je nach Furnierstärke, nach Jahren immer wieder abgeschliffen und neu versiegelt werden. Holzböden sollten nicht zu nass gepflegt werden, um das Eindringen von zu viel Wasser zu vermeiden.

Kostengünstiger Laminatboden

Sie suchen einen Boden, der kostengünstig und pflegeleicht ist und außerdem eine schöne Optik hat? All diese Qualitäten zeigen sich im Laminatboden.

Der Laminatboden ist im Prinzip eine Paneele, Holz-Reproduktion. Sie besteht aus einer Trägerplatte, einem beharzten Dekorpapier und einer Nutzschicht.

Die Eigenschaften sind unterschiedlich – sie werden in verschiedenen Beanspruchungsklassen nach EN 13329 von Klasse 21, mäßige Beanspruchung, z. B. für Schlafzimmer, Gästezimmer, über Klasse 22 (Wohn- und Esszimmer) bis Klasse 23 für Küche, Flure usw. angeboten.

Abb. rechts: Dieser ansprechende Parkettboden aus der Style-Selection von Kährs prägt den gediegenen, wertigen Einrichtungsstil. Holzart: Walnuss Genua.

Infos unter:
Gustav Kähr Deutschland GmbH
Postfach 11 60 • D-72407 Bodelshausen
Tel. +49 (0) 74 71/7 00-0 • Fax 7 00-2 31
E-Mail: info.de@kahrs.com
www.kahrs.se

Abb. unten: Meister-Leisten Schulte GmbH
Zum Walde 16 • D-59602 Rüthen-Meiste
Tel. +49 (0) 29 52/81 60 • Fax 8 16 76
E-Mail: info@meister-leisten.de
www.meister-leisten.de

New York 1960

Massivparkett – elegante Variationen in Holz

Ansprechende Verlegearten, Kombinationen verschiedener Holzarten und die ausgezeichneten Qualitätsmerkmale des Massivparkettfußbodens sind wichtig für eine hohe Wohnqualität.

Der Fußboden ist im Hausinneren das am meisten strapazierte Bauteil. Er wird ständig begangen, benutzt und somit auch abgenutzt. Trifft man hier eine falsche Wahl, kann dies auf Dauer den Wohnkomfort und somit die Freude am Wohnen erheblich herabsetzen.
Parkett, vor allem Massivparkett, hat in dieser Hinsicht besonders viele Vorzüge.

Es ist:

- aus natürlichem Material, das nachwächst.
- unschlagbar pflegeleicht und zeitlos schön. Die vielen Verlegearten und Dessins und die Maserung und Farbnuancen verleihen jedem Boden Individualität.
- langlebig. Der einzige Fußboden, der nach Jahren durch einfaches Abschleifen und Versiegeln preiswert wieder neu wie am ersten Tag werden kann.
- durch seine physikalischen Eigenschaften warm und fußsympathisch. In der Übergangszeit kann die Heizung länger kalt bleiben.
- hygienisch und gesund. Ein natürlicher Baustoff mit fester, geschlossener Oberfläche. Schmutz und Bakterien können nicht eindringen. Hilft gegen Allergien.
- gut geeignet auf Fußbodenheizung. Massives Hartholz bietet einen günstigen Wärmedurchgang, kann aber gleichzeitig Wärme speichern und gleichmäßig an die Raumluft abgeben.
- nicht zuletzt im Vergleich zu anderen Bodenbelägen auch noch ausgesprochen preiswert, vor allem im Hinblick auf die lange, problemlose Lebensdauer.

Abb. rechts: VIVA LINE ist ein völlig neues Mitglied der VIVA Familie, einer der populärsten Holzfußboden-Kollektionen von Tarkett. Die Dielen sind an den Kanten mit eleganten Fasen versehen und verleihen den Dielen einen klaren Ausdruck.

Infos unter: Tarkett AG
Nachtweideweg 1-7 • D-67227 Frankenthal
Tel. +49 (0) 62 33/81-0 • Fax 81-10 10
E-Mail: info@tarkett.com • www.tarkett.com

Abb. links:
Bembé-Parkettfabrik Jucker GmbH & Co. KG
Postfach 1133 • D-97961 Bad Mergentheim
Tel. +49 (0) 79 31/96 60 • Fax 96 61 50
E-Mail: info@bembe.de • www.bembe.de

Die Faszination lebendiger Natürlichkeit

Holz hat wie kein anderes Material die Geschichte des Bauens und Wohnens geprägt. Seine Natürlichkeit und Wärme übten schon immer eine ganz besondere Faszination aus, die im Laufe der Zeit nichts von ihrer Wirkung verloren hat.

Im Gegenteil: Mehr denn je wird Holz im Wohnbereich als etwas Wertvolles und Exklusives geschätzt. Parador hat langjährige Erfahrung im Umgang mit dem Werkstoff Holz. Sowohl die sorgfältige Auswahl als auch die perfekte Verarbeitung der Hölzer für Fertigparkett Bellano und Bellano-Click, dem Fertigparkett mit Automatic-Click®, garantieren höchste Qualität für alle Ansprüche. Und jeder Boden ist ein Unikat – denn Holzfarbe und Maserung entstehen in jedem Stamm immer wieder neu. Um dennoch eine Kontrolle über die Optik des Parketts zu gewährleisten, bietet Parador Fertigparkett in drei abgestimmten Holzsortierungen an: „Select“ für höchste Ansprüche an einheitliche Struktur und Farbe, „Natur“ für eine ausgeglichene Gesamtwirkung und „Living“ für urwüchsige, lebendige Optik. Lassen Sie sich von der natürlichen Schönheit echten Holzes begeistern – Parador-Parkettböden sind die schönste Grundlage für stilvolles Wohnen mit Holz!

Wo edles Holz großflächig den Wohnraum ziert, entsteht auf ganz natürliche Weise ein Ambiente von Exklusivität und stilvollem Lebensgenuss. Bellano-Fertigparkett von Parador sorgt für das beruhigende Gefühl, dem Leben eine hochwertige Basis gegeben zu haben. Seine Natürlichkeit trägt zu einem angenehm ausgeglichenen Wohnklima bei, und die garantierte Parador-Markenqualität gibt Sicherheit für viele Jahre ungetrübten Wohngenuss. Erfüllen Sie sich einen Traum – Bellano-Fertigparkett.

Das Korkparkett Portino-Click ebnet Kindern den Weg in die große Welt und zeichnet sich durch geduldige Elastizität, erfreuliche Pflegeleichtigkeit sowie sympathische Wärme aus.

Fertigparkett Bellano-Click in Buche Schiffsboden „Natur“ sorgt für eine helle, freundliche Optik.

Infos unter:
Parador Holzwerke GmbH & Co. KG
Erlenweg 106 • D-48653 Coesfeld
Info-Hotline +49 (0) 18 05/66 76 68
E-Mail: info@parador.de • www.parador.de

Alternative: Naturstein

Das Produkt: Stein mit neuen Eigenschaften

Attraktive Natursteine wie der zartgraue Pietra Serena entstehen wie Marmor, Travertin und Granit über Jahrmillionen aus Ton, Feldspat, Kaolin und verschiedenen Mineralien. Seit etwa acht Jahren produziert die italienische Firma Fabbrica Marmi e Graniti in einem patentierten keramischen Verfahren so genanntes „Feinsteinzeug". Es ist dem Naturstein nachgebildet und optisch nicht von ihm zu unterscheiden.Die Bestandteile sind fast identisch; bei der Herstellung mit Hightech-Maschinen und speziellen Öfen wird der natürliche Entstehungsprozess so beschleunigt, als drücke man, erdgeschichtlich gesehen, auf die „fast forward"-Taste.

Die Herstellung: Mahlen, Pressen, Brennen

Genau wie das Naturmaterial aus dem Steinbruch besteht das Industrie-Produkt aus Quarzen, Ton, Kaolin und Feldspat. Der stammt aus Gruben, die nach der Entnahme renaturiert werden. Alle Bestandteile werden unter ständiger Wasserzufuhr extrem fein gemahlen und gemischt. Die zähflüssige Masse wird mit Zirkonium, Kobalt, Eisen und anderen Substanzen eingefärbt und im nächsten Arbeitsschritt gepresst. Ein Zufallsgenerator verteilt die Partikel so, dass Maserung und Farbe nicht nur an der Oberfläche erscheinen, sondern die ganze Feinsteinzeug-Platte durchziehen. Mit dem Druck von 4800 Tonnen pro Quadratmeter (was dem Gewicht von etwa 5000 Elefantenbullen entspricht) verdichten Hydraulikpressen das Material, anschließend wird es in einem 120 Meter langen Ofen bei 1300 Grad gebrannt.

Die Vorteile: unempfindlich und farbverbindlich

Im Vergleich zum klassisch gewonnenen Naturstein ist der Stein aus der Fabrik robuster, resistent gegen Säuren und Laugen sowie kratzfest. Außerdem ist garantiert, dass jede gewünschte Menge (oder Nachbestellung) in exakt derselben Farbnuance geliefert werden kann.

Die Verwendung: von der U-Bahn bis zur Kirche

Das robuste Feinsteinzeug eignet sich sehr gut als Bodenbelag in stark frequentierten, öffentlichen Räumen. Bewährt hat er sich in der Stockholmer U-Bahn, dem Flughafen von Kapstadt, im John Lennon Museum in Saitama in Japan und anderen Ausstellungshäusern in aller Welt sowie im Eingang von Ralf Schumachers Kartbahn in Kerpen. Selbst Restauratoren, per Gesetz Hüter des Originals, setzen den Kunststein ein, zuletzt in der italienischen Wallfahrtskirche Loreto bei der Krypta-Rastaurierung.

Die Grössen und Preise: wie beim Naturstein

Zugeschnitten, geschliffen und poliert geht das Feinsteinzeug als Platten in den Handel; gängige Größen sind 30 x 30 cm, 40 x 30 cm und 30 x 60 cm, aber auch 60 x 60 cm und 60 x 120 cm sind erhältlich. Größere lässt die Ofenkapazität nicht zu. Der Preis für Feinsteinzeug entspricht etwa dem für sehr hochwertigen Naturstein: 70 Euro bis 90 Euro pro Quadratmeter.

Infos unter:
Iris Ceramica • Fabbrica Marmi e Graniti
Via Ghiarola Nuova 119 • I-41042 Fiorano Modenese
Tel. +39 (0) 356/86-2111 • Fax 86-2452
www.irisfmg.com

Deutscher Naturwerkstein-Verband (DNV)
Sandstr. 4 • D-97070 Würzburg
Tel. +49 (0) 931/12061 • Fax 14549
www.dnv.naturstein-netz.de

Die Treppe – Wohnkultur pur

Abb. Treppenmeister. Beispiel einer Treppe, die sich hervorragend der Architektur und dem Interieur anpasst.

Die Treppe ist eine Visitenkarte des Hauses und sagt viel über die Wohnkultur aus. Doch nicht nur das Auge, sondern alle Sinne werden angesprochen: Schon beim ersten Schritt einer Treppe spürt man, ob sie mit Sorgfalt gebaut wurde.

Geht man angenehm? Wie fühlt sich der Handlauf an? Ist die Treppe geräuschlos begehbar oder knarrt sie? Die Anforderungen an die Qualität einer Treppe sind vielseitig. Sie reichen von der optimalen Planung des Treppenraumes über Design und Materialauswahl, sichere Statik und fachgerechten Einbau bis zum guten Verhältnis von Leistung und Preis. Lassen Sie sich deshalb kompetent beraten. Sogar Spartreppen können, wenn sie individuell und meisterhaft gestaltet sind, anspruchsvolle Raumwirkung bieten. Viele Konstruktions- und Ausstattungsvarianten sind kombinierbar. Abgesehen von verschiedenen Materialien – von Edelstahl über verschiedene Hölzer bis zu farbigen oder verchromten Accessoires usw. – können Sie unter verschiedenen Stufen, Stäben, Pfosten und Handläufen wählen. Zu den wesentlichen Anforderungen an moderne Wohnungstreppen zählt, dass sie dem Einrichtungsstil des Hauses gerecht werden sollten. Dem Trend zum natürlichen Wohnen kommen Hartholzsorten wie Ahorn und Buche natur daher sehr entgegen.

Aber auch exklusive Acryl- und Stahl-Treppen sind zeitgemäß und passen in entsprechende Häuser.

Abb. Brühl Kunststofftechnik Eine solche Spindeltreppe in Acryl und Edelstahl ist die Spitze der Exklusivität.

Infos unter:
Treppenmeister Partnergemeinschaft
Holztreppenhersteller GmbH
Emminger Str. 38 • D-71131 Jettingen
Tel. +49 (0) 74 52/88 60 • Fax 88 62 00
E-Mail: treppenmeister@treppenmeister.com
www.treppenmeister.com

Infos unter:
Brühl Kunststofftechnik
Eppaner Straße 6 a • D-86165 Augsburg
Tel. +49 (0)8 21/7 20 80-0 • Fax 7 20 80-80
E-Mail: info@bruehl-acryl.de
www.bruehl-acryl.de

Platzbedarf für Treppen

Auf einer Treppe wird nicht nur Tag für Tag treppauf und treppab gegangen, sondern es muss auch immer wieder etliches transportiert werden.
Platz ist also wichtig – auch bei „Gegenverkehr“ und zur Sicherheit speziell für ältere Menschen und Kinder.

Wichtige Grundbegriffe

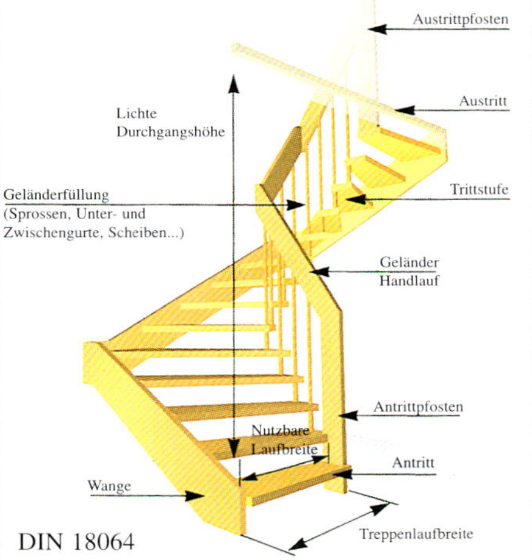

DIN 18064

	* nutzbare Laufbreite Anzahl der Steigungen / Auftritt	* Platzbedarf bei halbgewendelten Treppen (Beispiele)
Minimum für eine baurechtlich notwendige Treppe	80 cm 14/23 cm	176 x 165 cm 301 x 102 cm
Platzsparende Treppe	85 cm 14/25 cm	188,5 x 175 cm 313,5 x 112,5 cm
Übliche und gut begehbare Treppe	90 cm 15/26 cm	201 x 197 cm 326 x 135 cm
Großzügige Treppe in Ein- und Zwei-familien-Häusern	100 cm 16/27 cm	226 x 205 cm 326 x 155 cm

* Beispiele ausgehend von 275 cm Gesamthöhe.

Die Vielfalt der Treppenformen

Für jedes Bauvorhaben und Einsatzgebiet gibt es auch die entsprechende Treppe. Vorab informieren kann man sich zum Beispiel in entsprechenden Treppenstudios. Es können auch ganz individuelle Treppen angefertigt werden. Was technisch machbar ist, kann auch realisiert werden. Es ist dann nur eine Frage des Preises!

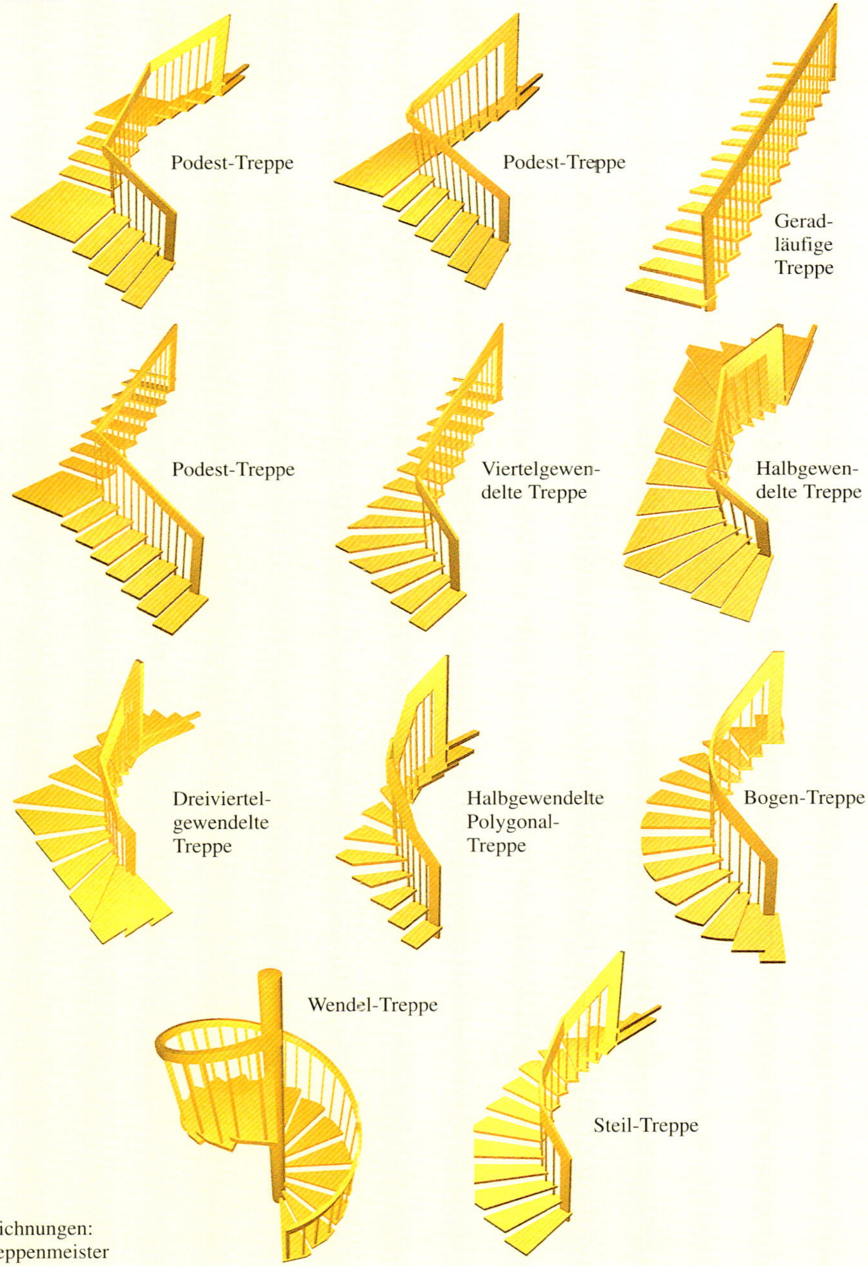

Zeichnungen: Treppenmeister

Wangen-Treppen – ... Sie stehen drauf

Durch den Einsatz modernster Technologien werden auch bei individuellen Wünschen flexible Fertigungen angeboten. Geländerformen können Sie aus einem umfangreichen Angebot wählen, von einfachen Stäben bis hin zu aufwändigen Konstruktionen z. B. aus Glas, Edelstahl und Lochblenden ganz nach Ihrem persönlichen Geschmack.

Beispiel: Zweiholm-Geländer-Treppe

Mit elegantem Schwung überbrückt die Zweiholm-Geländer-Treppe die Höhenunterschiede zwischen den Etagen. Die besondere Schalldämmung „rundum" sorgt zusammen mit der stabilen Konstruktion für ein geräuscharmes Begehen dieser Treppen. Als Korrosionsschutz

Beispiel: Wangen-Treppe

werden die Stahlteile der Treppen im Innenbereich mit einer Rostschutz-Grundierung versehen und für außen grundsätzlich feuerverzinkt.

Qualitäts-Treppen-Konstruktionen im Außenbereich

Am besten werden Stahlteile durch Verzinkung und durch Verwendung von Edelstahl gegenüber Witterungseinflüssen geschützt. Einschließlich Geländer sind sie vom Rohbau bis zum Endstadium voll nutzbar. Der Einsatz von Stahl und Edelstahl ermöglicht in jeder Hinsicht filigrane, lichtdurchlässige Konstruktionen. Durch seine gute Verformbarkeit ist eine Vielzahl von Gestaltungsmöglichkeiten gegeben. Stahl und Edelstahl ist mit vielen Werkstoffen kombinierbar: z. B. Holz, Glas, Stein, Kunststoffe.

Eine Außentreppe spart teuren Wohnraum; sie ist auch für den nachträglichen Anbau sehr gut geeignet. Besteht die Forderung, aus einem Haus zwei Wohnungen zu gestalten, z. B. wenn Kinder aus dem Haus gezogen sind und die obere Etage vermietet werden soll, so sind Außentreppen ideal. Treppenbau Ernst bietet ein großes Programm und günstige individuelle Lösungen an.

Beispiel: Formschöne Außen-Treppe

Infos unter:
Ernst Stahl- und Treppenbau GmbH
Zum Pfarrboden 4 • D-35099 Burgwald-Bottendorf
Tel. +49 (0) 64 51/72 00-0 • Fax 2 32 97
E-Mail: info@treppenbau-ernst.de
www.treppenbau-ernst.de

Diese imposante Treppe ist das Herzstück des Hauses.

Stufe für Stufe Harmonie

Harmonie ist ein Grundbedürfnis des Menschen. Das gilt nicht nur auf zwischenmenschlicher Ebene, sondern auch bezogen auf seine materielle Umgebung – und hier besonders beim eigenen Heim. Neben der Verwendung von „angenehmen" und natürlichen Materialien in der Raumausstattung spiegelt auch die moderne Raumplanung einen Trend zu mehr Individualität wider.

So finden sich immer häufiger Häuser mit offenen Räumen zwischen verschiedenen Wohnebenen. Der „Wohntreppe" kommen damit – wie einem Möbel – funktionale und ästhetische Aufgaben zu. Sie muss angenehm zu gehen sein und gleichzeitig mit ihrem Verlauf, der Gestaltung und dem Material in das Ambiente der Wohnung passen. Massivholz bietet hier viele unschlagbare Vorteile: Holz federt weit besser als andere Werkstoffe den Tritt ab, es lässt sich leicht sowohl zum klassischen als auch zum hochmodernen „Möbelstück" verarbeiten und bietet alle Möglichkeiten der Anpassung von Farbe und Maserung an die übrigen Oberflächen, Materialien und Strukturen im Haus.

Diese Vorteile weiß der Türen- und Treppenhersteller mit seiner langjährigen Erfahrung in handwerklicher und maschineller Fertigung von Massivholztreppen perfekt zu nutzen. Die Programme erfüllen nahezu jeden individuellen Wunsch, sowohl was die Einbausituation der Treppe im Raum angeht (so z. B. jede Art von Wendelung) als auch in Hinsicht auf Holzart, Oberfläche, Farben oder Geländer. Der Einsatz von Corian im Trittbereich der Treppenstufen oder geölte Naturholz-Oberflächen sind gute Beispiele für die

Eine elegante und handwerklich gekonnte Treppe.

Wer ein außergewöhnliches Ambiente sucht, kann mit einer Marmortreppe ein Highlight setzen. Marmor ist in seinem Aussehen einzigartig und an Exklusivität nicht zu übertreffen.

sprichwörtliche Vielfältigkeit. Die Auswahl des richtigen Holzes, Produktentwicklung und -pflege in Design und Technik, Qualitätsüberwachung in Produktion und Service und nicht zuletzt einfallsreiche Neuentwicklungen zeichnen die Produkte seit vielen Jahren als Garant für eine zufriedene Kundschaft aus.

Infos unter:
Kenngott Treppen
Albertistr. 22 • D-74076 Heilbronn
Tel. +49 (0) 71 31 / 1 88-0 • Fax 1 88-1 25
www.kenngott.de

*E*isengusstreppen nach historischem Vorbild

Stilvoll und getreu nach historischem Vorbild sind die Treppen aus Gusseisen (Grauguß GG 20). Obwohl antike Wendeltreppen bzw. Spindeltreppen nicht mehr aufzufinden sind, können Sie dennoch die gestalterisch unerreichte Ästhetik dieses besonderen Typs raumsparender Treppen auch heute wieder als markanten Akzent in Ihrer Raumgestaltung einsetzen. Hierbei übertreffen sie in Qualität und Ausführung sogar antike Originale.

Abb. links: Etagen verbinden - bei der Renovierung ihrer Wohnung wollte der Bauherr einen innenliegenden neuen Zugang zur darüberliegenden Wohneinheit. Diese großzügig angelegte Podesttreppe verbindet nun beide Wohnungen.

Infos unter:
Treppenmeister Partnergemeinschaft
Holztreppenhersteller GmbH
Emminger Str. 38 • D-71131 Jettingen
Tel. +49 (0) 74 52/88 60 • Fax 88 62 00
E-Mail: treppenmeister@treppenmeister.com
www.treppenmeister.com

Das Programm umfasst derzeit vier Spindeltreppen mit unterschiedlichem Durchmesser (101 cm, 119 cm, 134 cm, 158 cm, 191 cm.), sowie eine gerade verlaufende

Treppe. Die Zahl der Stufen ist variabel, die Drehung der Treppe kann links oder rechts erfolgen. Nach Anpassung der oberen Landungsebene ist der Einbau in Selbstmontage möglich.
Und nicht zuletzt: Der Komplettpreis ist erstaunlich günstig!

Infos unter:
Lindenmann Eisengusstreppen
Mathias Lindenmann
Grünwiesenstraße 23
D-74321 Bietigheim-Bissingen
Tel. +49 (0) 71 42/5 16 58
www.lindenmannn-eisengusstreppen.de

Der Weg zum neuen Bad

Der Weg zum neuen Bad lässt sich im Prinzip in drei Phasen unterteilen: Information beziehungsweise Planung, Produktauswahl und Einbau. Dass dabei der Planungsphase eine besondere Bedeutung zukommt, versteht sich von selbst: Immerhin liegt die Investition in ein Bad nicht selten im fünfstelligen Bereich. Und mit dem Ergebnis sollten Sie über viele Jahre hinweg zufrieden sein.

Die Badplanung selbst beginnt immer mit Ihren persönlichen Grundüberlegungen zur Nutzung. Hier werden die individuellen Bedürfnisse und Ansprüche an das künftige Bad fixiert: Wie viele Personen leben in Ihrem Haushalt? Sind Kinder, ältere oder behinderte Personen darunter? Werden die Kinder in naher Zukunft einen eigenen Hausstand gründen, oder besteht im Zweipersonenhaushalt gar

Aussicht auf Nachwuchs? Kurzum: Welche Personen nutzen das Bad und was sind ihre Nutzungsgewohnheiten? Von Bedeutung ist auch die Frage nach Logiergästen, die im Familienbad unter Umständen zu morgendlichen „Betriebsstörungen" führen können. In solchen Fällen könnte etwa ein zusätzliches Gästebad die Situation deutlich entspannen. Ohnehin sollten Bad und WC – wenn irgend möglich – räumlich voneinander getrennt werden.

Übrigens: Bei Wohnungen mit mehr als vier Aufenthaltsräumen schreibt der Gesetzgeber in der DIN 18022 sogar eine solche Trennung vor, in Wohnungen mit vier und mehr Zimmern sollte anstelle eines zusätzlichen WCs sogar ein Duschbad vorhanden sein. Aber: Die geforderten Normen der DIN 18022 sind zunächst nur als Empfehlung zu verstehen. Ganz wichtig: Denken Sie bei der Badplanung immer zukunftsbezogen, denn mit steigendem Alter verändern sich die Bedürfnisse und damit die Anforderungen an das Bad. Wer frühzeitig die Voraussetzungen für entsprechende Hilfen beziehungsweise eine Umrüstung schafft, kann langfristig bares Geld sparen. Bedenken Sie auch, dass neben den Basiskomponenten in vielen Fällen auch noch Waschmaschine, Trockner, Wickeltisch, Wäschekorb oder Ähnliches im Bad unterzubringen sind.

Abb. links: Die Serie PORTRAIT präsentiert stilvolle Badelemente in klassischem Weiß.

Infos unter:
KOHLER GmbH
Rudolfstr. 1 • D-45739 Oer-Erkenschwick
Tel. +49 (0) 23 68/91 87-0 • Fax 91 87-91
E-Mail: kohlerco@gmx.de • www.kohlerco.de

Raumplanung

In der Regel kann man davon ausgehen, dass zwischen den Kosten für die Ausstattung und denen für den Einbau – also der Arbeitsleistung des Installateurs und der anderen an den Gewerken beteiligten Handwerkern – ein Verhältnis von 2:1 besteht. Um den finanziellen Aufwand realistisch einzuschätzen, lohnt es sich, einen Kostenvoranschlag vom Sanitärfachbetrieb einzuholen. Stehen Bedarf und Finanzrahmen fest, folgt auch schon die Königsdisziplin der Badplanung: die Auswahl der Sanitärobjekte. Zuvor sollten Sie jedoch noch eine maßstabsgetreue Grundriss-Skizze am besten im Maßstab 1:50 Ihres Bades anfertigen (siehe Planset-Planungshilfen).

Sinnvollerweise sind in dieser Zeichnung auch Fenster- und Türöffnungen, Nischen und Ecken sowie Versorgungsleitungen und Anschlüsse eingetragen. Da der räumliche Eindruck eines Bades unter anderem vom Grundriss und der Anordnung der Sanitärteile bestimmt wird, empfiehlt es sich, einige Grundsätze moderner Badgestaltung zu beachten. Diese sehen das Bad als Einheit, das in verschiedene Funktionsbereiche, also Waschplatz, Bade- und/oder Duschzone sowie Intimpflegebereich gegliedert ist. Bedenken Sie auch, dass zu Gunsten der Bewegungsfreiheit bestimmte Mindestabstände zwischen den Sanitärobjekten eingehalten werden müssen.

Jetzt können Sie in Prospekten und Katalogen schwelgen oder sich in einer der vielen Badausstellungen inspirieren lassen. Dort sind zahlreiche Musterlösungen für verschiedene Badgrößen und -einrichtungen ausgestellt, außerdem

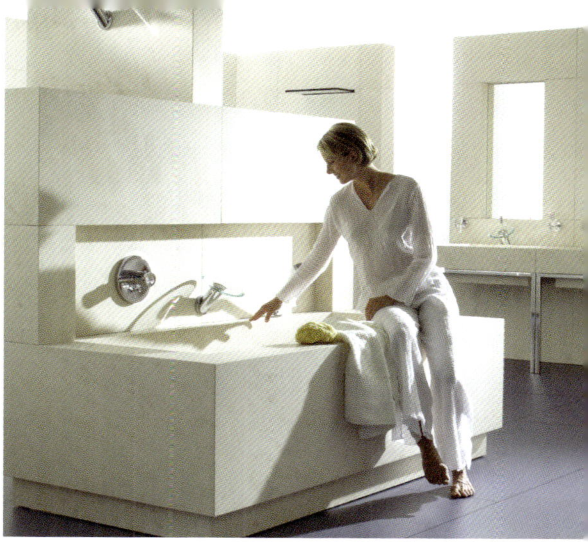

Hansamurano: Natürliche Materialien und reduzierte Formen setzen die neue Armatur ins rechte Licht.

Infos unter:
Hansa Metallwerke AG
Sigmaringer Str. 107 • D-70567 Stuttgart
Tel. +49 (0)7 11/16 14-0 • Fax 16 14-4 58
E-Mail: info@hansa.de • www.hansamurano.de

verfügt man hier über ein recht nützliches Planungswerkzeug: die Badplanung per Mausklick. Spezielle Computerprogramme ermöglichen die Einrichtung kompletter Badezimmerlösungen am Computer, sodass sich Bauherren und Modernisierer vorab bereits ein genaues Bild ihres künftigen Bades machen können. Für die Planung benötigt der Fachmann lediglich die Grundrisszeichnung. Auch Winkel, Ecken oder Dachschrägen werden bei der Planung berücksichtigt. Die Darstellung des Bades erfolgt dann als maßstabsgetreuer Grundriss, detaillierte Frontansicht oder Perspektivzeichnung.

Farben und Materialien

Wer ein neues Bad plant, wird sich nicht allein über dessen Ausstattung, sondern auch um den eigenen Stil Gedanken machen müssen. Dieser spiegelt sich in

Runde, weiche, fast feminine Züge zeichnen das neue Pharo-Duschpaneel Helis aus.

Infos unter:
Hansgrohe AG
Auestr. 5-9 • D-77761 Schiltach
Tel. +49 (0) 78 36/51-0 • Fax 51-1 17
info@hansgrohe.com
www.hansgrohe.com

aller Regel in der Wahl der Farben und der Materialien im Bad wider. Vor allem durch Farben kann die Raumwirkung erheblich beeinflusst werden. Sie können Illusionen von Perspektiven und Raum schaffen, sodass ein Raum optisch größer oder kleiner, länger oder kürzer, niedriger oder höher wirkt.

Generell gilt: Helle Farben weiten, dunkle Farben verkleinern den Raum. So drücken beispielsweise dunkle Farben an Decken und Wänden den Raum optisch zusammen. Eine dunkle Decke über hellen Wänden lässt den Raum niedriger erscheinen, eine helle Decke bei dunklen Wänden dagegen höher. Zwei gegenüberliegende dunkle Wände machen den Raum schmaler, ein dunkler Boden kombiniert mit hellen Wänden und Decke verleiht dem Raum aber optische Tiefe.

Ganz wichtig ist auch das Thema: Was soll das Bad ausstrahlen, wie soll es wirken? Schwarz-Weiß-Kombinationen in Verbindung mit Glas und Chrom wirken zum Beispiel immer sehr sachlich, zum Teil auch technisch. Das rein weiße Bad steht von jeher für klassische Eleganz, das bunte für Lebensfreude und Verspieltheit. Wer es lieber gefühlvoll und behaglich mag, wird sich dagegen sicher unter den zarten Pastelltönen umsehen. Neben den Farbtönen bestimmen auch die Oberflächen von Sanitärobjekten und Fliesen das Erscheinungsbild: Glänzende Oberflächen wirken aktiv, einen weichen, dezenten Eindruck vermitteln dagegen matte Oberflächen.

Ebenso wirkungsvoll wie mit Farben lässt sich die Anmutung eines Bades durch Materialien beeinflussen. Dabei ist Keramik aufgrund seiner ungeheuren Vielseitigkeit einer der am häufigsten eingesetzten Werkstoffe in Bad und WC. Keramik kann in alle erdenklichen Formen gebracht werden und ist in den feinsten Farbabstufungen herzustellen. Ein anderes Material, das sich im Bad schon vielfach bewährt hat, ist Kunststoff. Vor allem Acryl gilt wegen seiner hervorragenden Eigenschaften als besonders badfreundlich: Es ist hautsympathisch, weil es die Wärme rückstrahlt, schalldämmend und sehr robust. Mit Farben und Strukturen versehen, ermöglicht dieser Werkstoff bei Wannen oder Waschtischen überraschende Gestaltungseffekte, auch in Kombination mit Holz oder Glas. Letzteres stellt wiederum bei knappen Raumverhältnissen eine ideale Lösung dar. Seine Transparenz und Leichtigkeit kommt der Raumwirkung zugute, da es ein Gefühl von Weite und Großzügigkeit vermittelt. Keine Sorge, beim Glas haben die Hersteller in Sachen Bruchsicherheit vorgesorgt. Waschbecken, Duschabtrennungen oder Möbel sind immer aus Sicherheitsglas gefertigt, tausend scharfe Scherben gehören somit der Vergangenheit an. Das Einzige, was die gläsernen Schönheiten im Falle eines Desasters zu erleiden hätten, sind Risse oder Sprünge.

Minimalistisches Design mit maximaler Funktion

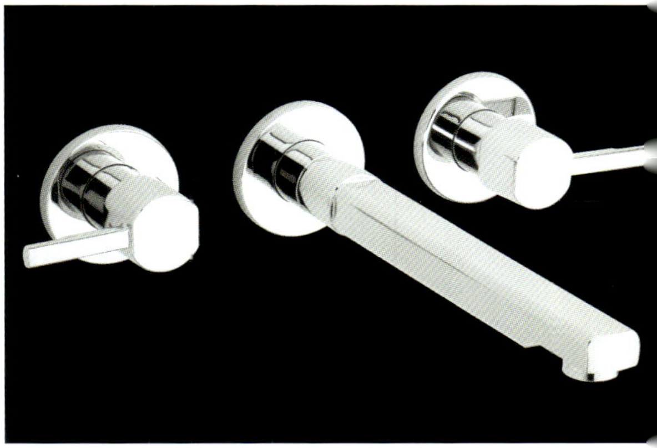

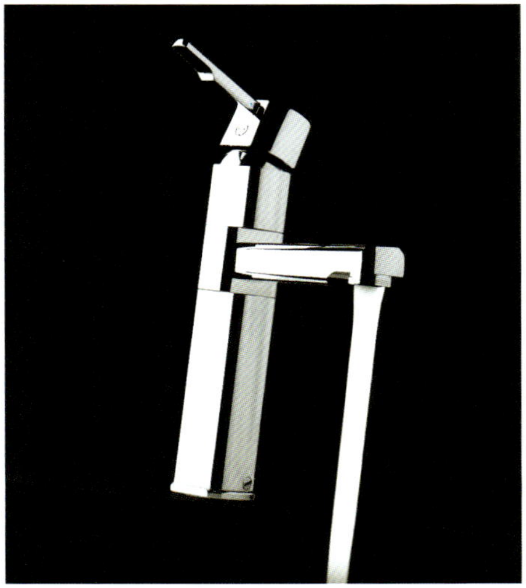

Durch die Reduktion auf das Wesentliche und funktionale Qualitäten neue Werte schaffen, statt bestehende zu übernehmen. Eine Beziehung zwischen Produkt und Anwender herstellen, die Individualität signalisiert und mit fühlbarem Komfort verwöhnt.

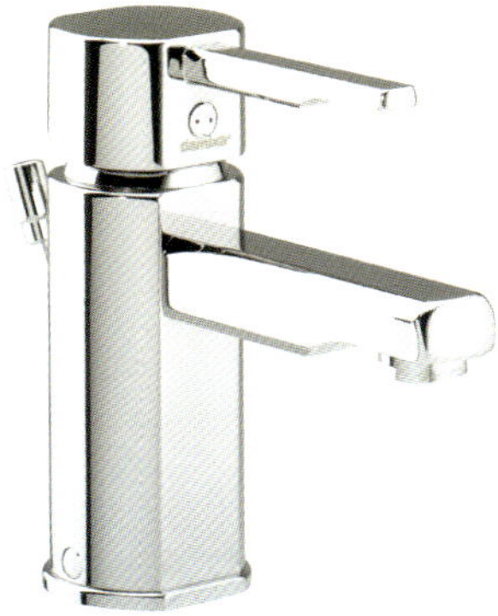

Diesen hohen Anspruch verkörpert die neue Armaturenserie Luna von Damixa, dänischer Hersteller anspruchsvoller Design-Armaturen. Sie ermöglicht dem Fachhandel und Sanitär-Fachbetrieben heutige Verbraucheransprüche einfach zu erfüllen.

Die neuen Armaturen aus der Produktlinie Orange setzen der Normalität und Uniformität in Bad und Küche schlichten Minimalismus und erfrischendes Anderssein entgegen. Das überzeugend klare Design besitzt eine zeitlos gültige Komponente, die die Zukunft überdauert. Ebenso das innovative Innenleben: Die patentierte Hydro-Keramik-Kartusche sorgt für außergewöhnlich hohen Regulierungskomfort, der durch die äußerst verschleißarme Bedienung viele Jahre lang begeistert. Eine integrierte Temperaturbegrenzung schützt bei der Waschtisch-, Spültisch-, Bidet- und Brausearmatur außerdem vor Verbrühungen. Ein weiteres Plus dieser zukunftsweisenden Entwicklung von Damixa ist die vergleichsweise geringe Geräuschentwicklung. Der patentierte Eco-klik reduziert den Wasser- und Energieverbrauch ohne Komfortverlust für den Anwender. Bei der Wannenfüll- und Brausearmatur optimiert das einzigartige High-Flow-System den Wasserdurchfluß. Bei einem normalen Wasserdruck von drei bar fließen bis zu 40 Liter angenehm temperiertes Wasser pro Minute in die Badewanne.

Gekonnte Akzente setzt die neue Luna auch durch ihre Serienvielfalt. Neben der Einhebel-Variante sind die Spültisch- und Waschtisch-Armatur als 3-Loch-Modell für die Unterputz-Wandinstallation erhältlich. In den Ausführungen Chrom und Stahl fügt sich die minimalistische Luna in jedes Ambiente harmonisch ein.

Wenn es um die Installation geht, spricht ebenfalls einiges für die Luna, denn sie ist serienmäßig mit dem patentierten Damixa-Fix-Befestigungssystem ausgestattet - für die komfortable und zeitsparende Montage ausschließlich „von oben" und mit 50 Zentimeter langen, flexiblen 3/8"-Anschlußschläuchen erhältlich.

Infos unter:
Damixa Armaturen GmbH
Köbbingser Mühle 7 • D-58640 Iserlohn
Tel. +49 (0) 23 71/94 93-0 • Fax 94 93-92
E-Mail: info@damixa.de
www.damixa.com

Inspirationen für Ihr Bad

Das Bedürfnis nach einem schönen und harmonisch gestalteten Bad ist universal, seine Umsetzung hingegen so vielfältig wie die Menschen selbst.

Erholung für die Sinne!

Die wohltuende Leere asiatischer Räume wirkt beruhigend auf Geist und Seele. Sorgfältig aufeinander abgestimmte Farben und eine puristische Ästhetik verbinden sich zu einer Welt von einzigartiger Klarheit. Nutzen Sie sie, um eine neue Lebenslust für sich zu entdecken.

Unterschrank der Linie TONIC ermöglicht Waschutensilien und Accessoires optimal zu verstauen.

Oft sind es die ganz einfachen Dinge, die am meisten Freude machen. Farben und Formen, die Sie begeistern, Licht, eine erfrischende Dusche am Morgen. Mit Ihrem Bad erschaffen Sie sich Ihre persönliche Oase der Erholung.

Die Linie TONIC

Ein klares, modernes Design mit sanft geschwungenen Formen ist das Markenzeichen der Linie TONIC – von den Keramik- und Acrylprodukten über die Armaturen bis hin zu den passenden Accessoires und Möbeln.

Für jeden Geschmack und jede Raumgröße hält das umfangreiche TONIC-Programm die optimale Lösung bereit.

Die Armaturenkollektion verbindet ergonomische Linienführung und elementare Formen zu einem außergewöhnlich markanten Design.

Abb. links: Schaffen Sie sich Ihren Tempel der Gelassenheit mit einer Umgebung, die dem Auge und der Seele schmeichelt.

Abb. oben: Sanfte Linien, harmonisch abgestimmte Farben und stilvolle Dekorationen sind Markenzeichen der Linie CELIA.

Die Kraft des Ursprünglichen

Mensch und Natur im Einklang. Die Welt mit allen Sinnen erleben. Sich an den Geruch eines Sommernachmittags oder den Klang der Brandung erinnern. Natur genießen und sie zu einem Teil der eigenen vier Wände machen – mit den Farben des Wassers, organischen Formen und natürlichen Materialien.

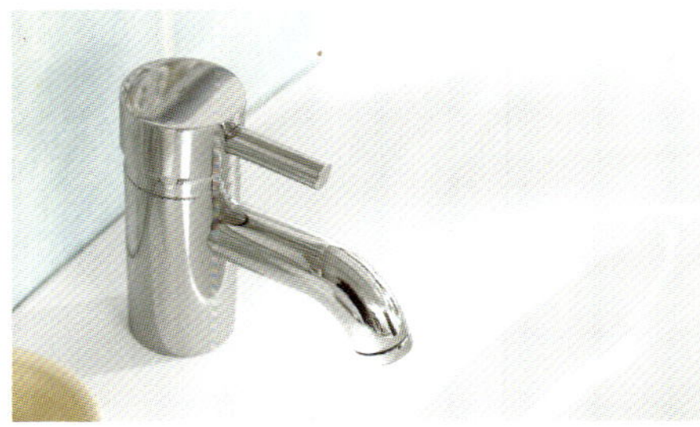

Durch ihre zeitlose Schönheit und natürlich geschwungenen Formen ist die Linie CELIA wie geschaffen für den Stil „Natural“.

Infos unter:
Ideal Standard GmbH
Euskirchener Straße 80 • D-53121 Bonn
Tel. +49 (0)2 28/52 10 • Fax 52 12 41
E-Mail: idealstandard.de@aseur.com
www.idealstandard.de

Bäder geschickt renovieren

Der Wunsch nach einem neuen Bad ist oft schon lange Zeit geweckt. Doch immer wieder wird eine Renovierung verschoben.

Damit aus Ihrem Traumbad Wirklichkeit wird, möchten wir Sie bei der Realisierung begleiten. Missel plant für Sie ein komfortables Bad zum Wohlfühlen, auch auf kleinstem Raum. Dabei sind die Gestaltungsmöglichkeiten mit den raumoptimierenden, dreieckigen Missel Kompaktelementen, in die hoch wirksamer Schallschutz integriert ist, nahezu grenzenlos. Mit der Planung von Missel erhalten Sie dazu außerdem Tipps, wie Sie mit schallgedämmten Rohrleitungen Lärm verhindern können. Lassen Sie sich von den gekonnten Planungsideen inspirieren.

Abb. links: Missel Kompakt-Spülrohr und Kompaktelement Waschtisch

Gute Ideen für kleine und schmale Bäder

Wahre Verwandlungskünstler, wie die Missel Kompaktelemente, bieten ideale Lösungen für Problembäder. Sogar ein Schlauchbad der schwierigsten Kategorie präsentiert sich nach der Renovierung als ein modernes Bad, in dem Funktionalität und pfiffige Details überzeugen. Ein Tipp: Diagonal und in zwei kontrastreichen Farben verlegte Bodenfliesen strecken das schmale Bad. Große Wandspiegel geben kleinen Räumen eine großzügige Weite. Verbindende Badmöbel beispielsweise zwischen den Kompaktelementen Waschtisch und WC verbergen im Sockel die Verlegung von Rohrleitungen. So reduzieren Sie Modernisierungskosten.

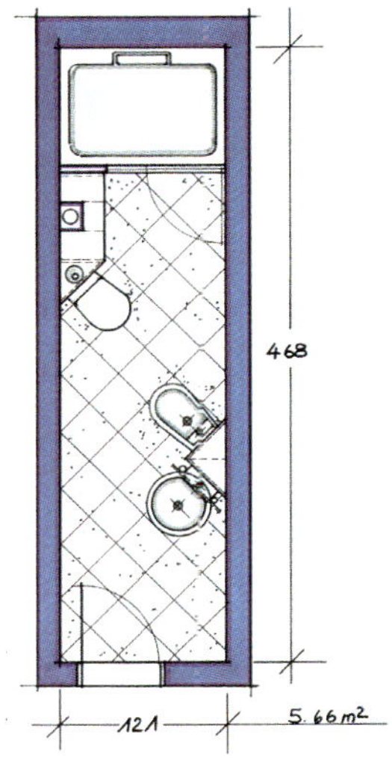

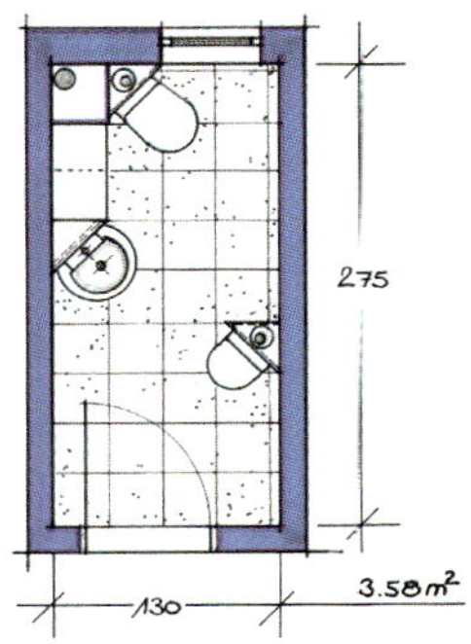

Mehr Platz im kleinen Bad

Gerade in einem kleinen Bad erweist sich die Kombination der Sanitärobjekte auf kleinstem Raum als ideale Lösung. Die innovative Verbindung für Komfort auf kleinstem Raum ist das Missel-Kompakt-System. Es kann ganz individuell mit den Kompaktelementen für WC, Bidet, Waschtisch, Urinal, Dusche und Badewanne ausgestattet werden. Dadurch gewinnen Sie zusätzlichen Bewegungsspielraum.

Bewegungsfreiheit für kleine Bäder mit dem Missel Kompakt-System.

Vorher

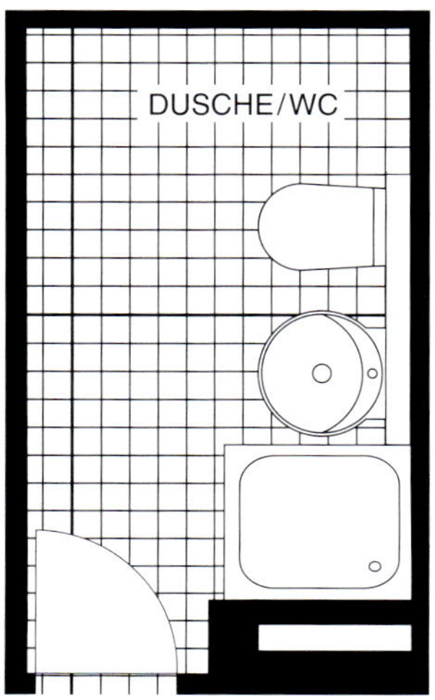

Nachher

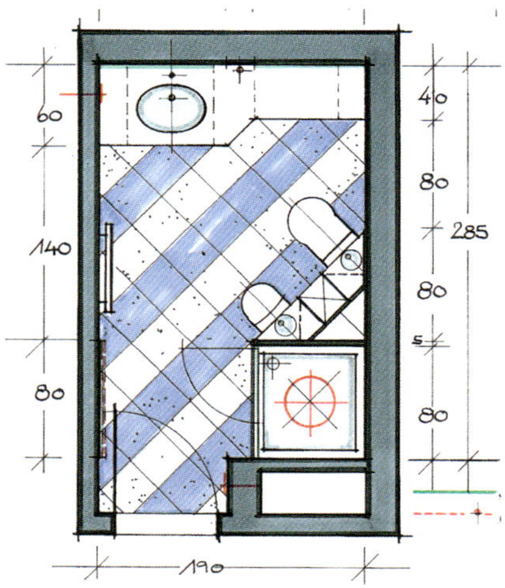

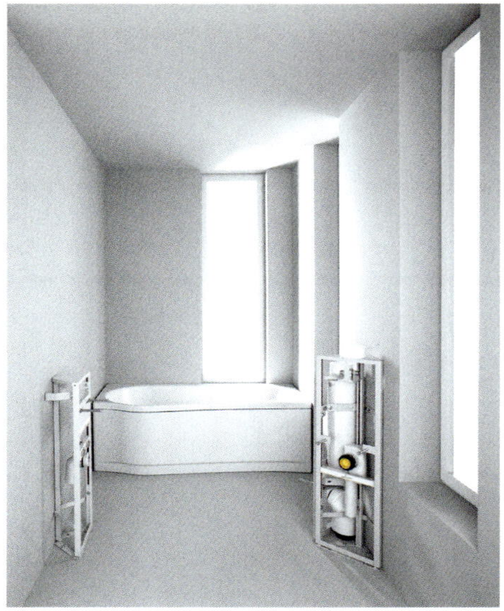

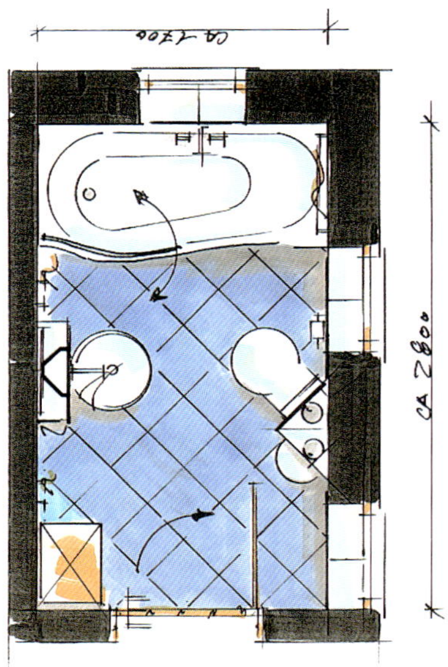

Abb. rechts: Missel Kompakt-Spülrohr und Kompakt-Element Urinal und Waschtisch.

Infos unter:
E. Missel GmbH & Co.
Siemensstr. 5 • D-70736 Fellbach/Stuttgart
Tel. +49 (0)7 11/53 08-0 • 53 08-1 28
E-Mail: zentrale@missel.de
www.missel.de

Öffnen Sie die Sinne für das Neue

Dampfbäder gibt es viele. Hoesch aber bietet Ihnen eine multifunktionale Urlaubsoase für zuhause. Holen Sie sich Exotik pur und Entspannung auf höchstem Niveau in Ihr Badezimmer. Denn SensaMare von Hoesch ist der Schritt in eine neue Ära des Wohlfühlens und bietet viel mehr als einfach nur Dampfbaden oder Duschen.

Kombinieren Sie Anwendungen und Effekte ganz nach Ihren Wünschen: Wasser, Duft, Musik, Infrarot-Wärme und speziell aufeinander abgestimmte Erlebnisprogramme werden Ihre Sinne auf ungewöhnliche Weise umschmeicheln.
SensaMare ist in zwei Größen erhältlich: die Version 900 für eine Person und die Version 1100 für zwei Personen.

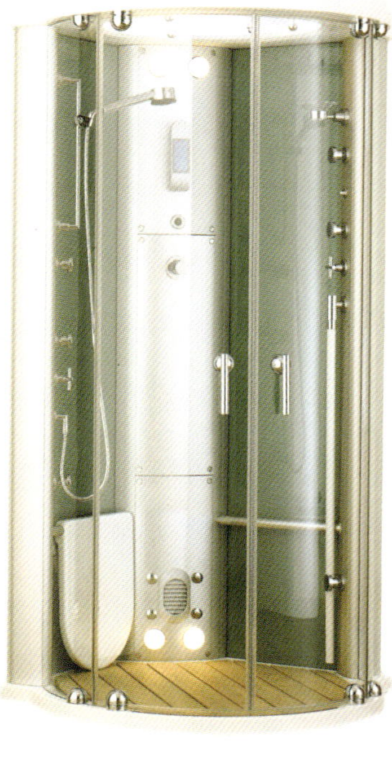

Design sollte sich am besten Designer orientieren: an der Natur. Die Wannenfamilie Spectra überzeugt durch natürliche Linien, organische Anmutung und ein harmonisches Gesamtbild. Charakteristisch sind jeweils die bequeme Rückenstütze, die fließend und randlos in die Seitenwände übergeht und die große Bodenlänge, die viel Platz zum Entspannen bietet.

Ob Oval-, Sechseck-, Eck-, Rechteck- oder Vorwandwanne: Die Wannenfamilie Spectra beeindruckt durch eine Vielfalt an Formen und Maßen in durchgängigem Design.

Für alle, die es gerne prickelnd mögen, sind alle Modelle mit den preislich sehr attraktiven Whirlsystemen Basic lieferbar.

Infos unter:
HOESCH Design GmbH
Postfach 10 04 24 • D-52304 Düren
Kostenlose Hotline: D 08 00/4 63 72 43
Fax: +49 (0) 24 22/67 93
E-Mail: info@hoesch.de
www.hoesch-design.com

Bäder und Wohlbehagen

Das Badezimmer ist ein Ort für die Erholung von Körper und Geist. Damit Ihrem ästhetischen Empfinden nichts mehr im Wege steht, gestaltet Schmidt den Raum genau nach Ihren Bedürfnissen.

Schmidt bietet Ihnen ein breites Badezimmerprogramm, das auf dem Knowhow und der Erfahrung des Unternehmens aufbaut. Aus höchster Funktionalität, unvergleichlicher Ästhetik und kompromisslosem Komfort entstehen genau die Badezimmer, die Ihrem Lebensstil und Ihren Wünschen entsprechen. Lassen Sie sich von den hier gezeigten Beispielen inspirieren. Weitere Ausführungen und Ideen finden Sie auf der Website oder im aktuellen Badezim-

In leuchtendem Rot ist diesem Modell morgens wie abends ein atemberaubender Auftritt sicher.

merkatalog, den Sie sich direkt nach Hause bestellen können.
Aktuelle Formen, präzise Linien, mutige Verwegenheit, schlichte Zweckmäßigkeit, einfache Eleganz, natürliche Vornehmheit und viele praktische Details stehen Ihnen in unserer großen Auswahl der Design- und Traditionsmodelle zur Verfügung. Entdecken Sie, wie innovativ, formschön und nützlich die Möbel und Accessoires sind. Lassen Sie sich von der Eleganz und der Qualität dieser aktuellen Kreationen überzeugen. Entdecken Sie ausgeklügelte Lösungen und praktische Ausstattungsmerkmale, die Ihnen das Leben erleichtern. Kompakte und frei angeordnete Elemente aus rustikalem Holz oder High-Tech-Materialien, viel Bewegungs- und Stauraum, geräumige Auszüge und unterteilte Fächer, sowie Wäschekörbe, die Platz sparen.

Kompakte Strukturen lösen sich in eine frei schwebende Anordnung auf.

Die überstehenden Waschbecken setzen Akzente in einem kleinen, aber feinen Bad.

Warme Farbtöne und raffinierte Lichtakzente laden zum Fest der Sinne ein.

Weitere Infos:
Schmidt Küchen
Hubert-Schmidt-Str. 4 • D-66625 Türkismühle
Tel. +49 (0) 68 52/8 87-0 • Fax 8 87-1 55
E-Mail: info@schmidt-kuechen.de
www.schmidt-kuechen.de

Die Küche, das Herz der Wohnung

Die Küche ist in das Zentrum der Wohnung gerückt. Führende Architekten bestätigen uns, dass sich der Stellenwert des Wohnens hin zur Küche verschoben hat. Die Küche ist Mittel- und Treffpunkt der ganzen Familie und ein Ort kreativer Bestätigung.
Der Anspruch an Optik und Funktion sowie die Anpassung an die individuellen Bedürfnisse und Körpermaße der Benutzer ist entsprechend hoch.

Auf den folgenden Seiten informieren wir Sie detailliert und aktuell über allgemeine Trends in der Küchenplanung und -gestaltung und bieten eine Übersicht über empfehlenswerte Küchenmöbel und Innenausstattungsvarianten. Außerdem wird der aktuelle Stand der Hausgerätetechnik im Hinblick auf Komfort, Leistung und Funktion, aber auch unter Berücksichtigung ökologischer Grundlagen gezeigt. Auf dem Weg zu Ihrer ganz persönlichen, nach Ihren Wünschen geplanten Einbauküche geben wir Ihnen viele Informationen, die Ihnen helfen werden, die richtige Entscheidung bei der Auswahl der für Sie passenden Küchenmöbel, Geräte und Zubehörteile zu treffen. Ihre individuellen Vorstellungen können Sie am besten zusammen mit einem Küchenplaner realisieren. Diese Fachleute verstehen es, alle Ihre Küchenwünsche perfekt zusammenzuführen, in die Praxis umzusetzen und eine detaillierte Planung zu entwickeln, die Ihren Geschmack trifft, Ihrem Lebensstil und dem Ihrer Familie entspricht.

Die Küche im Landhausstil. Kaum ein anderer Einrichtungsstil vermittelt so sehr das Gefühl von Nestwärme und Gemütlichkeit! In dieser Küche fühlt man sich einfach wohl. Die halbhohe zweifarbige Wandverkleidung aus massivem Fichtenholz gibt viel Frische und den nötigen Pepp. Die Holz-Paneele prägt den Charakter dieses Raumes und bringt Gemütlichkeit in einer rustikalen Atmosphäre!

Infos unter:
Osmo Holz und Color GmbH & Co. KG
Affhüppen Esch 12 • D-48231 Warendorf
Tel. +49 (0) 25 81/9 22-1 00 • Fax 9 22-2 00
E-Mail: info@osmo.de
www.osmo.de

SAPORI

Tipps für Bauherren und Mieter

Die Lage der Küche innerhalb des Hauses

Gerade beim Bau eines neuen Hauses oder auch bei der Sanierung eines Altbaus kann die Lage der Küche noch frei gewählt werden. Empfehlenswert ist hier eine Ausrichtung nach Osten oder Westen, um die Morgen- oder Abendsonne zu nutzen. Ein direkter Zugang vom Hauseingang oder der Garage verkürzt die Transportwege der Einkäufe. Ein möglicher Vorratsraum neben der Küche spart Stauraum in der Küche und verkürzt eventuelle Wege in den Keller.

Arbeitsflächen

Der ideale Platz für die Hauptarbeitsfläche ist unter einem Fenster. So müssen die Köchin bzw. der Koch nicht die Wände bei der Arbeit „anstarren°“ und können das Tageslicht nutzen. Je nach Größe der Personen, die in der Küche arbeiten, ist eine Arbeitsflächenhähe von 90 cm notwendig. Ihr K´üchenspezialist wird Ihnen Ihre individuelle, aufgrund Ihrer Körpergröße empfohlene Arbeitshöhe nennen. Näheres hierzu erfahren Sie im Kapitel „Ergonomie“.

Reicht die Brüstungshöhe für die Höhe der Arbeitsplatte nicht aus, kann ein vorhandenes Fenster geteilt werden. Der untere Teil wird fest verglast und der obere lässt sich weiterhin öffnen.

Installation

Wasserzu- und -abläufe sollten in einem Mindestabstand von 90 cm zur Ecke installiert werden, damit zwischen Wand und Spüle Platz für eine Spülmaschine oder für Abstellfläche bleibt.

Die Elektroinstallation kann, falls nicht vorhanden, auch nachträglich verlegt werden. Berücksichtigen Sie bei der Planung eine ausreichende Anzahl von Steckdosen im Bereich der Arbeitsfläche, rund um die Abstellflächen und um den Herd.

Moderne Dunstabzugshauben sind leistungsstark und extrem leise. Beim nachträglichen Einbau sollte man vor allem bei Altbauten mit Gasheizungen den Schornsteinfeger zu Rate ziehen, um eine korrekte Raumbelüftung zu gewährleisten. Bei einem Neubau kann die Motor- und Gebläseeinheit von der Dunstabzugshaube getrennt und außerhalb der Küche verlegt werden.

Planungsgespräch

Modernisierung, Erweiterung, Umzug

Beim Umzug kann Ihre vorhandene Einbauküche von Ihrem Küchenspezialisten abgebaut und in einer eventuell geänderten Zusammensetzung in der neuen Wohnung wieder aufgebaut werden. Einbauküchenschränke sind Einzelelemente, die erst durch die Arbeitsplatte zu einer Einheit verbunden werden. Markenküchenmöbel kann man in der Regel viele Jahre nachkaufen und somit die Küche neu kombinieren oder ergänzen.

Da Elektrogeräte und auch Küchenmöbel genormt sind, können Geräte jederzeit durch moderne, energiesparende und komfortablere Geräte ausgetauscht werden.

Verborgen hinter raumhohen Schiebetüren: der begehbare Vorratsschrank

Ergonomie

Nur eine ergonomisch geplante Küche erlaubt ein bequemes und auf Dauer gesundes Arbeiten. Auch eine konsequente Einteilung der Arbeitsbereiche führt zu kürzeren Wegen und flüssigeren Arbeitsabläufen.

Dies ist nicht nur ökonomisch, sondern auch ergonomisch sinnvoll. Ihr Küchenspezialist wird daher auch ein Augenmerk auf das Innenleben der Schränke legen. Alle Geräte, Vorräte und Utensilien, die häufig gebraucht werden, sollten gut erreichbar verstaut werden können, um die Wege möglichst kurz zu halten.

Arbeitshöhen

1991 ließ die AMK eine Ergonomiestudie bei der TH Darmstadt erstellen, die alle wichtigen Arbeitsbereiche in der Küche untersucht und bewertet hat. Folgende Empfehlungen gehen aus der Studie hervor:

Eine länger andauernde Rückenbeugung von 20° (aus der Senkrechten nach vorn) sollte vermieden werden, da dies zu einseitigen Bandscheibenbelastungen führen kann. Die Arbeitshöhe in der Küche sollte daher der Körpergröße der Köchin bzw. des Kochs angepasst werden. Ihr Küchenspezialist kann Sie hierzu ausführlich beraten und die für Sie optimale Arbeitshöhe ermitteln.

Für unterschiedliche Tätigkeiten werden unterschiedliche Arbeitshöhen empfohlen. Der Spülenbereich kann bis zu 15 cm

Ergonomisches Arbeiten entlastet die Wirbelsäule

höher als der normale Arbeitsbereich eingebaut werden. Die Arbeitshöhe im Kochbereich ist in der Regel tiefer als der normale Arbeitsbereich. Mit neuen Korpuskonzepten und unterschiedlichen Sockelhöhen erfüllen die Hersteller die Anforderungen an ergonomische Arbeitshöhen und sorgen für die notwendige Flexibilität.

Bevorraten

Vollauszüge anstelle von Fachböden sind ideal für die Innenausstattung von Unterschränken zur Bevorratung. Sie bieten einen optimalen Ein- und Überblick und können ohne zu langes und zu tiefes Bücken be- und entladen werden.

Vorbereiten

Häufig genutzte Gegenstände zur Vorbereitung der Speisen sollten in leicht und schnell zugänglichen Auszügen direkt unterhalb der Arbeitsfläche sowie in der ersten Ebene des Oberschrankbereichs untergebracht werden. Selten verwendete Gegenstände gehören generell in die oberste Ebene der Oberschränke und in die unterste Ebene der Unterschränke. Fachböden in Ober- und Hochschränken, die zwischen 5 und 15 cm über der Körpergröße liegen, sind gut erreichbar. Für höhere Böden empfiehlt sich eine Tritthilfe, die in den Sockel integriert werden kann.

Einbaugeräte

Backöfen, Mikrowellengeräte, Dampfgarer und auch Geschirrspülmaschinen können heute in jeder beliebigen Höhe eingebaut werden. In Sicht- und Griffhöhe schonen sie den Rücken, bieten einen guten Überblick und erlauben sicheres und komfortables Arbeiten.

Die ergonomisch geplante Küche: unterschiedliche Arbeitshöhen für unterschiedliche Tätigkeiten

Küchenformen

Moderne Küchenplanung heißt heute: kreative, individuelle und unkonventionelle Gestaltung eines Raumes, in dem es Spaß macht zu kochen.

Bei der Küchenplanung haben sich im Laufe der Jahre sechs Grundformen bewährt. Die empfohlene durchschnittliche Größe einer Küche liegt zwischen 8 und 10 m^2 reinem Arbeitsraum, 12 m^2 bei einer Küche mit Essplatz und mindestens 15 m^2 bei einer Wohnküche.

Der Arbeitsablauf erfolgt bei Rechtshändern von links nach rechts. Es empfiehlt sich die folgende Anordnung:

- Bevorraten,
- Aufbewahren,
- Spülen,
- Vorbereiten,
- Kochen/Backen.

Bei Linkshändern empfiehlt sich eine umgekehrte Anordnung. Ganz gleich, für welchen Küchentyp Sie sich entscheiden bzw. welcher Küchentyp bei Ihnen realisiert werden kann. Ihr Küchenspezialist wird die einzelnen Arbeitsbereiche so platzieren und gestalten, dass die Wege in der Küche so kurz wie möglich sind.

Hierdurch sparen Sie nicht nur Kraft, sondern durch kürzere Wege auch noch jede Menge Zeit.

Die einzeilige Küche

Sie ist vor allem für Räume mit nur einer Stellwand geeignet. Alle Funktionen sind auf kleinstem Raum angeordnet. Durch vorgezogene Arbeitsbereiche und unterschiedlich tiefe Schränke werden neue Dimensionen der Küchengestaltung erschlossen, die nicht nur starre Fronten auflockern, sondern auch Arbeitsabläufe erleichtern.

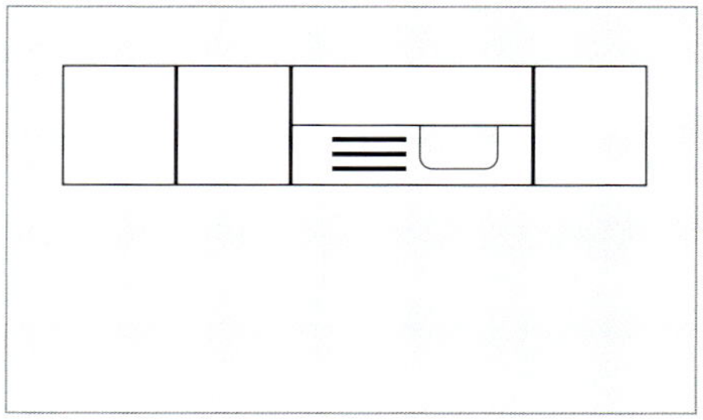

Die Küche in L-Form

Bei dieser Küchenform sind die Wege kurz und viele Planungsvarianten möglich. In einem ausreichend großen Raum bietet sie Platz für einen Esstisch, der auch als Vorbereitungszentrum genutzt werden kann, ohne Arbeitsabläufe zu behindern. Bei Wohnküchen kann einer der beiden Schenkel als Theke und somit als Raumteiler genutzt werden.

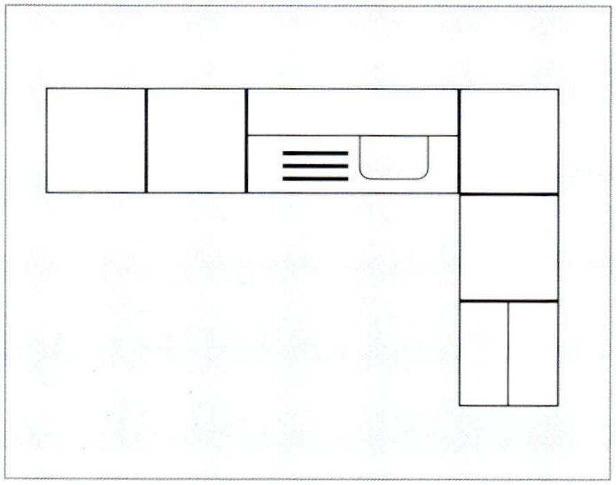

Die zweizeilige Küche

Werden zwei Küchenzeilen geplant, die gegenüber liegen, sollte der Raum mindestens 2,40 m breit sein. Diese Variante bietet sich an, wenn sich an den Schmalseiten des Raumes Türen oder Fenster befinden.

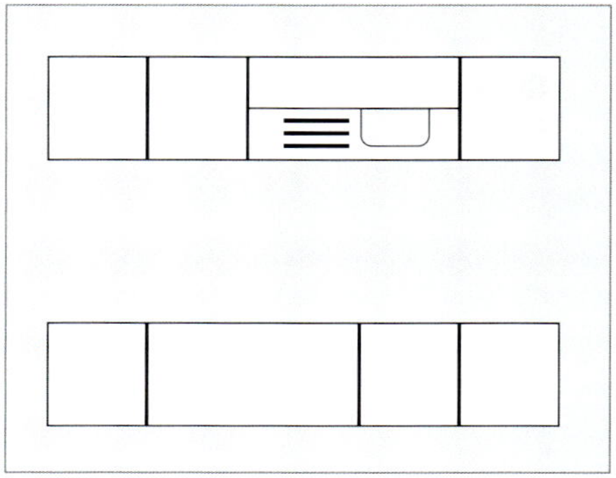

Die Küche in U-Form

Sowohl in großen als auch in kleinen Küchen kann die U-Form realisiert werden. Die Wege sind sehr kurz. Das spart Zeit und Kraft. In einer U-Küche bietet sich die Teilung in Vorbereitung und Kochen auf der einen Seite und Spülen und Geschirraufbewahrung auf der anderen Seite an.

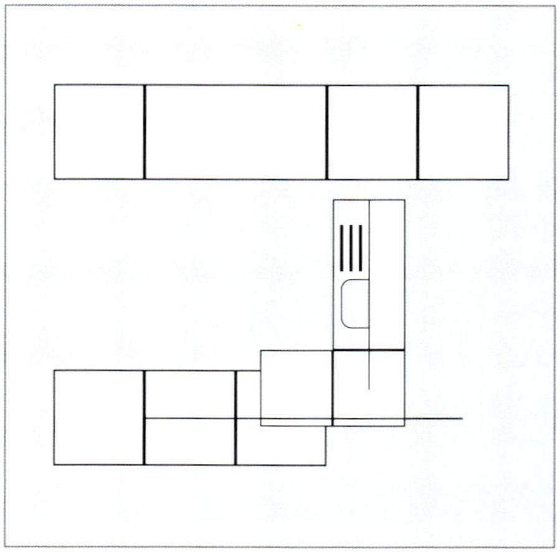

Die Küche in G-Form

Wie auch die U-Form, kann dieser Küchentyp in großen und kleinen Räumen realisiert werden. Die Wege zwischen den einzelnen Arbeitsbereichen sind kurz. Ein Schenkel der Küche bietet sich bei einer Wohnküche als Esstheke und gleichzeitig auch als Raumteiler an.

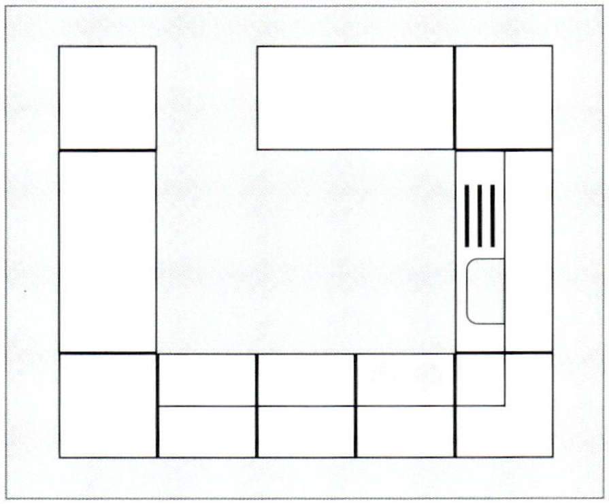

Zeitlosigkeit in Schlichtheit
Konsequent sachliche Linienführung, perfekt horizontal gearbeitetes Teakfurnier, duchlaufend gezeichnet, die High-End-Version der Holzverarbeitung.

Infos unter:
zeyko Möbelwerk GmbH & amp Co. KG
Am Fohrenwald 1 • D-78087 Mönchweiler
E-Mail: info@zeyko.de
www.zeyko.de

Die Küche mit Kochinsel und Halbinsel

Die moderne Küchentechnik erlaubt die Installation des Kochzentrums mit Dunstabzugshaube als Insel oder Halbinsel. Werden Insel oder Halbinsel als reines Vorbereitungszentrum geplant, sind sie in der Regel aus Unterschränken zusammengesetzt, die durch eine Arbeitsplatte verbunden werden. Insellösungen sind ideal für Küchen, in denen häufig mehrere Personen gleichzeitig arbeiten.

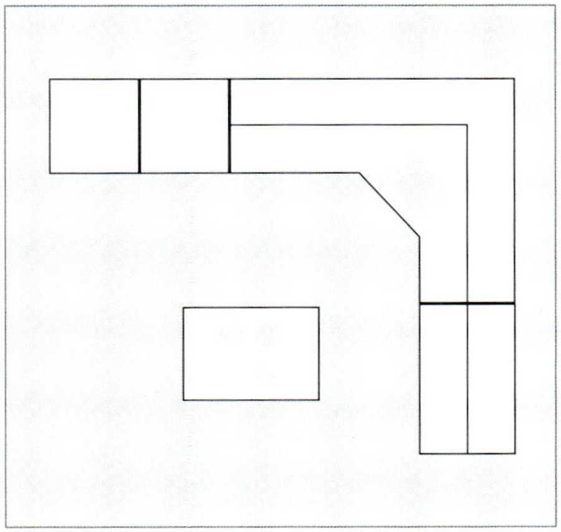

Echte Weidenkörbe tragen zum rustikalen Chic bei.

Harmonie ist, wenn alles passt

In der Küche gilt dasselbe wie für die Einrichtung jedes Lebensraums: Alle Teile müssen so zusammenpassen, dass sich ein harmonisches Gesamtbild ergibt.

Je mehr Gestaltungsmöglichkeiten eine Küche bietet, desto mehr muss man beachten, um ästhetische ebenso wie funktionale Stimmigkeit zu erreichen. Stilbrüche fallen besonders bei Landhausküchen sofort ins Auge. Wer sich auf britisches Grün einschießt, seine Gäste dann aber provenzalisch zu Tisch bittet, wird wenig Beifall ernten. Bei Schmidt Küchen hat man das Problem erkannt und bietet für alle Modelle Tische und Stühle an, die exakt zum Korpusdesign passen.

Küchen müssen Ihrem Geschmack entsprechen und gleichzeitig den Bedürfnissen Ihrer Wirbelsäule entgegenkommen. Bei der Auswahl sollten Sie deshalb

Genova: Ein Hauch von Nostalgie schwebt über Flächen, deren Höhen ergonomisch auf die jeweiligen Aufgabenbereiche abgestimmt sind.

Natura: Die Sandfarbe ruft Urlaubserinnerungen wach. An den sanft gerundeten Kanten könnten auslaufende Sommerwellen ihre Spuren hinterlassen haben.

besonders darauf achten, dass der ideale Abstand zwischen Ellbogen und Arbeitsfläche eingehalten wird. Jumbo-Line ermöglicht eine stufenlose, ergonomisch präzise Anpassung an Ihre Körpergröße. So üben Sie den aufrechten Gang und

Die Theke lädt ein zum Frühstück oder Longdrink. Beliebig viele Zutaten liefert der aufnahmebereite Karussellschrank.

Ausgeklügelte Raumsysteme ergänzen die wegweisende Technik.

vergrößern den Spaß am Schnipseln, Häckseln und Kochen. Auch der Nebeneffekt kann sich sehen lassen: Je nach Raumaufteilung gewinnen Sie 20 bis 100 % mehr Stauraum.

Wenn es Ihren Küchenutensilien leicht zu eng wird, sind Sie mit der Jumbo-Line gut beraten. Die etwas tieferen Unterschränke bedeuten 30 % mehr Stauraum und 25 % mehr Arbeitsfläche, ohne dabei aufzutragen. Vor der Kaffeemaschine bleibt noch genügend Raum zur Vorbereitung leckerer Mahlzeiten, und in den Auszügen kann sogar der Wok sich richtig breit machen. Der Selbsteinzug SoftMotion sorgt im Übrigen dafür, dass unsichtbarer Luxus auch lautlos daherkommt. Mit seiner Hilfe bremsen die Auszüge selbst bei voller Beladung von bis zu 50 kg sanft ab und schließen geräuschlos.

Sorano: Raffinierte Lösungen wie der integrierte Kaffeeautomat oder die Falt-Lift-Türen sprechen mehr als nur den Ordnungssinn an.

Tamoora: Unterstrichen von der klassischen Geraden, findet ein lebhaftes Farbenspiel zwischen Weiß, Kirschbaum und Granit statt.

Schön technisch

Die Technik sollte ein Diener ihrer Herrin sein. Das schließt allerdings nicht aus, dass sie in attraktivem Gewand daherkommt. Modernes Design hat auch am Herd Einzug gehalten. Ob Sie sich für Induktions-, Ceran- oder Gaskochfelder entscheiden, die ausgereifte Technik bietet immer einen Augenschmaus. In praktischer Arbeitshöhe fügen sich Mikrowellenherd, Dampfgarer und Backofen nahtlos in die Schrankwand Ihrer Wahl ein.

Zeitgemäße Dunstabzugshauben könnten fast aus einem Science-Fiction-Film stammen. Zu diesem Eindruck trägt ihr eleganter Aufwärtsschwung ebenso bei wie die Materialien Chrom und Glas. Die Funktionen unterstreichen den futuristischen Aspekt: Bei Bedarf werden die eleganten Gebilde allein von der Dampf- und Hitzeentwicklung aktiviert. Fazit: Einer gezielten Kombination der praktischen mit den schönen Seiten des Lebens steht nichts im Wege.

Infos unter: Schmidt Küchen
Hubert-Schmidt-Str. 4 • D–66625 Türkismühle
Tel. +49 (0) 68 52/8 87-1 47 • Fax 8 87-1 66
E-Mail: info@schmidt-kuechen.de
www.schmidt-kuechen.de

Sparsamer heizen durch Modernisierung der Heizungsanlage

Heizkosten sparen, ohne dabei zu frieren, möchte jeder, insbesondere in älteren Gebäuden mit hohem Brennstoffverbrauch. Was ist zu tun? Was sollte man bei der Anschaffung einer neuen Heizungsanlage beachten? Wer sich zu entscheiden hat, möchte für sein Geld den höchsten Nutzeffekt erreichen, und dazu braucht er nicht nur oberflächliche Informationen, sondern Antworten auf alle Fragen rund um wirtschaftliches und komfortables Heizen.

Einflussgrößen

Von der Heizungsanlage erwartet man individuellen Wärmekomfort mit möglichst wenig Brennstoffaufwand und geringer Umweltbelastung. Der Brennstoffverbrauch wird von einer ganzen Reihe von Faktoren bestimmt, die zum einen dem Wärmebedarf des Gebäudes und Nutzers und zum anderen dem Nutzungsgrad der Anlage zuzuordnen ist.

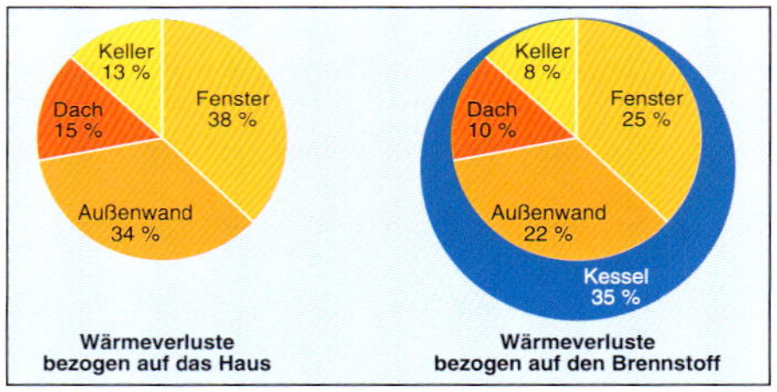

Der schlechte Nutzungsgrad älterer Heizungsanlagen ist häufig die gewichtigste Einzelursache für die Höhe des Brennstoffverbrauchs.

Welche Maßnahmen sind sinnvoll?

Ältere Heizungsanlagen sind nur in zumindest ebenso alten Gebäuden zu finden. Hoher Brennstoffverbrauch beruht deshalb einserseits auf dem gegenüber der heutigen Bauweise geringeren Wärmedämmungsstandard älterer Gebäude und andererseits auf dem geringeren Wirkungsgrad älterer Heizungsanlagen.

Am wirkungsvollsten ist es, wenn Maßnahmen am Gebäude zusammen mit der Heizungsanlagenmodernisierung getroffen werden. Allerdings kann der finanzielle Aufwand ganz erheblich sein. Es ist deshalb häufig so, dass überall ein „bisschen" nachgebessert wird. Der Einspareffekt ist jedoch mehr als zweifelhaft, z. B. ist es energetisch wenig wirkungsvoll, dem alten Kessel nur einen neuen Brenner vorzusetzen, ebenso wie es wenig bringt, nur die Heizkörpernischen mit Wärmedämmung zu versehen.

Wirklich Spürbares zu erreichen, erfordert eine klare Entscheidung für die effektivsten Maßnahmen. Sieht man nur das Haus, so sind Wärmeverluste über die Fenster und Außenwände am gewichtigsten. Sie machen fast dreiviertel der Gebäudeverluste aus.

Kosten-/Nutzenverhältnis Brennstoff sparender Maßnahmen

Maßnahmen zur Anlagenmodernisierung wie auch zur nachträglichen Wärmedämmung kosten Geld. Um Prioritäten zu setzen, interessieren deshalb die Kostenaufwendungen im Verhältnis zum erreichba-

Der Heizungsenergieverbrauch wird vom Wetter, dem Gebäude, den Bewohnern und der installierten Heiztechnik bestimmt.

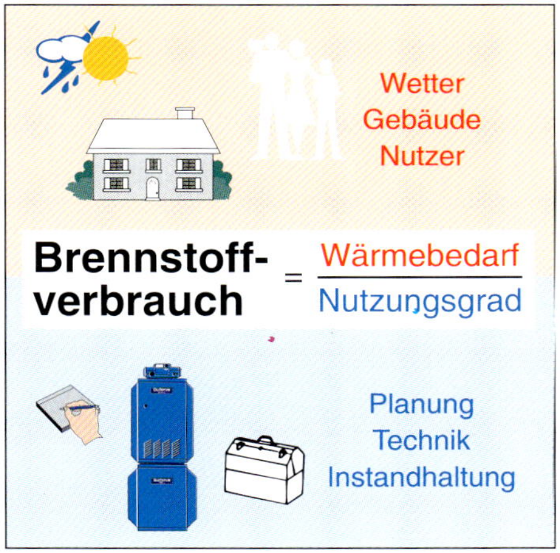

ren Nutzeffekt – unmittelbar ausgedrückt: Welchen Kostenaufwand erfordert eine bestimmte Maßnahme je 1 Liter oder m^3 Brennstoffersparnis?

Aussagen dieser Art sind bei Wärme dämmenden Maßnahmen über die Verbesserung der Wärmedurchgangszahl (k-Zahl) mit wenig Aufwand zu machen. Die k-Zahl gibt den Wärmeverlust in Watt je 1 m^2 Fläche und 1 °C Temperaturunterschied zwischen der warmen und der kalten Wandseite an.

Etwas schwieriger sind entsprechende Angaben für die Heizungs-Anlagenmodernisierung zu machen. Wie die Gegenüberstellung auf der linke Seite zeigt, bietet die Anlagenmodernisierung häufig ein besonders günstiges Kosten-/Nutzungsverhältnis.

Die Verluste der Heizungsanlage

Jede Heizungsanlage produziert auch Wärme, die nicht dem Bedarf zugute kommt und somit als Verlust zu werten ist. Es handelt sich um den Abgasverlust des Kessels sowie der Auskühl- und Regelungsverluste.

Abgasverlust

Der Abgasverlust ist Wärme, die buchstäblich zum Schornstein hinausgeht. Sie steckt in den noch bis über 200 °C heißen Verbrennungsgasen am Ausgang des Kessels. Da der Abgasverlust leicht zu ermitteln ist, gibt es gesetzlich festgelegte Maximalwerte, die vom Bezirksschonsteinfegermeister oder von der Bezirksschornsteinfegerin im Rahmen der jährlichen Emissionsmessungen überwacht werden. So dürfen z. B. ab 1.1.1998 neu installierte Heizkessel bis 25 kW Leistung den Grenzwert nicht überschreiten. Für ältere Kessel gibt es Übergangsregelungen, die noch recht großzügig sind.

Der Abgasverlust ist durch folgende Merkmale gekennzeichnet:

- Er tritt nur während der Brennerlaufzeiten auf. Das hat zur Folge, dass er in seiner Messgröße direkt als Brennstoffverlust verstanden werden kann.
- Der Verlust ist in Wahrheit größer, denn der im „trockenen" Abgas enthaltene Wasserdampf wird mit seiner Kondensationswärme bei der Messung nicht berücksichtigt. Tut man das, sind bei Öl noch 6 Prozentpunkte und bei Erdgas auf Grund des hohen Wasserstoffgehaltes noch 11 Prozentpunkte als so genannter latenter Abgasverlust hinzuzurechnen.

Gemessene 12 Prozent Abgasverlust eines Ölkessels sind somit in Wirklichkeit 12 + 6 = 18 Prozent.

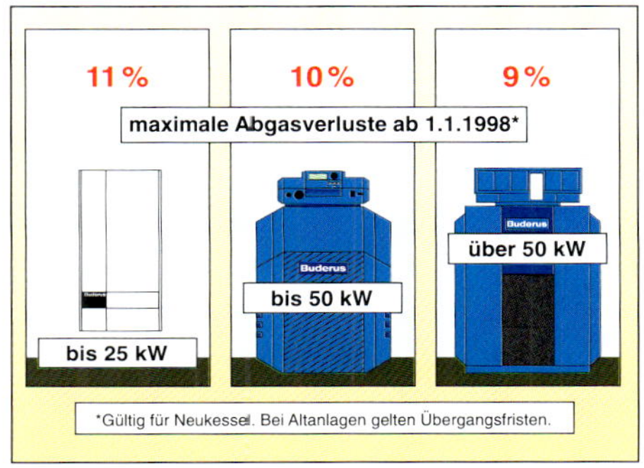

Die ab 1.1.1998 zulässigen Abgasverluste sind neu definiert worden. Die heutigen Niedertemperatur- und Brennwertksessel unterschreiten auch diese Werte deutlich.

Typischer alter, auf Ölbetrieb eingerichteter Umstellbrandkessel. Die großen, nicht gedämmten Oberflächenpartien und hohen Betriebstemperaturen verursachen Auskühlverluste, die weit bedeutsamer sind als der Abgasverlust.

Auskühlverluste

Unter Auskühlverlusten ist die Wärmeabgabe des Heizkessels, der Rohrleitungen und sonstiger Anlagenteile – auch die eines evtl. vorhandenen Warmwasser-Speichers – an eine Umgebung, die nicht beheizt werden soll, z. B. Kellerräume, zu verstehen. Da diese Wärmeverluste während der gesamten Betriebsdauer auftreten, summieren sie sich im Jahresverlauf zu Energiemengen, die bei älteren Kesseln den Abgasverlust weit übertreffen können.

Leider gibt es – im Gegensatz zum Abgasverlust – kein „amtliches" Messverfahren zur Feststellung der Auskühlverluste vor Ort. Bei Vorhandensein eines Brennstoff-Mengenmessers (Gaszähler oder Ölmengenzähler) ist das aber, zumindest für die Kessel-Auskühlverluste, sehr einfach möglich.

Netzverluste

Darunter fallen die Auskühlverluste warmwasserführender Rohrleitungen, Armaturen etc. Diese sind bei Wärmedämmung nach der Heizungsanlagenverordnung sowie beim temperaturgleitenden Betrieb von Niedertemperatur- und Brennwertkesseln nur von untergeordneter Bedeutung.

Regelungsverluste

Verluste dieser Art sind am schwersten zu erfassen. Es sind ungewollte und nicht benötigte Wärmemengen, die deshalb eingespart werden können. Typische Beispiele: Beheizung bei längerer Abwesenheit von Personen, ungedrosselte Wärmelieferung trotz wirksamer Sonneneinstrahlung, unnötig hohe Raumtemperaturen etc.

Regelungsverluste haben deshalb nicht nur mit der Qualität regeltechnischer Einrichtungen zu tun, sondern auch mit den Nutzererwartungen und dem Nutzungsverhalten, denn der Nutzer entscheidet, was „Nutzen" ist.

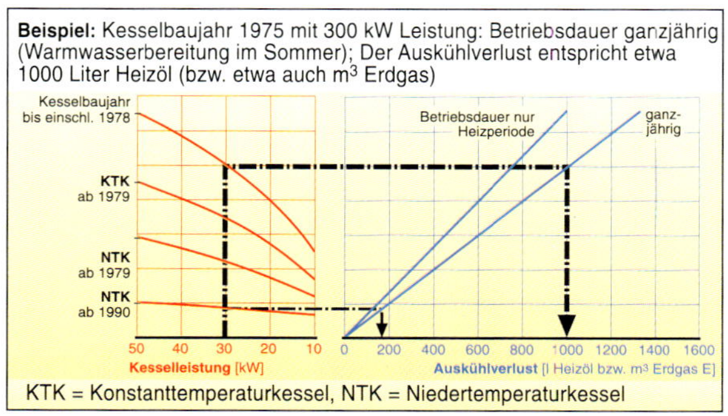

Diagramm zur Abschätzung der Kessel-Auskühlverluste

Ölheiztechnik

Öl und Gas sind Brennstoffe, die leistungsfähige und variantenreiche Heiztechniken erlauben. Unabhängig vom Brennstoff haben heute Kesselkonstruktionen die temperaturgleitende Betriebsweise gemeinsam – der Kessel wird nur auf der Temperatur gehalten, die gerade notwendig ist. An kalten Tagen ist diese also höher als an den milderen Tagen. Der Zusammenhang von Außen- und Heizwassertemperatur wird als „Heizkurve" bezeichnet und ein solcherart betriebener Heizkessel als Niedertemperaturkessel.

Diese Kessel zeichnen sich durch sehr geringe Auskühlverluste aus. Auch der sensible Abgasverlust ist mit 6 bis 7 Prozent deutlich kleiner als bei den früheren Kesselkonstruktionen.

In Verbindung mit Öl sind heute Niedertemperaturkessel Standard. Öl enthält im Gegensatz zu Erd- oder Flüssiggas weniger Wasserstoff. Die „Brennwertnutzung" durch Wasserdampfkondensation ist deshalb nicht so interessant wie bei Gas.

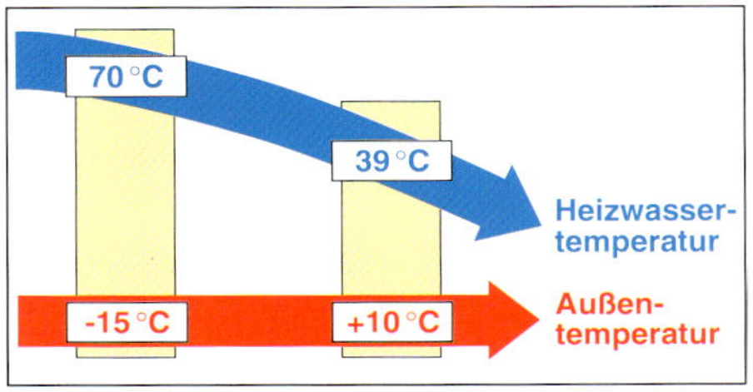

Der Zusammenhang zwischen Außentemperatur und Heizwassertemperatur wird als „Heizkurve“ bezeichnet.

Auswahlkriterien

Erstes Auswahlkriterium ist die Kesselleistung. Als Anhaltswert können bei Einfamilienhäusern mit Baujahr vor 1995 120 W/m² (Watt je 1 m² Wohnfläche), bei Zwei- und Mehrfamilienhäusern 100 W/m² gelten. 150 m² beheizte Wohnfläche im Einfamilienhaus erfordern somit etwa 18.000 W bzw. 18 kW.

Um genügend Reserven für die Warmwasserbereitung und schnelles Wiederaufheizen nach Heizpausen zu haben, sollte diese Leistungsgröße, auch wenn die Rechnung einen kleineren Wert liefern sollte, bei Ölkesseln nicht wesentlich unterschritten werden. Einige Hersteller bieten für ein und dieselbe Leistungsgröße verschiedene Kessel- und Brennerausführungen an, z. B. Guss- oder Stahlkessel, Blau- oder Gelbbrenner etc. Die Auswahl sollte nicht schwer fallen, denn Preisunterschiede sind fast ausschließlich auf die Kriterien Brennstoffersparnis und Umweltschonung zurückzuführen. Wer nicht nur ein mit dem „Blauen Engel“ und dessen strengen Anforderungen ausgezeichnetes Gerät haben möchte, sondern eines, das bis an die Grenzen des Machtbaren geht, wird bereit sein, den entsprechend höheren Preis dafür zu bezahlen.

Verschiedene Ausführungsformen gibt es meist auch bei dem zum Niedertemperaturkessel gehörenden Regelsystem und natürlich bei den Warmwasserspeichern. Die Auswahl muss sich hier an den Bedingungen des Heizsystems und den zu erfüllenden Anforderungen orientieren. Näheres hierzu im Abschnitt „Wohlige Wärme“.

Öl-Niedertemperaturkessel mit nebenstehendem Warmwasserspeicher.

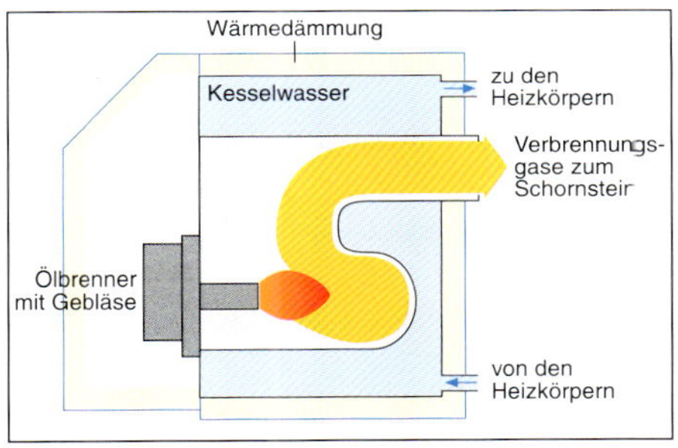

Konstruktiver Aufbau eines Ölkessels.

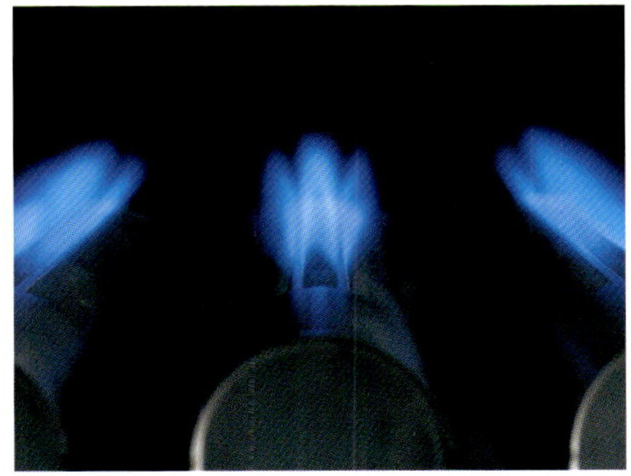

Gas-Niedertemperaturkessel

Gaskessel werden in bodenstehenden und wandhängenden Ausführungsformen angeboten.

Wandkessel sind besonders kompakt gebaut und bei ebenfalls wandhängenden Warmwasserspeichern fast in jedem beliebigen Raum zu installieren. Sie sind genauso leistungsfähig und wirtschaftlich wie bodenstehende Geräte, allerdings muss der begrenzte Warmwasserkomfort bei den relativ kleinen wandhängenden Speichern beachtet werden.

Im Regelfall kommt die gleiche Variante, die der ausgetauschte Altkessel hatte, wiederum zum Einsatz, da alle Anschlüsse meist ohne Änderungen übernommen werden können.

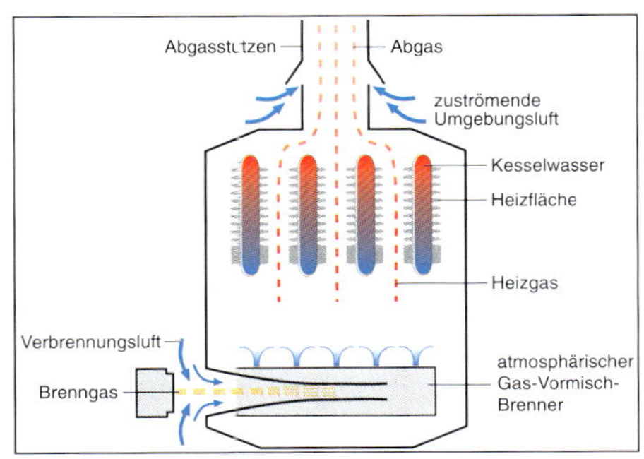

Schematischer Aufbau eines Gaskessels mit atmosphärischem Brenner.

Wandhängender Umlauferheizer mit 70-Liter-Warmwasserspeicher.

Gas-Brennwertkessel

Bei der Verbrennung von Erdgas fällt reichlich Wasserdampf an. Brennwert ist der Energieinhalt eines Brennstoffs, wenn die Verbrennungsgase bis auf Umgebungstemperatur „entwärmt", also abgekühlt werden. Der vorhandene Wasserdampf ist vollständig zu Wasser kondensiert. Der Brennwert von Erdgas E beträgt z. B. 11,5 kWh/m³, der Heizwert bezeichnet gleiches ohne Kondensation des Wasserdampfs, er ist deshalb immer kleiner als der Brennwert, für Erdgas E z. B. 10,4 kWh/m³.

Brennwertkessel entwärmen die Verbrennungsgase fast bis zu Temperatur des Heizwassers. Ein Großteil des Wasserdampfs kondensiert dabei. Brennwertkessel nutzen somit den Brennwert und nicht nur den Heizwert wie die Niedertemperaturkessel. Dies drückt sich im Normnutzungsgrad aus, der je nach Heizkurve Maximalwerte von 105 bis 109 Prozent erreichen kann.

Brennwertkessel stellen keine besonderen Betriebsanforderung. Da der Kessel temperaturgleitend nach der Heizkurve gefahren wird, arbeitet er auch bei üblichen Heizkörpergrößen unter günstigen Kondensationsbedingungen.

Weiterhin erfordern Brennwertkessel feuchteunempfindliche Abgaswege. Einfach und kostengünstig sind die von den Kesselherstellern angebotenen konfektionierten Abgassysteme einzusetzen, auch in Verbindung mit dem vorhandenen Schornstein.

Das anfallende Kondenswasser ist leicht sauer, etwa mit Mineralwasser vergleichbar. Die Einleitung in das Abwassernetz ist deshalb bei Materialien wie Steinzeug, Kunststoff (z. B. PVC-, PE-, PP-Rohr) oder beschichteten Guss- und Stahlrohren unproblematisch und bis zumindest 25 kW Leistung mit keinen Auflagen versehen.

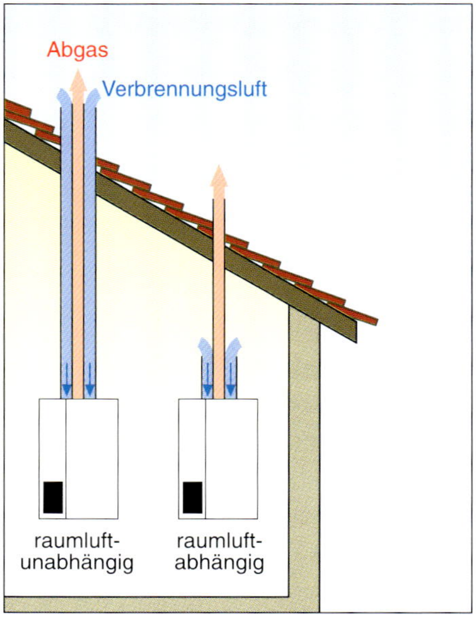

Die raumluftunabhängige Betriebsweise erlaubt uneingeschränkte Nutzung des Aufstellraumes.

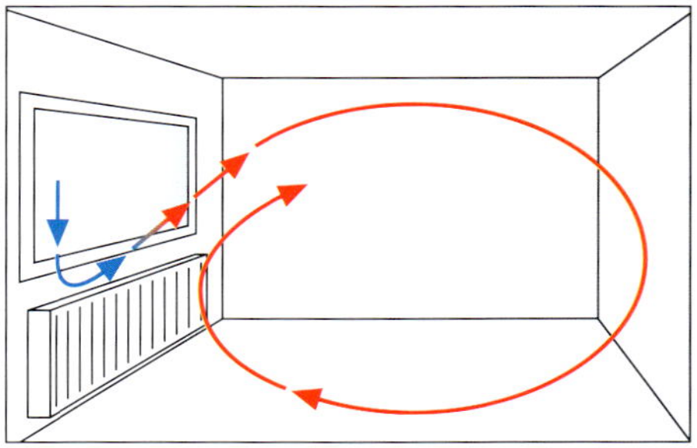

Günstige Anordnung der Heizflächen.

Wohlige Wärme

Die Bewohner eines Hauses erwarten bei jeder Witterung angenehme Raumtemperaturen. Da diese von Tag zu Tag wechselt, jedes Gebäude seine eigene Wärmecharakteristik hat und auch die persönliche Definition von „angenehm" keine feststehende Größe ist, scheint dem Regelsystem der Heizungsanlage die Hauptverantwortung für „Wohlige Wärme" zuzukommen. Dass dies nicht so einfach ist, zeigen die für das Wohlbefinden maßgeblichen Faktoren:

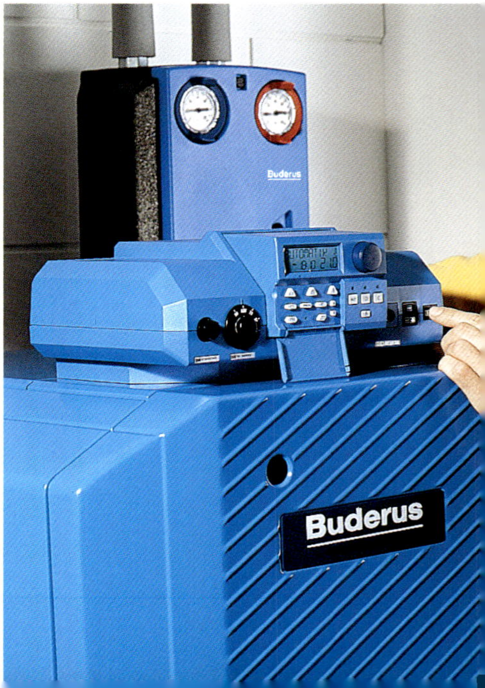

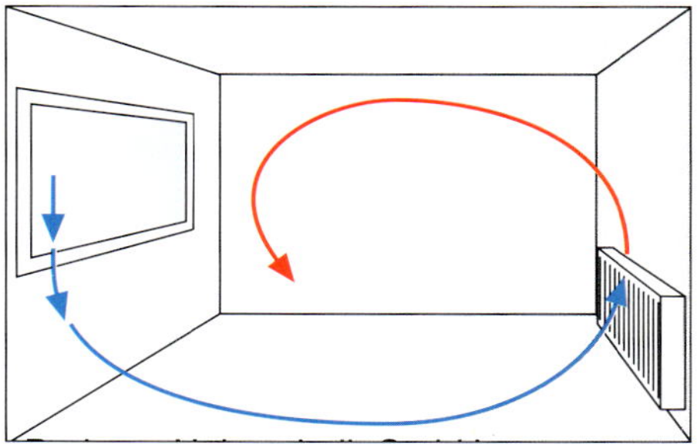

Ungünstige Anordnung der Heizflächen – Zugerscheinungen im Fußbereich

- angenehme Lufttemperatur
- keine kalten Wände/Fenster
- gleichmäßige Termperaturverteilung
- keine Zugluft

Von diesen Faktoren ist nur die Lufttemperatur unmittelbar über das Regelsystem zu beeinflussen. Die anderen Faktoren sind Sache der Gebäudekonzeption, der Bauweise und Anordnung von Raumheizflächen, eines bedarfsgerechten Luftwechsels und nicht zuletzt der Art und Weise, wie geheizt wird.

Bivalent heizen ...

... heißt, zwei verschiedene Energieträger nutzen. Relativ häufig sind z. B. Kachelöfen oder solche mit Heizeinsätzen anzutreffen, die ergänzend zur vorhandenen zentralen Heizung eingesetzt werden. Viel Aufmerksamkeit finden heute auch Möglichkeiten, unmittelbare Umweltwärme zur Heizungsunterstützung heranzuziehen. Die unbestritten größte Faszination geht dabei von Solaranlagen aus, da sie die natürliche Wärmequelle schlechthin – die Sonne – anzapfen.
Mit Sonnenenergie lässt sich weitestgehend umweltneutral heizen und Warmwasser bereitstellen. Hauptproblem ist die zeitliche Verschiebung von solarem Energieangebot und Heizbedarf. Naturgemäß wird dann am wenigsten oder gar keine Heizwärme benötigt, wenn die Sonne besonders ausdauernd und intensiv scheint. Preiswerte, direkte Sonneneinstrahlung als Ergänzung der Heizungsanlage beschränkt sich deshalb meist auf die Trinkwassererwärmung.

Typisches Schaltschema einer bivalenten Trinkwassererwärmung.

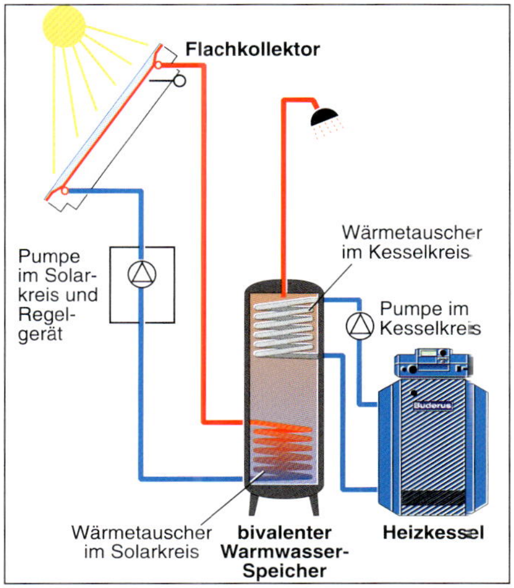

Flachkollektoren decken in diesem Wohnhaus ca. 60 Prozent des jährlichen Energiebedarfs für die Trinkwassererwärmung.

Es gibt verschiedene physikalische Prinzipien, Sonnenstrahlung in Wärme umzuwandeln. Für Ein- und Mehrfamilienhäuser haben sich Flachkollektoren durchgesetzt, die im Wesentlichen aus dem mit Wärmeträgerfluid gefüllten Absorber in einem wetterfesten und wärmedämmenden Gehäuse bestehen. Der Absorber ist eine Metall- oder Kunststoffplatte mit integrierten Strömungskanälen für den Wärmeträger. Die schwarze Oberfläche absorbiert kurzwellige Sonnenstrahlung und setzt sie in Wärme um, die in den Wärmeträger abfließt.
Der Kollektor ist Teil des Solarsystems, das noch aus dem die Solarwärme aufnehmenden Warmwasserspeicher, den verbindenden Rohrleitungen einschließlich Umwälzpumpe und Armaturen sowie dem elektonischen Regelsystem besteht.

Gekürzte Fassung des gleichnamigen Titels aus der Schriftenreihe „Buderus Heiztechnik Spezial“

Infos unter:
Buderus Heiztechnik GmbH
Sophienstraße 30-32 • D-35576 Wetzlar
Tel. +49 (0) 64 41/4 18-0 • Fax 4 18-16 33
E-Mail: info@buderus.de • www.buderus.de

Wohlige Wärme kommt von unten

Wie man wohlige Wärme in ihrer schönsten und angenehmsten Form genießen kann, haben schon vor über 2000 Jahren die alten Römer erkannt. Ihre Fußbodenheizungen für Bäder und Wohnräume waren schon damals der perfekte Luxus.

Heute hingegen ist ein behaglicher warmer Fußboden längst keine Frage des Geldbeutels mehr. Der THERMO BODEN von AEG ist fast überall einsetzbar. Und neben dem Plus an Behaglichkeit spart man gleichzeitig auch noch Energie.

Natürlich lässt sich der Komfort des THERMO BODEN vielfältig nutzen. Ob im Bad, in der Küche, im Esszimmer, unter der Sitzgruppe im Wohnzimmer oder im Arbeitsbereich: Mit dem großen Sortiment des THERMO BODEN sind der zielgenauen, sanften und sauberen Wärme keine Grenzen gesetzt. Er passt sich problemlos allen Raumgeometrien an – und mit unterschiedlich abgestuften Leistungen bietet er für jeden Einsatzfall bzw. Wärmebedarf die richtige Lösung.

AEG THERMO BODEN:
Warme Fliesen im Badezimmer

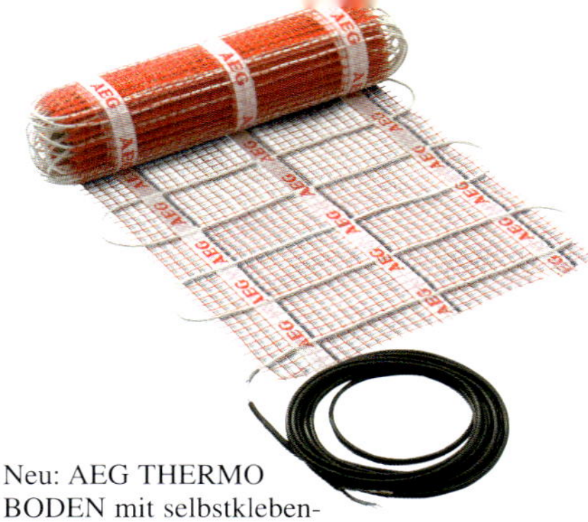

Neu: AEG THERMO BODEN mit selbstklebender Heizmatte für eine einfache Verlegung.

Gesunde Wärme, wo sie gebraucht wird, nicht nur zu Hause. Auch am Arbeitsplatz muss man auf Wärme und Behaglichkeit heute nicht mehr verzichten, wenn auch die Arbeit eigentlich kühle Raumluft erfordert, wie in der Metzgerei oder in einem Blumengeschäft. Denn der THERMO BODEN von AEG erwärmt in erster Linie nicht die Raumluft. Die gesunde Strahlungswärme wirkt über die Füße direkt auf den Körper und erleichtert so wohltuend den Arbeitsalltag.

Für jeden Belag richtig

Natursteinheizungen - modernes Design und höchster Komfort

Natursteinheizungen von AEG kombinieren edelste Naturmaterialien mit innovativer Technik zu einem vollendeten Erlebnis für die Sinne. Aber auch für kühle Rechner sind sie die erste Wahl - als punktuelle, gesunde Zusatzheizung oder als maßgeschneidertes Heizsystem für den gesunkenen Energiebedarf zeitgemäßer Niedrigenergie- und Passivhäuser.

Natursteinheizungen von AEG bieten nicht nur optisch höchsten Genuss – sie arbeiten darüber hinaus auch mit gesunder, langwelliger Strahlungswärme. Das funktioniert ohne den Umweg über die Raumluft, weshalb diese auch nicht umgewälzt wird. Die Folge: Personen und Gegenstände werden von sanfter Wärme umschmeichelt, ohne Staub, Keime und Pollen aufzuwirbeln. Ein angenehmes Gefühl und ein Plus für Allergiker und empfindliche Menschen.

Eingebautes Sparpotenzial

Weil die Natursteinheizung von AEG mit langwelliger Wärmestrahlung arbeitet, kann man die Raumtemperatur im Vergleich zu einer Konvektorheizung um etwa 2°C senken, ohne Verlust an Behaglichkeit. Dies ermöglicht Einsparungen von bis zu 15% Energie, jahrein – jahraus.

Die verschiedenen Natursteine

VARIOS – Dolomit aus Griechenland

Dolomitgestein mit dichter, gewölkter dunklen bis hellgrauen Maserungen auf hellem Untergrund. Abbaugebiet in der Nähe von Drama.

JURA – Kalkstein aus Deutschland

JURA variiert von braungrau bis blaugrau und gelb. Die von AEG verwendeten Steine stammen aus dem Treuchtlinger Revier im fränkischen Jura.

VOLAKAS – Dolomit aus Griechenland

Charakteristisch sind der helle Weißton im Grund und die grauen, wolkenartigen Maserungen. Der feine, fast kristalline VOLAKAS wird bei Drama abgebaut.

MOCCA CREME – Kalkstein aus Portugal

Der beige bis hellbraune, fast strukturlose MOCCA CREME stammt aus der Nähe von Lissabon. Manchmal weist er feine, punktartig hellbraune Einschlüsse auf. Er wird häufig für Verkleidungen im Innenbereich eingesetzt.

PRINOS – Dolomit aus Griechenland

Der fast weiße, feinkörnige PRINOS stammt von Thassos und variiert mit leichten grauen oder gelblichen Einschlüssen. Er wird häufig für Skulpturen und im Innenbereich eingesetzt.

SYLVIA ANTIK – Kalkstein aus Ägypten

SYLVIA ANTIK ist ein beiger bis hellbrauner Kalkstein, fast ohne Maserungen. Die gehämmerte oder gebürstete Oberfläche mit ihrem wunderbaren Antik-Effekt passt gut zu Holzverkleidungen oder rustikalen Einrichtungen.

PALISANDRO – Dolomit aus Italien

Der feinkörnig-kristalline PALISANDRO enthält viel Glimmer und bildet oft wolkige, wellig-streifige Zeichnungen mit kräftiger, brauner Tönung. Sein Farbspektrum reicht von hellbraun bis dunkelbraun oder blaugrau.

BLUE PEARL – Granit aus Norwegen

BLUE PEARL ist ein grobkörniger Granit mit edlem, graublauem Schimmer, der von den eingelagerten Kristallen stammt. Hauptanwendungen sind Wandverkleidungen, Skulpturen und Ornamenten.

Infos unter:
AEG Haustechnik
Gutenstetter Str. 10 • D-90449 Nürnberg
Tel. +49 (0) 18 03/91 13 23 • Fax 09 11/96 56-4 44
E-Mail: info@eht-haustechnik.de
www.aeg-haustechnik.de

Top-Komfort, den man fühlen und sehen kann

Bis zu 20% Energieeinsparung gegenüber einem hydraulischen Gerät!

Mit dem DDLE ThermoDrive bringt AEG den kompaktesten Komfort Durchlauferhitzer mit elektronischem Stellmotor auf den Markt. Der DDLE ThermoDrive stelllt somit neben dem DDLE LCD und dem DDLE basis das Top Gerät der elektronischen Durchlauferhitzer-Baureihen von AEG dar.

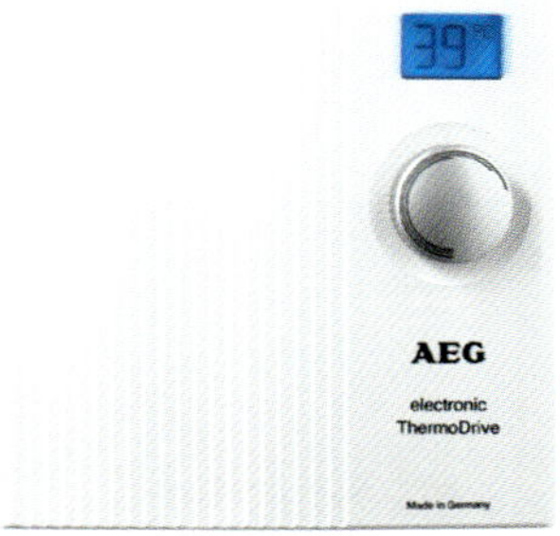

Das besondere optische Highlight des Gerätes ist dabei das 2-farbig hinterleuchtete Display. Bei Wassertemperaturen bis 42°C leuchtet es blau, Temperaturen darüber werden durch die rote Displaybeleuchtung signalisiert. Ein Designelement, das zusammen mit dem eleganten flachen Gehäuse einen echten „Hingucker" aus dem DDLE ThermoDrive macht.

Doch das ist noch lange nicht alles: Für ein Maximum an Warmwasserkomfort sorgt das elektronisch geregelte Stellventil das die Wassermenge so reguliert, dass auch bei Erreichen der Leistungsgrenze stets die eingestellte Temperatur erreicht wird. Umgekehrt erhöht es die Durchflussmenge, wenn niedrigere Temperaturen gewünscht werden.

Dies sorgt für besonders hohen Duschkomfort. Für hohen Duschkomfort durch geringe Temperaturschwankungen sind die elektronischen Durchlauferhit-zer von AEG ohnehin seit langem bekannt.

Um die Bedienung so bequem wie möglich zu gestalten, kann der DDLE ThermoDrive optional mit einer Funk-Fernbedienung ausgestattet werden. Dies ist besonders wichtig, wenn das Gerät an unzugänglichen Orten montiert wird.

Der DDLE ThermoDrive ist in 4 Leistungsstufen (18, 21, 24 und 27 kW) erhältlich.

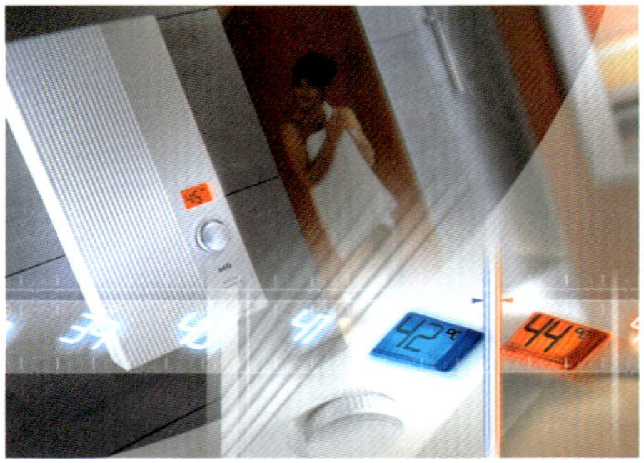

Alle reden von den Heizkosten...

..aber niemand von der "dicken Luft", die in vielen modernen Neubauten herrscht. Hoher Wärmedämmstandard und winddichte Außenhülle sind zwar gut, um den Energieverbrauch zu senken, gleichzeitig verhindern sie aber auch den erforderlichen Austausch der Raumluft.

Das Lüftungssystem LZ ist das Herzstück der kompakten zentralen Wohnungslüftungssysteme der AEG Haustechnik. Hier werden die Zu- und Abluftströme geregelt, und hier findet auch die passive Wärmerückgewinnung (bis zu 90%) über den Kreuzgegenstrom-Wärmetauscher statt. Viel Leistung auf engstem Raum: Das Lüftungssystem LZ findet problemlos in jedem Keller oder

Senkrechte Lüftungsleitungen vor der Verkleidung.

Hobbyraum Platz und eignet sich für Bodenaufstellung und Wandmontage.

Das Lüftungssystem LZ arbeitet nach einem einfachen, aber genialen Prinzip: An zentraler Stelle installiert, ist es über Zu- und Abluftrohre mit den zu belüftenden Räumen des Hauses verbunden. Zu- und Abluft werden über je einen leistungsstarken, regelbaren Ventilator aus den Räumen abgesaugt bzw. dorthin transportiert. Das Entscheidende passiert dazwischen: Die in der Abluft enthaltene Heizenergie wird im Kreuzgegenstrom-Wärmetauscher an die gefilterte Zuluft abgegeben, mit einem Wirkungsgrad von bis zu 90 Prozent! Das geniale Prinzip dahinter: Im Wärmetauscher sind Zu- und Abluft vollständig voneinander getrennt, so dass eine Geruchsübertragung ausgeschlossen ist.

AEG Wohnungslüftungssystem "LZ" mit Luftverteilsystem.

Klein, leise, unauffällig - die Technik einer Lüftungsanlage lässt sich auch in Arbeitsräume integrieren.

Das Lüftungssystem LZ arbeitet flüsterleise und vollautomatisch. Einmal eingestellt, sorgt es kontinuierlich für den erforderlichen Luftaustausch, für jeden Raum individuell – und selbstverständlich zugfrei. Schadstoffe und Luftfeuchtigkeit verlassen Ihr Haus mit der Abluft, während die Wärme bleibt. Der Volumenstrom kann dabei in drei Leistungsstufen am Gerät eingestellt werden - passend zu Ihren individuellen Wünschen. Noch dazu wird die Frischluft zusätzlich gefiltert, so dass Allergiker im wahrsten Sinne des Wortes aufatmen können.

Infos unter:
AEG Haustechnik
Gutenstetter Str. 10 • D-90449 Nürnberg
Tel. +49 (0) 18 03/91 13 23 • Fax 09 11/96 56-4 44
E-Mail: info@eht-haustechnik.de
www.aeg-haustechnik.de

Genug geärgert über hohe Ölpreise - Wärmepumpen geizen beim Heizen

Da ist er wieder, der Ölpreisschock. Rund 30 Jahre nach dem ersten Albtraum, beschert uns der kostbare Rohstoff jetzt wieder Tag für Tag historische Höchststände. Mit einem gravierenden Unterschied: Damals war der Spuk bereits nach einigen Monaten wieder vorbei.

Diesmal, so prognostizieren Energieexperten, bleibt der Preis dauerhaft hoch, eher ist mit weiteren Steigerungen zu rechnen. Da läuft es einem jetzt schon kalt über den Rücken, wenn man an die nächste Heizkostenabrechnung denkt. Doch zum Glück steht eine Alternative bereit: die Wärmepumpe. Denn die Zukunft gehört Heizsystemen, die regenerative Energie nutzen.

Die Wärmepumpe stellt eine der effizientesten Technologien zur Erzeugung von Heizenergie dar. Sie nutzt die in Luft, Wasser oder Erdreich gespeicherte Sonnenenergie für Heizzwecke.

Problemlose Installation, akzeptable Anschaffungskosten und wirtschaftliche Betriebsweise empfehlen Geräte von STIEBEL ELTRON gleichermaßen für Neu- und Altbauten. Neueste Untersuchungen zeigen, dass Wärmepumpen die Energiekosten um bis zu 50 Prozent gegenüber einer herkömmlichen Heizung senken können. Bei diesem Preisunterschied lassen sich die höheren Anschaffungskosten für eine Wärmepumpe schnell wieder hereinholen. Zusätzlich erleichtern attraktive Fördermittel die Entscheidung für den Einbau einer Wärmepumpe. Ausführliche Informationen über mögliche Zuschüsse gibt's im Internet. (www.stiebel-eltron.com).

Wärmepumpen eignen sich für Neubauten ebenso wie für bestehende Heizungssy-

Geringe Kosten für die Heizwärme dank Nutzung der Umweltenergie: Wärmepumpen von STIEBEL ELTRON stellen eine echte Alternative zur Öl- und Gasheizung dar.

Heizen und Kühlen mit der Wärmepumpe: Über eine Erdwärmesonde dient das Erdreich der Wärmepumpe in der Heizsaison als Wärmequelle und im Sommer als Kältereservoir.

steme. Immer mehr Hausbesitzer wechseln bei der Modernisierung von einem herkömmlichen Energieträger zu einer Wärmepumpe. Neben dem Heizbetrieb können Wärmepumpen auch die Warmwasserbereitung übernehmen oder im Sommer kühlen.
Wer sich ausschließlich für die Warmwasserbereitung entscheiden will, für den gibt es die spezielle Lösung mit einer Warmwasser-Wärmepumpe.

Infos unter:
Stiebel Eltron GmbH & Co. KG
Dr.-Stiebel-Straße • D-37603 Holzminden
Tel. +49 (0) 18 03/70 20 10 • Fax 70 20 15
E-Mail: info-center@stiebel-eltron.com
www.stiebel-eltron.com

Heizung, Kühlung und Warmwasser mit der neuen Sole/Wasser-Wärmepumpe WPC cool.

Neu: Heizen mit Pellets

Der Pelletsverband Deutschland (PVD) dient als Informationsplattform und setzt mit seiner PVD-Güterichtlinie die höchsten Qualitätsstandards bei Pelletsheizungen und beim Brennstoff Pellets. Damit hat der Kunde einen hilfreichen Wegweiser bei der Wahl einer Pelletsheizung bzw. des Brennstoffes Pellets.

Was sind Pellets?

PVD-Pellets bestehen zu 100 Prozent aus naturbelassenem Holz. Als Rohstoff für die Pelletserzeugung dienen Hobel- und Sägespäne, welche in der holzverarbeitenden Industrie als bisher schlecht genutztes Nebenprodukt in großen Mengen anfallen. Ohne Zugabe von chemisch-synthetischen Bindemitteln wird der unbehandelte Rohstoff unter hohem Druck verdichtet und pelletiert, also in kleine zylindrische Röllchen gepresst. Laufende Qualitätskontrollen garantieren einen sauberen Brennstoff mit geringer Restfeuchte und hohem Brennwert (ca. 5 kWh/kg).

Welche Systeme von Pelletsheizungen gibt es?

Es gibt verschiedene Arten von Pelletsheizungssystemen. Egal ob Förderschnecke, Saugsystem, Behälteranlage, ein Erdtank oder ein Mischsystem – Pelletsheizungen garantieren immer höchsten Komfort und Behaglichkeit.

Pellets und Solar – die optimale Kombination

Eine optimale Kombination zur Pelletsheizung stellt eine Solaranlage dar. Mit Sonnenkollektoren ist es möglich, den gesamten Warmwasserbedarf im Sommer und in den Übergangszeiten bereitzustellen. In der Zeit, in der das Warmwasser nicht vollständig von den Sonnenkollektoren beheizt werden kann, übernimmt die Pelletsheizung den Rest.

Infos unter:
Pelletsverband Deutschland
Am Mühlberg 20 • D-90559 Burgthann
Tel. und Fax +49 (0) 91 83/90 18 08
E-Mail: office@pelletsverband.de
www.pelletsverband.de

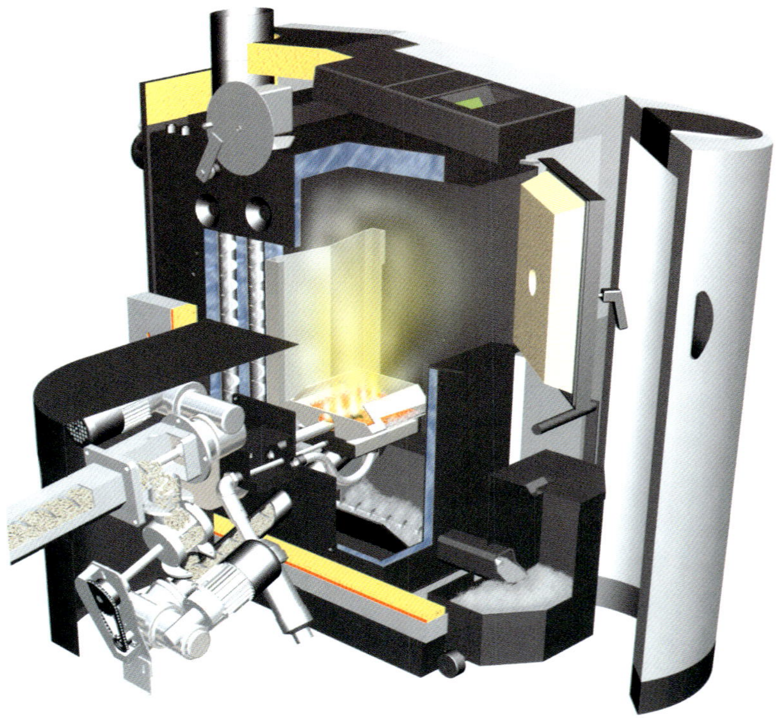

Spezieller Heizkessel für Holz-Pellets

Das Spitzengerät, der Holzpellets-Kessel Vitolig 300 im Nenn-Wärmeleistungsbereich von 5 bis 26 kW, entspricht in puncto Heizkomfort und Bedienungsfreundlichkeit praktisch Öl-/Gas-Heizsystemen – dank modulierender Leistungsanpassung und digitaler Regelung.

Durch das stufenlose Saugzuggebläse wird ein modulierender Betrieb realisiert, dadurch ist eine optimale Anpassung an den momentanen Wärmebedarf möglich. Die Pelletsbeschickung aus einem 150 Liter Inhalt fassenden Pelletsbehälter erfolgt vollautomatisch über die Pelletsdosierschnecke. Der Inhalt des Pelletsbehälters reicht je nach Außentemperatur für bis zu zwei Tage Heizbetrieb.

In der hochhitzebeständigen Brennerschale aus Edelstahl erfolgt mit Hilfe eines Heißluftgebläses die vollautomatische Zündung. Die Heizflächen werden selbsttätig gereinigt, die Brennerschalentaschung erfolgt automatisch. Beste Verbrennungsergebnisse sorgen für extrem geringen Ascheanfall.

Die Vorteile auf einen Blick:

- Der Holzpellets-Kessel Vitolig 300 unterscheidet sich in puncto Heizkomfort und Bedienungsfreundlichkeit kaum mehr von Öl/Gas-Heizsystemen – dank modulierender Leistungsanpassung und digitaler Regelung.
- Beste Energieausnutzung durch selbstregelnde Leistungsanpassung, dadurch niedrige Abgastemperaturen und hoher feuerungstechnischer Wirkungsgrad bis 95 Prozent.
- Geringer Platzbedarf durch kompakte Bauweise (Stellfläche: 0,6 m^2).
- Vollautomatische Pellets-Beschickung und Ansaugsystem (Zubehör). Der integrierte Pelletsbehälter (150 Liter Inhalt) reicht je nach Außentemperatur für bis zu zwei Tage Heizbetrieb.
- Heißluftgebläse für vollautomatische, leise Zündung.
- Taktende Pelletsdosierschnecke, stufenlos geregeltes Saugzuggebläse und exakt dosierte Brennstoff- und Luftmengen für modulierenden Betrieb garantieren eine optimale Anpassung an den momentanen Wärmebedarf.
- Digitale Regelung mit automatischer Funktionsüberwachung mit Fehlerdiagnose-System, Heizkreis-Regelung für einen Heizkreis mit Mischer und Speichertemperaturregelung.
- Mit automatischer Heizflächenreinigung und Brennerschalenentaschung für lange Reinigungsintervalle.

Infos unter:
Viessmann Werke • D-35107 Allendorf
Tel. +49 (0) 64 52/70-0 • Fax 70-27 80
E-Mail: info@viessmann.de
www.viessmann.com

Energie, die Sie keinen Cent kostet

Solarenergie ist kostenlos. Und effektiv – auch in unseren Breiten. Vorausgesetzt, man besitzt ein Solarsystem mit hoch effizienten Kollektoren und abgestimmten Systemkomponenten.

Das Vitosol Solarprogramm

Wie die Solarsysteme von Viessmann. Ein solches Solarsystem kann 50 bis 60 Prozent des jährlichen Energiebedarfs zur Trinkwassererwärmung von Ein- und Zweifamilienhäusern einsparen. In den Sommermonaten von Mai bis August reicht die Sonnenenergie sogar aus, um die Trinkwassererwärmung nahezu vollständig zu decken. Und in den Übergangsmonaten kann Solarenergie optimal zur Vorerwärmung des Trinkwassers genutzt werden. Das reduziert spürbar den Öl- oder Gasverbrauch.

Der Umwelt zuliebe

Und auch die Umwelt geht mit einer dreiviertel Tonne weniger Kohlendioxid (CO_2) bei einem Einfamilienhaus pro Jahr und Solaranlage sonnigen Zeiten entgegen. Umso mehr, als alle Viessmann Sonnenkollektoren das Umweltzeichen „Blauer Engel" tragen.
Ebenso wichtig sind natürlich eine hohe Betriebssicherheit und lange Nutzungsdauer, die die Vitosol-Kollektoren dank korrosionsbeständiger Materialien wie Spezial-Solarglas, Aluminium, Kupfer und Edelstahl erreichen. Der Qualitätstest des SPF-Instituts Rapperswil belegt dies eindrucksvoll und bestätigt darüber hinaus die konstant hohe thermische Leistung der Sonnenkollektoren über einen Zeitraum von 20 Jahren.

Technik, die sich auszahlt

Sonnige Zeiten für den Geldbeutel versprechen überdies die Förderprogramme von Bund, Ländern und Energieversorgern.

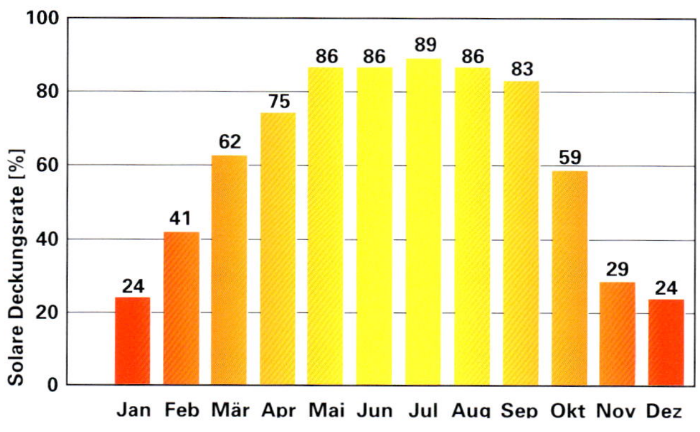

Solare Deckungsrate für die Trinkwassererwärmung eines Einfamilienhauses.

Infos unter:
www.foerderdata.de
www.solarfoerderung.de

Effiziente Sonnenkollektoren

Immer mehr Menschen entscheiden sich für die umweltfreundlichste Art der Trinkwassererwärmung und Heizungsunterstützung: für Sonnenkollektoren.

Viessmann hält dafür das neue Vitosol-Solarangebot bereit, das für jeden Anspruch und jede Anwendung die passende Lösung aufs Dach bringt.

- **Vitosol 100**
Flachkollektoren mit 2,32 und 4,76 m^2 Absorberfläche
- **Vitosol 200**
Vakuum-Röhrenkollektoren, direkt durchströmt, 2,05 und 3,07 m^2 Absorberfläche
- **Vitosol 250**
Vakuum-Röhrenkollektor, direkt durchströmt, 1,43 m^2 Absorberfläche
- **Vitosol 300**
Vakuum-Röhrenkollektoren nach dem Heatpipe-Prinzip mit trockener Anbindung, 2,05 und 3,07 m^2 Absorberfläche

Vitosol 100 – Flachkollektoren mit 1,7 oder 2,5 m^2 Kollektorfläche

Vitosol 200 Vakuum-Röhrenkollektoren direkt durchströmt.

Vitosol 250 Vakuum-Röhrenkollektoren direkt durchströmt.

Alle Vitosol-Kollektoren zeichnen sich durch ihre hohe Betriebssicherheit und lange Nutzungsdauer aus. Sie bestehen durchweg aus korrosionsbeständigen Materialien wie Edelstahl, Aluminium, Kupfer und starkem Spezial-Solarglas.

Die Sol-Titan-Beschichtung macht die Kollektoren noch effektiver, dabei ist das Herstellungsverfahren noch umweltfreundlicher geworden. Darüber hinaus sind Vitosol-Kollektoren stabil und wetterbeständig – das haben sie in zahlreichen Tests unter Beweis gestellt.

Neben ihrer Umweltfreundlichkeit und Wetterbeständigkeit sind Vitosol-Sonnenkollektoren überaus montagefreundlich. Das Viessmann-Stecksystem ermöglicht kurze Montagezeiten.

Vitosol 300 Vakuum-Röhrenkollektoren nach dem Heatpipe-Prinzip mit trockener Anbindung.

Infos unter:
Viessmann Werke • D-35107 Allendorf
Tel. +49 (0) 64 52/70-0 • Fax 70-27 80
E-Mail: info@viessmann.de
www.viessmann.com

Wohlbehagen - Das Geheimnis der gesunden Strahlungswärme

Speckstein-Öfen sorgen für behagliche Gemütlichkeit mit eleganten modnernen Design.
Abb. Tulikivi Oyj

Seit jeher übt der Kachelofen eine magische Anziehungskraft auf Groß und Klein aus. In seinem Umfeld stimmt das Klima – milde Wärme entspannt die Muskulatur; die angenehm gleichmäßig temperierte Raumluft wirkt beruhigend auf empfindliche Haut und Atemwege.

Mit seiner gesunden, natürlichen Strahlungswärme bietet der „Grundofen" von Kaufmann Keramik den selben Service wie die Sonne!

Von allen Heizsystemen kommt der Kachelofen den physiologischen Bedürfnissen des Menschen am stärksten entgegen.

In der kalten Jahreszeit muss die Heizung einen beträchtlichen Teil der Wärmeverluste ausgleichen. Je mehr sie dabei mit dem Wärmehaushalt des menschlichen Körpers harmoniert, um so besser. Da ist der Kachelofen mit seinem relativ hohen Anteil an milder Strahlungswärme einfach unübertrefflich! Der gesamte Raum wird sanft und gleichmäßig temperiert. Der menschliche Organismus empfindet die Kachelofenwärme wie ein natürliches Sonnenbad: als besonders wohltuend, entspannend und belebend. Während Konvektionswärme im Raum zirkuliert, bleibt das Klima in einem kachelofenbeheizten Raum angenehm und reizarm. Der Mensch fühlt sich rundum wohl und geborgen ... Kachelkamine wirken als „Solitär" ebenso eindrucksvoll wie in Kombination mit einer Wohnlandschaft oder einem Grundofen. Und sie verströmen Behaglichkeit pur. Denn ein besonderer Vorteil des Kachelkamins liegt – wie beim Kachelofen – in der hohen Speicherfähigkeit des glasierten Kachelmaterials, das angenehme Strahlungswärme im Raum verbreitet.

Infos unter:
Tulikivi Oyj
Wernher-von-Braun-Straße 5
D-63263 Neu-Isenburg
Tel. +49 (0) 61 02/7 41 40 • Fax 74 14 14
E-Mail: tulikivi@t-online.de
www.tulikivi.de

Kaufmann Keramik GmbH
Otto-Hahn-Str. 1 • D-95111 Rehau
Tel. +49 (0) 92 83/8 98 06-0 • Fax 8 98 06-66
E-Mail: info@kaufmann-keramik.de
www.kaufmann-keramik.de

Wärme in ihrer schönsten Form

Holz - die einzige nachwachsende Energiequelle der Welt. Vollgepumpt mit der Kraft der Sonne spendet es behagliche Wärme an kalten Tagen und in frostigen Nächten.

Die Effizienz eines guten Ofens hängt aber nicht allein vom richtigen Brennsstoff sondern auch von der richtigen Bauart und Technik des Ofenkörpers ab. Der Wirkungsgrad eines offenen Kamins liegt unter 10%. Austroflamm-Kaminöfen erreichen Wirkungsgrade von 70 - 80%! Ein hoher Wirkungsgrad spart teuren Brennstoff und schont die Umwelt.

Als Regel gilt: je höher der Wirkungsgrad ist, desto vollkommener ist die Verbrennung und desto weniger Ruß- und Rauchgasabgabe zieht durch den Schornstein.

Das Modell Wien beeindruckt durch sein traditionelles Gussofendesign und überragende Heizleistung. Besonders praktisch ist die seitliche Türe zum Nachlegen großer Holzscheite.

Das ist Sigma, der Austroflamm Kaminofen in Bestform. Seine schlanke Silhouette liegt voll auf der neuen Erfolgslinie. Dazu passend die neue Trendfarbe Grau. Die das schlichte, elegante Design nochmal unterstreicht.

Mussestunden sind blau. Schließlich heißt die Zeit, in der sich so herrlich mit der Seele baumeln läßt, "Die blaue Stunde". Und wer weiß, ob diese Bezeichnung nicht doch von der marinfarbenen Keramik eines Arik herrührt, wenn sie im Schein des Feuers glänzt.

Die Flucht aus dem Alltag. Fantasievoll arrangiert als Ausflug ins Grüne; entlang herrlicher, moosfarbener Keramikteile, vorbei am knisternden Feuer, über große und kleine Bänke hin zu den Quellen vollkommener Behaglichkeit... Willkommen beim Design-Kamin Anno!

Infos unter:
Austroflamm GmbH
Austroflamm-Platz 1 • A-4631 Krenglbach
Tel. +43 (0) 7249/4 64 43-0 • Fax 4 66 35
E-Mail: info@austroflamm.com
www.austroflamm.com

Der Dachausbau

Unter vielen nicht ausgebauten Dächern liegt noch eine große ungenutzte Wohnraumreserve. Im Vergleich zur Bereitstellung von gänzlich neuem Wohnraum sind Dachausbauten mit geringerem Zeit- und Kostenaufwand verbunden, da die äußere Hülle schon fertiggestellt ist und Erschließungs- und Versorgungsanlagen (Gas, Wasser, Strom, Telefon, Abwasser, Brauchwasser etc.) in der Regel im Gebäude schon vorhanden sind. Der Dachgeschossausbau unterliegt der Genehmigungspflicht. Auch für Räume unter Dachschrägen gelten die Anforderungen des Bauordnungsrechts für Aufenthaltsräume. Das bedeutet, damit keine unzumutbaren Wohnverhält-nisse entstehen, dass Wohnräume unter einer Dachschräge mindestens über der Hälfte der Grundfläche eine bestimmte lichte Höhe haben müssen. Unabhängig von einer etwaigen Abtrennung bleiben Raumteile mit einer Höhe von unter 1,5 m unberücksichtigt. Die ausreichende lichte Höhe beträgt im Regelfall 2,40 m. Bei einzelnen Aufenthaltsräumen kann eine Höhe bis zu 2,20 m gestattet werden. Raumhöhen unter 2,20 m sind stets unzulässig.

Ein Dachgeschossausbau muss auch in brandschutztechnischer Sicht detailliert werden. Wohnräume und Wohnungen – einschließlich ihrer Zugänge – sind in Dachräumen gegen den nicht ausgebauten Dachraum durch Trennwände in einer Feuerwiderstandsklasse abzuschließen. Auch die Decken unter dem auszubauenden Dachraum müssen einer bestimmten Feuerwiderstandsklasse entsprechen. Die Feuerwiderstandsklassen beurteilen sich nach der Anzahl der Wohnungen und der Höhe der Aufenthaltsräume im Gebäude. In jedem Geschoss muss jede Wohnung über mindestens zwei Rettungswege erreichbar sein. Diese Rettungswege müssen voneinander unabhängig sein.

Der erste Rettungsweg führt in der Regel über das bestehende Treppenhaus. Einschiebbare Treppen (Bodentreppen) sind im Zusammenhang mit einem Rettungsweg nicht gestattet. Auch im Dachgeschoss führt der zweite Rettungsweg über ein so genanntes notwendiges Fenster, das über ein lichtes Maß von mindestens 0,90 m bis 1,20 m verfügen muss. Der Einbau von Dachflächenfenstern ist in jedem Fall genehmigungspflichtig.

Beim nachträglichen Ausbau von Dachgeschossen wird für die notwendige Belichtung der Einbau von liegenden Fenstern oder auch Dachgauben notwendig. Je nach Ausgestaltung der Dachgauben kann sich jedoch die Abstandsfläche zum benachbarten Grundstück vergrößern.

Hier sollte sich der Bauherr frühzeitig von der Bauaufsichtsbehörde beraten lassen. Bei der Gestaltung sind die örtlichen Gestaltungsvorschriften zu beachten.

Beim Ausbau des Dachgeschosses zu einer kompletten Wohnung wird ein zusätzlicher Stellplatzbedarf ausgelöst; daher ist es notwendig zu überprüfen, ob dieser auf eigenem Grundstück nachgewiesen werden kann oder andernfalls die Möglichkeit der Ablösung besteht. Wird in einem Gebäude, das vor dem

Besondere Gemütlichkeit strahlt ein Schlafzimmer mit Dachschräge aus. Die attraktiven Raffrollos sind von der Firma MHZ, Stuttgart.

1.1.1993 fertiggestellt war, eine oder mehrere Wohnungen durch Ausbau des Dachgeschosses geschaffen, so brauchen Stellplätze nicht nachgewiesen zu werden, wenn sie gar nicht oder nur unter großen Schwierigkeiten herzustellen sind. Der wichtigste Schritt vor Beginn des Dachausbaus bleibt der Gang zur Bauaufsichtsbehörde, um zu erfahren, welche Maßnahmen der Genehmigung bedürfen.

Achtung:
Die Ausführung von unzulässigen Baumaßnahmen kann dazu führen, dass diese zurückgebaut werden müssen oder dass sogar die abgeschlossene Maßnahme in den Urzustand zurückgeführt werden muss!

Energie sparen

Derzeit werden in einem Einfamilienhaus 80 Prozent des Gesamtenergiebedarfs für die Heizung benötigt. Sparmaßnahmen in diesem Bereich sind daher besonders effektiv.

Sie sollten mit Ihrem Bauvorhaben versuchen, den spezifischen Wärmebedarf zu minimieren. Dies kann mit einer Erhöhung der Wärmedämmung bei Dach- und Wandflächen erfolgen. Gleichzeitig ist eine Dämmung, d. h. eine Wärmeschutzverglasung bei allen nicht nach Süden gerichteten Fenstern vorzusehen. Wenn Sie bei Ihrem Bauvorhaben keine Kippfenster einplanen, wird eine Dauerlüftung vermieden und eine wesentlich sinnvollere und Energie sparendere Stoßlüftung erreicht.

Streng genommen müssten alle Heizungsanlagen, die vor 1979 gebaut wurden, modernisiert werden. Hauptursache der schlechten Energieausbeute und damit einer erhöhten Umweltbelastung ist der geringe Wirkungsgrad veralteter Heizkessel. Erhebliche Wärmemengen verlassen das Haus ungenutzt über den Schornstein. Diese Abgasverluste können durch moderne Heizkessel beträchtlich verringert werden. Nicht zuletzt spart eine umweltfreundliche Feuerungsanlage unmittelbar auch Kosten.

Ein Traum von Bad! So ansprechend kann ein Bad unterm Dach sein. Ideenreich geplant mit Hoesch.

Dokumentation eines beispielhaften Dachausbaues

Ein junges Ehepaar baut sich einen Dachboden aus.

Der langgestreckte Bodenraum entsprach in der Größe den Vorstellungen der jungen Leute. Jetzt hieß es, zunächst eine Bestandsaufnahme zu machen. Das Foto lässt Zweifel aufkommen, ob hier jemals eine Wohnung entstehen könnte.

Zuerst wurden die Gegebenheiten geprüft ...

Es wurde zunächst der Bodenraum ausgemessen und skizziert. Dabei waren alle Maße wie Dachneigung, Höhe der Kehlbalkenlage, Position des Schornsteins und Läge der Giebelfenster von Wichtigkeit.

... dann der Plan (Grundriss) erstellt.

Die Aufmaßzeichnung diente als Grundlage für den Um- und Ausbauplan. Unter Berücksichtigung der nicht zu verändernden Bauteile wurde nun die Raumaufteilung geplant.

Die Aufteilung entspricht genau den Bedürfnissen.

Nach der festgelegten Raumaufteilung konnten die Positionen der einzubauenden Dachflächenfenster bestimmt werden. Sanitärleitungen, Heizungsrohre und Leerrohre für die Elektroinstallation wurden geplant und eingezeichnet.

Die Wohndachfenster waren wirklich problemlos einzubauen.

Damit sich ein Dachfenster in ausreichender Größe einbauen ließ, musste ein Sparren ausgewechselt werden. Die Sturzhöhe des Fensters sollte zwischen 190 und 220 cm liegen, damit ein freier Zugang und guter Ausblick erreicht wurde.

Der Durchblickspunkt darf nicht niedriger als 90 cm sein!

Zu beachten war, dass der Durchblickspunkt aus baurechtlichen Gründen nicht niedriger als 90 cm sein durfte. Roto-Wohndachfenster wurden wegen der guten Qualität und des Bedienungskomforts ausgewählt.

Vorsicht, dass keine Dachpfanne runterfällt!

Jetzt wurden die Dachpfannen im Bereich des Fensters entfernt. Der Sparren wurde in Sturz- und Brüstungshöhe abgesägt und durch Querriegel mit den seitlichen Sparren verbunden. Die erste Fensteröffnung in der Dachfläche wurde angelegt. Es wurde hell in der „neuen Wohnung“.

Die Latten müssen mit den Sparren bündig sein.

Am Sparren wurden die Dachlatten bündig abgeschnitten. Nach Festlegung der Fensterbreite wurde ein Füllholz in Sparrenrichtung eingebaut und ebenfalls bündig mit den Nachlatten ausgerichtet. Nun konnte das Dachfenster genau nach Einbauanleitung eingesetzt werden.

Jetzt waren die Dachschrägen dran – eine hochwertige Dämmung lohnt sich!

Dachflächen müssen besonders sorgfältig wärmegedämmt werden. Die Sparrenfelder wurden mit ISOVER-Rollisol gedämmt. Wichtig war, dass zwischen Dachziegeln und Wärmedämmung mindestens 4 cm Luftraum blieb, der mit der Außenluft in Verbindung stand, um die

Nutzungsfeuchte abführen zu können. Bei der Anbringung der Dämmstoffbahnen war darauf zu achten, dass keine Kältebrücken entstanden.

Bodentreppe

Der Spitzboden bot sich als Abstellfläche an. Eine komforttable Bodentreppe von Roto wurde im Flurbereich eingebaut.
Die Maße des Deckenausschnittes und genaue Montageanleitungen waren der Einbauanleitung leicht zu entnehmen.

3-teilige Bodentreppe mit wärmegedämmter Ausführung. Besonders leichte Bedienbarkeit.
Abb. Roto Frank AG

Die ganze Dachschräge war nun perfekt „eingepackt“.

Die vollständig wärmegedämmte Dachschräge ging „nahtlos“ in die ebenfalls gedämmte Kehlbalkendecke über. Jetzt wurden die Drempelwände erstellt und mit einer Dämmschicht versehen.
Die Giebelwände erhielten eine Lattung für die Befestigung der Bauplatten. Die

Lattenzwischenräume wurden mit Dämmstoff fugendicht ausgefüllt.

Wärmedämmung

Bisher war die hinterlüftete Wärmedämmung die Regel. Nach aktuellem Stand der Technik ist das vollgedämmte, nichtbelüftete Steildach die bessere Lösung; bis zu 40 Prozent mehr Dämmstoff bedeuten nur geringere Mehrkosten, aber wesentlich mehr Behaglichkeit, größere Energieeinsparung, höheren Schallschutz und vor allem Schonung unserer Energievorräte und der Umwelt. Durch die größere Dämmstoffdicke werden die Forderungen der Wärmeschutzverordnung sogar noch übererfüllt.

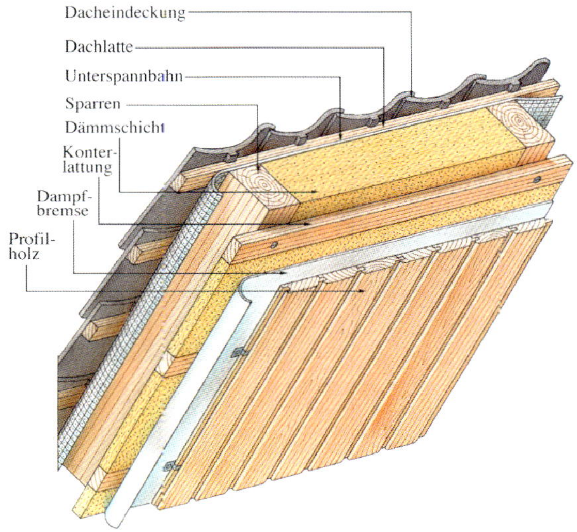

So sieht der Aufbau eines gut geschützten und gedämmten Daches aus.

Darauf sollten Sie unbedingt achten:

1. Individuelle Planung wird oft nur durch mehrere Entwürfe erreicht.
2. Genaue Detailplanung verhindert unnötigen Zeitaufwand.
3. Durch Material- und Farbproben lassen sich Schönheitsfehler vermeiden.
4. Nur eine gewissenhaft ausgeführte Arbeit zeichnet sich durch Qualität und Zweckmäßigkeit aus.

„Drempel“ heißt es in der Fachsprache.

Die senkrechten Wände oberhalb der Betondecke bis zur Dachschräge werden als Drempel bezeichnet. Aus konstruktiven oder baurechtlichen Gründen ist die Höhe des Drempels unterschiedlich.
Da hier die Dachschräge unmittelbar auf der Betondecke beginnt, wird eine Trennwand in Holzkonstruktion hergestellt.

Zu bedenken war auch das Mobiliar, als die Höhe festgelegt wurde.

Bei der Höhenfestlegung der senkrechten Drempelwand muss auf ausreichende Kopfhöhe und Stellfläche für Möbel geachtet werden.

Der Fußboden

Am Beispiel dieses Dachboden-Ausbaues werden die Vorzüge der Trockenbauweise recht deutlich. Als Bauherr sparen Sie nicht nur Geld durch diese Bautechnik, sondern profitieren außerdem durch eine rasche Fertigstellung. Zu Hilfe kommen Ihnen dabei Ausbauprogramme, die aufeinander abgestimmt sind und den statischen Anforderungen des Altbaus entgegenkommen.
Trockenestrich wird in einem Arbeitsgang verlegt. Die Fertigelemente mit Dämmschicht werden trocken verlegt und im Falz verklebt. Auf ausgetretenen Holzdielen oder Rohbetondecken erzielen Sie eine Fußbodenkonstruktion, die einem schwimmenden Estrich mit guter Wärme- und Tritschalldämmung entspricht. Der Trockenestrich ist sofort begehbar und am nächsten Tag aufnahmebereit für alle Beläge.
Selbstverständlich kann unter den Fertigelementen auch eine Fußbodenheizung installiert werden. Wenn der Unterboden Unebenheiten aufweist, empfiehlt sich als Ausgleich eine mineralische Trockenschüttung. Der Einbau ist unabhängig von der Jahreszeit und dem Baufortschritt. Man kann Trockenböden auch dann noch verlegen, wenn Wände und Decken bereits fix und fertig sind!
Unterboden-Elemente eignen sich für alle Oberbeläge wie Parkett, Textil, keramische Fliesen und Kunststoff.

Trocken-Unterboden-Elemente zeichnen sich durch kurze Verlegezeit, gute Trittschalldämmung und leichte Verarbeitung aus.

Decke und Ausbauwände

Die Wärmedämmung spielt bei der Altbaurenovierung eine besondere Rolle. Wer heute renoviert oder modernisiert, sollte eine ausreichende Wärmedämmung vorsehen.

Zusätzliche Wärme- und Schalldämmung mit Verbundplatte.

Viele Verbundplatten bieten hervorragenden Wärme-und Schallschutz. Die nichtbrennbare Verbundplatte wurde in die Baustoffklasse A2 eingereiht, was besonders beim Dachausbau von Bedeutung in Bezug auf vorbeugenden Brandschutz ist. Beim Einbau dieser Platten werden in einem Arbeitsgang drei wesentliche Voraussetzungen erfüllt: Niedrigere Heizkosten, Schallschutz und Sicherheit im Brandfall.

Die Distanzbleche sind wichtig.

Danit ein konstanter Abstand zwischen Gipskartonplatten und Lattung bleibt, werden Blechkrallen (Abstandhalter) in die elastische Mineralfaser eingedrückt. Dadurch wird eine durchlaufende, wärmebrückenfreie Dämmschicht gewährleistet.

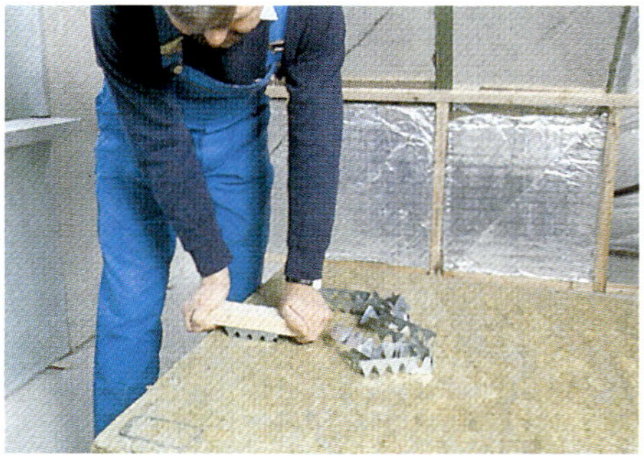

Zuschnittplatten werden mit dem Kantenhobel abgefaßt, damit eine einwandfreie Verfugung hergestellt werden kann.

So sieht dann die vorbildlich aufgebaute und isolierte Dachhaut aus.

Beachten Sie die Mindestanforderung für Wärmeschutz.

Darüber hinaus können durch zusätzliche Maßnahmen weitere Energiekosten eingespart werden.

Für die Innendämmung von Giebelwänden haben sich Verbundplatten als praktikable Lösung bewährt. Der zusätzliche Wärmeschutz wurde hier in einem Arbeitsgang hergestellt. Die malerfertige Oberfläche ist gleichzeitig heizkostensparende Dämmung. In diesem Zusammenhang muss die leichte Verarbeitung der Verbundplatten hervorgehoben werden. Alle Ausschnitte für Elektro, Sanitär und Heizung wurden schnell und problemlos eingearbeitet. Auch die Anschlüsse zwischen Dachschräge und Drempel lassen sich fachgerecht herstellen. Durch die Fugenbewehrung werden kleine Bewegungen des Dachstuhls aufgefangen.

Im ausgebauten Dachgeschoss sind besonders die Übergänge zwischen Drempel und Dachschräge starken Beanspruchungen durch die ständige, wenn auch geringfügige Bewegung der Dachkonstruktion ausgesetzt. Gerade hier bieten sich Gipskartonplatten mit den bewehrten Fugenausbildungen besonders an.

Die Räume nehmen Formen an.

Im Baukastensystem können leichte Trennwände aus Bauplatten für alle Ansprüche im Wohnungsausbau hergestellt werden. Außer den einfach beplankten Wänden lassen sich doppelt beplankte oder sogar Installationswände, die aus zweifachem Ständerwerk bestehen, herstellen.

Für diese Trennwände wurden einfache Metallständerwände gewählt. Die horizontalen Profile an Decke und Fußboden lassen sich schnell mit den Ständerprofilen verbinden.

Gipskartonplatten und Wärmedämmstoff waren schnell eingesetzt.

Nachdem eine Seite der Trennwand beplankt ist, werden die Dämmstoffmatten in das Ständerwerk passgenau eingelegt. Zuvor wurden noch Leitungen für Elektro, Radio, Telefon usw. installiert. Dann wird als Abschluss die Gipskartonplatte augeschraubt.

Die Dicke der Dämmstoff-Zwischenlage richtet sich nach den Anforderungen an Schall- und Feuerschutz. Ein mindestens 40 mm dicker Dämmstoff sollte eingebaut werden.

So ist die Weiterverarbeitung fachgerecht.

Eine gute Verfugung soll immer drei Arbeitsgänge umfassen.

Nach dem Anschrauben der Gipskartonplatten werden die offenen Fugen verfüllt

und eventuelle Plattenbeschädigungen ausgeglichen. Die Außenecken sind mit Kantenschutz bewährt. Vor der Weiterverarbeitung muss das eingebrachte Fugenmittel abgetrocknet sein.

Vor dem Einlegen des Fugendeckstreifens muss genügend Füllmasse in die Fugenmulde gebracht werden, damit eine einwandfreie Armierung gewährleistet ist und keine Blasenbildung auftritt.

Das Endergebnis dieses Dachausbaues ist gelungen – es ist eine charmante und relativ kostengünstige Wohnung entstanden.

Wärme- und Schallschutz

Abb. Isover

Der Wärmeschutz von Gebäuden ist von großer Bedeutung, da er mehrere Kriterien erfüllen muss. Zum einen soll durch den Wärmeschutz ein hygienisch einwandfreies Raumklima sichergestellt sein, andererseits muss die gesamte Baukonstruktion vor klimabedingten Feuchtigkeitseinwirkungen dauerhaft geschützt sein. Eine weitere wichtige Aufgabe erfüllt der Wärmeschutz bei der Einsparung von Heizenergie.

Die Mindestanforderungen für den „Wärmeschutz im Hochbau" sind in der DIN 4108 festgehalten. Eine novellierte Fassung der Verordnung über einen Energie sparenden Wärmeschutz ist in Kraft getreten. Danach wird ein etwa 25 Prozent höherer Wärmeschutz als bisher vorgeschrieben.

Dies betrifft alle umschließenden Bauteile eines Gebäudes, d. h. das Dach, die Außenwände und die Kellerdecke. Darüber hinaus werden aber auch Anforderungen an den Wärmeschutz bestehender Gebäude gestellt, dies insbesondere beim Ausbau von Dachgeschossen und beim Ausbau von Räumen. Aber auch bei der Erneuerung von Dächern und obersten Geschossdecken muss soviel Wärmedämmschicht mit eingebaut werden, dass die Mindestanforderungen der Wärmeschutzverordnung erfüllt werden. Auf der Grundlage dieser ist bei der Bauvorlage ein Nachweis des Wärmeschutzes vorzulegen, der von Architekten oder Fachingenieuren erstellt werden muss.

Wärmeverluste vermeiden

Der größte Teil des Energieverbrauchs im Haus erfolgt durch die Heizwärme, die ständig die Wärmeverluste ausgleichen muss. Hauptsächlich leiten die Umfassungsflächen des Hauses die Wärme nach draußen (Transmissionswärmeverluste). Denn sobald ein Temperaturunterschied zwischen der Außen- und Innenseite eines Bauteiles besteht, wird die Wärme zur kälteren Außenseite abgeleitet.

Außendämmung

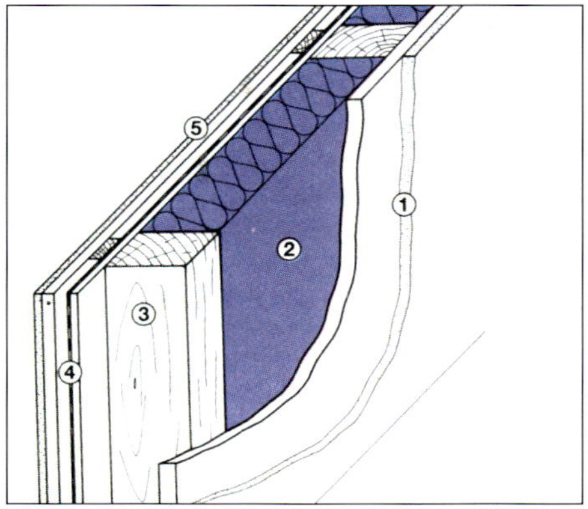

1. Außenputz auf Holzverschalung an Lattung
2. Flachsdämmung
3. Holzständer
4. Innenputz auf Gipsbaustoff, Holzverschalung, Spanplatte o. Ä.

Abb. unten: Wärmeschutz in Form von Steinwolle-Dämmstoffen, wie sie beispielsweise Rockwool anbietet, kann Energiekoste sparen. Dämmstoffe von Rockwool tragen das RAL-Gütezeichen für Erzeugnisse aus Mineralwolle und entsprechen den höchsten Sicherheitsstandards.

Neben dieser Wärmeleitung entstehen Wärmeverluste hauptsächlich durch den Luftaustausch zwischen Haus und Umgebung. Verursacht werden diese Verluste durch geöffnete Fenster und Türen sowie Undichtigkeiten an den Fugen von Fenstern und Türen.

Bei dieser Außenwandkonstruktion übernimmt die Dämmschicht den Wärmeschutz. Dieses System ist für Neubauten ebenso geeignet wie für Altbauten. Die Dämmstoffplatten werden auf der Außenseite der Wand aufgebracht und mit einem mehrschichtigen Putz als Witterungsschutz beschichtet.

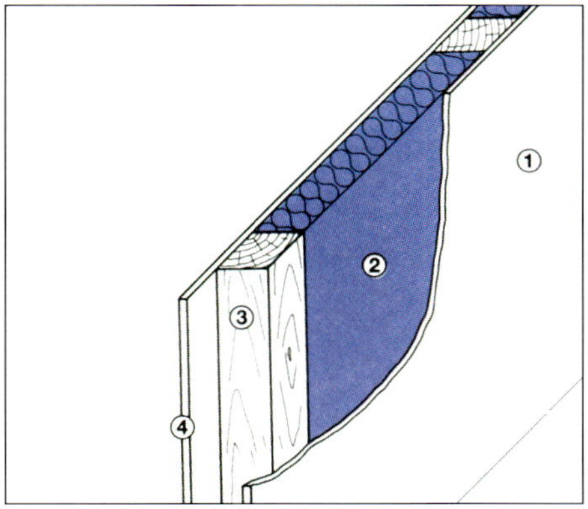

1. Gipskarton, Holzverschalung oder sonstige Bekleidung
2. Flachsdämmung
3. Holzständer
4. Gipskarton, Holzverschalung oder sonstige Bekleidung

Mauerwerk und Kerndämmung

Eine zweischalige Außenwandkonstruktion besteht aus einer inneren tragenden Wand (17,5 bis 24 cm dick) und einer äußeren zweiten Vorsatzschale als Wetterschutz. Zwischen diesen beiden Schalen ist die Wärmedämmschicht angeordnet, die entweder den gesamten Bereich ausfüllt oder zusätzlich eine mind. 4 cm dicke Luftschicht aufweist. Als Dämmstoffe kommen Wärmedämmplatten, Ortschaum oder schüttfähiges Material (ohne Luftschicht) in Frage.

Trennwände

Leichte Trennwände mit ein- oder zweilagiger Bekleidung bieten im Innenausbau unschlagbare Vorteile. Niedriges Eigengewicht und damit geringere Belastung der Deckenkonstruktion, die größere Flexibilität in der Raumaufteilung sowie die nachträgliche Möglichkeit, die Wandkonstruktion zu versetzen, oder auch die einfache Ausführung in Eigenregie führen dazu, dass sich derartige Konstruktionen immer mehr durchsetzen. Die Befestigung bei Holzständerkonstruktionen erfolgt wie bei Dach- und Außenwandaufbauten durch seitliches Antackern im oberflächenverdichteten Bereich der Dämmung. Bei Metallständerwänden wird die Dämmung an der rückseitig vorhandenen Gipskartonplatte mit Gipsansetzbinder oder Tapetenkleister angeklebt.

Wärmedämmung des Daches

Da durch das Dach bis zu 20 Prozent der Heizungswärme entweichen, ist ein sinnvoller Wärmeschutz bzw. eine ausreichende Wärmedämmung erforderlich. Dafür stehen entweder Dämmstoffmatten oder Dämmstoffplatten zur Verfügung, die sowohl auf wie auch zwischen den Sparren verlegt werden können.

Wärmedämmung zwischen den Sparren

Besonders beim Ausbau des Dachgeschosses für Wohnzwecke bietet sich das Verlegen von Dämmstoffmatten oder -platten zwischen den Sparren an. Diese einfache Verlegeart ist vom Bauherrn durchaus selbst durchzuführen.

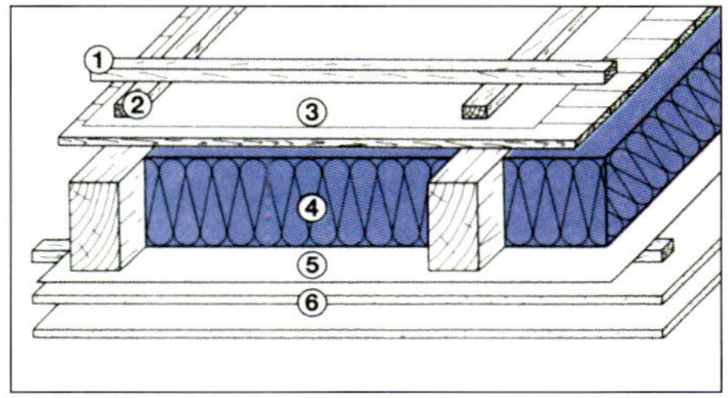

1. Traglattung
2. Hinterlüftung, Grundlattung
3. Winddichtung und Unterdach
4. Flachsdämmung
5. Dampfbremspappe
6. Raumseitige Bekleidung, evtl. an doppelter Lattung mit Zusatzdämmung

Wärmedämmung über den Sparren

Bei diesem System wird die gesamte Dachfläche mit einer durchgehenden Wärmedämmschicht versehen und direkt auf den Sparren oder einer Holzschalung befestigt. Die Dämmung besteht in der Regel aus großformatigen Hartschaum-Elementen. Diese Art der Wärmedämmung des Daches ist besonders dann geeignet, wenn im Innenraum die Sparren als dekorative Elemente eingesetzt werden sollen.

Zwischendecke

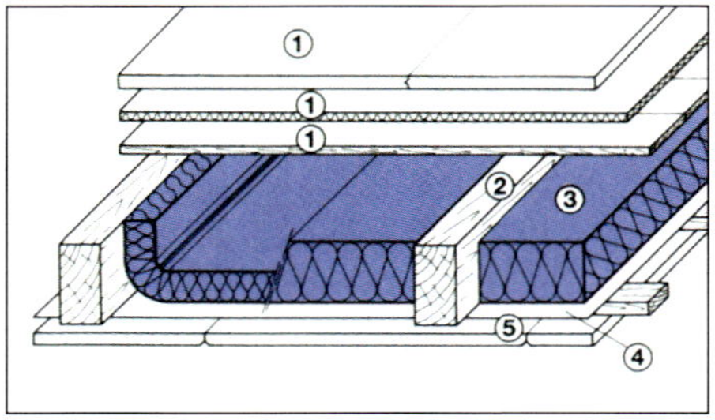

1. Deckenoberseitiger Aufbau
2. Deckenbalken
3. Flachsdämmung, bei geringeren Dämmstoffdicken seitlich an den Deckenbalken hochgezogen
4. Rieselschutz
5. Deckenunterseitige Bekleidung, evtl. an Ausgleichslattung

Bei Holzbalken-Deckenaufbauten kann die Dämmung bereits zwischen den Deckenbalken analog den Dachaufbauten eingesetzt werden. Auch hier empfiehlt sich eine seitliche Fixierung schon beim Einbau der Dämmung, um im Falle einer späteren deckenunterseitigen Sanierung die Dämmung nicht nachträglich befestigen zu müssen. Im Neubau sollte deckenunterseitig direkt an den Holzbalken gegen Staub und Schmutzpartikel, die während der Bauphase mit eingebaut werden, ein vollflächiger Rieselschutz z. B. in Form einer Pappe angebracht werden. Der Hohlraum im Gefach der deckenunterseitigen Ausgleichslattung kann zur Aufnahme von Leitungen genutzt werden.

Deckenoberseitig empfiehlt sich unmittelbar auf den Balken eine vollflächige, lastverteilende Lage, z. B. aus N+F-Brettern, Spanplatten etc. Darüber kann der Deckenaufbau analog dem gezeigten Bodenaufbau erfolgen.

Schallschutz

Verkehrs-, Arbeits- und Wohngeräusche können die Gesundheit und das Wohlbefinden stark beeinflussen. Daher ist der Schallschutz im Wohnungsbau besonders wichtig, um den Menschen das Entspannen und das Ausruhen in der Wohnung ermöglich zu können und um den eigenen häuslichen Bereich gegenüber dem Nachbarn abschirmen zu können. In dem neuen Normenentwurf zur Schallschutznorm DIN 4109 ist der Schutz des Menschen in Aufenthaltsräumen festgelegt. Danach sind Maßnahmen zu ergreifen, die vor Luft- und Trittschallübertragung aus benachbarten Räumen, vor Lärm aus haustechnischen Anlagen und Betrieben sowie vor Außenlärm schützen. Schall wird nicht nur über trennende Bauteile, sondern auch über flankierende Bauteile übertragen. Dies ist die so genannte. Schallübertragung durch Längsleitung.

Grundsätzlich wird zwischen drei Arten von Schall unterschieden.

1. Luftschall

– sich in der Luft ausbreitender Schall.

2. Körperschall

– sich in festen Stoffen ausbreitender Schall.

3. Trittschall

– Dieser entsteht beim Begehen und ähnlicher Anregung einer Decke als Körperschall und wird teilweise als Luftschall abgestrahlt.

Trittschalldämmung

Bei Fußböden wird ein wirksamer Trittschallschutz erreicht, wenn der Trittschall durch federnde Dämmschichten zwischen der Rohdecke und dem Fußboden unwirksam gemacht wird. Als Dämmschicht kommen Latten oder Platten aus Faserstoffen und Schaumkunststoffen in Frage.

Einschalige Bauteile

Bei einschaligen Decken und Wänden wird die Schalldämmung vor allem durch die flächenbezogene Masse, die Biegesteifheit, die Luftdichte und die Einflüsse aus Nebenwegübertragungen des Schalls durch angrenzende Bauteile beeinflusst. Je mehr Masse und Biegesteifheit vorhanden ist, umso mehr werden die durch Luftschall angeregten Schwingungen vermindert und damit die Schalldämmung erhöht.

Ein guter Wärmeschutz spart viel Heizenergie!

Die Dämmung von Keller und Dach

Die hier dargestellten Konstruktionen sind unsere Empfehlung für eine optimierte Wärmedämmung der Bauteile Keller und Dach

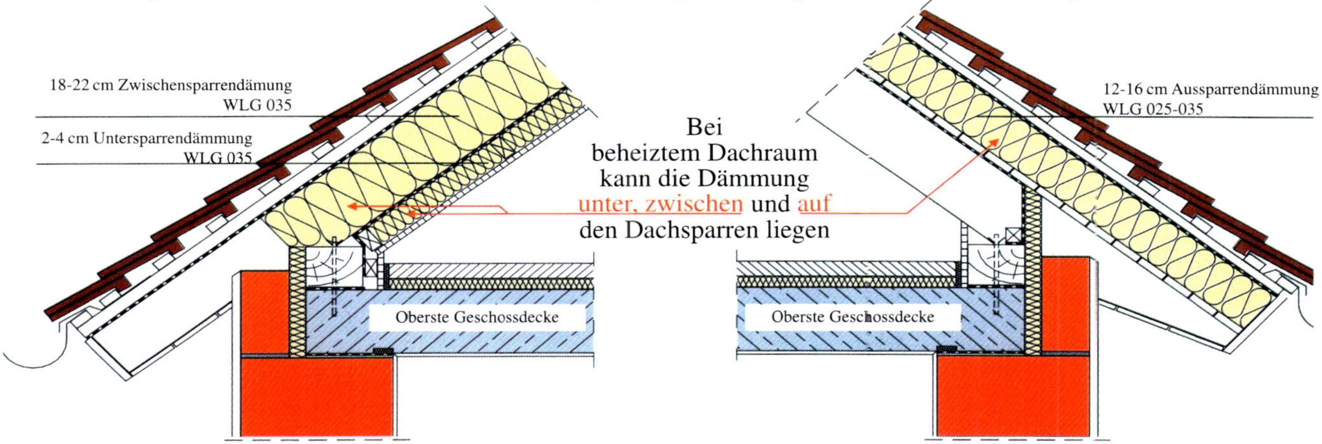

Bei unbeheiztem Keller kommt die Wärmedämmung

a) auf und unter die Kellerdecke oder b) nur auf die Kellerdecke.

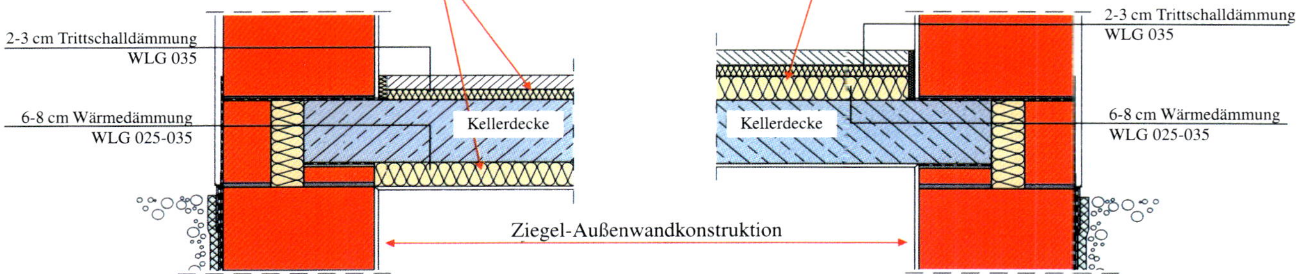

Bei beheizbarem Keller kommt die Wärmedämmung

a) auf und unter die Bodenplatte oder b) nur auf die Bodenplatte.

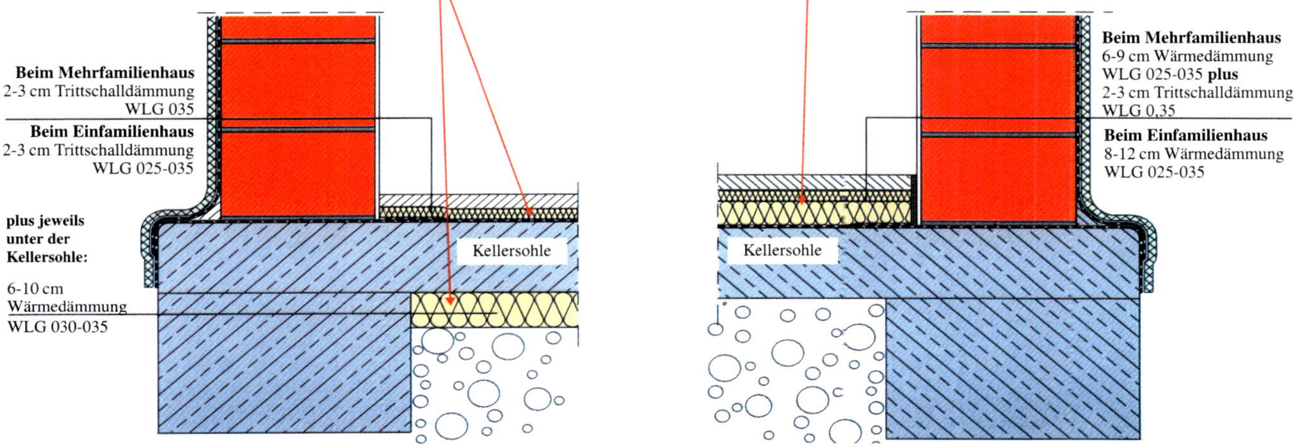

Mehrschalige Bauteile

Durch mehrschalige Bauteile mit geringer Konstruktionsmasse ist eine ebenso hohe Luftschalldämmung zu erzielen wie mit schweren einschaligen Bauteilen. Bei dieser Konstruktion werden die unterschiedlichen schalltechnischen Eigenschaften der biegesteifen und biegeweichen Schalen genutzt, um durch die Kombination zu der guten Luftschalldämmung zu kommen. Die biegesteife Schale sollte bei zweischaligen Wänden dabei so angeordnet sein, dass sie der lauten Seite zugewandt ist.

Übliche Dämmstoffe:

1. Glaswolle

Ein Dämmmaterial, das aus anorganischen Rohstoffen hergestellt wird und sich seit beinahe hundert Jahren am Bau bewährt hat. Typisch ist der gelbliche Farbton des Materials, der durch Zuschlagstoffe und Imprägnierung entsteht.
Für alle denkbaren Wärme- und Schallschutzmaßnahmen im und am Haus gibt es Spezialisten aus Glaswolle: für die außenseitige Wärmedämmung der Fassade, Kerndämmung bei zweischaligem Mauerwerk, Dämmung unter dem Estrich sowie die Wärmedämmung zwischen den Dachsparren.
Glaswolle ist nicht brennbar nach DIN 4102.

2. Steinwolle

Ein weiterer Klassiker mit ähnlichen Produkteigenschaften wie Glaswolle. Steinwolle ist absolut unbrennbar und wird für alle am Bau vorkommenden Wärme- und Schalldämmaufgaben verwendet. Sehr gut zu verarbeiten ist sie in Form von Dämmkeilen, die fest und sehr maßhaltig sind, außerdem eine gute Hinterlüftung sicherstellen.

3. Polystyrol

oder Hartschaumplatten sind für Steil- und Flachdachdämmung, Fassadendämmung wie als Trittschallschutz bewährt. Eine Dampfbremse ist bei diesem Material nicht nötig, weil es keine Feuchtigkeit aufnimmt. Polystyrol ist formstabil, diffusionsoffen und durch Imprägnierung schwer entflammbar.

4. Holzweichfaser

Fast schon ein rein ökologischer Dämmstoff, doch je nachdem mit welchem Kleber die Platten hergestellt werden, sind geringe Formaldehydausdünstungen möglich. Die etwa vier Zentimeter starken Platten gibt es mit Nut und Feder, was die Montage vereinfacht. Da Holzweichfaserplatten wasserempfindlich sind, ist eine Dämmung mit ihnen aufwändig: Erst wird eine Bitumenplatte zwischen den Sparren montiert, die eindringende Feuchtigkeit ableiten kann. Es folgen zwei Lagen Holzfaserplatten, die innen mit einer Dampfbremsplatte oder -folie abgedeckt werden. Abschließend wird das Dach nach innen mit Ausbauplatten geschlossen.

Ökologische Dämmstoffe:

1. Zellulose

Aus Altpapier lässt sich nicht nur Haushaltspapier, sondern auch ein erst-

klassiger Dämmstoff herstellen. Zellulose, bisher nur in Flockenform angeboten und durch den Fachmann zu verarbeiten, gibt es jetzt auch als Plattenware, die Sie leicht selbst verarbeiten können. Der Vorteil des Materials liegt nicht nur im Energie schonenden Produktionsverfahren und den natürlichen Bindemitteln, sondern besonders in der Eigenschaft Feuchtigkeit aufnehmen und wieder abgeben zu können, was für ein angenehmes Klima unter dem Dach sorgt. Die Platten gibt es in Stärken von 100 bis 240 mm.

2. Baumwolle

Was sich bei Windjacken bewährt hat, kann beim Dach nicht verkehrt sein: Baumwolle als natürliche Dämmung ist wasserabweisend, atmungsaktiv, recyclebar, widerstandsfähig gegen Schimmel und zudem hautsympathisch, was Sie bei der Verarbeitung vor unangenehmen Juckreiz durch herabrieselnde Fasern schützt. Baumwolldämmung wird als

Rollenware in Stärken von 50 bis 180 mm und als Schüttwolle angeboten. Zum Ausstopfen von Fugen, beispielsweise an Dachflächenfenstern, gibt es sogenannte Dämmzöpfe und Stopfwolle.

3. Flachs

Aus der heimischen Faserpflanze Flachs und Kartoffelstärke als Bindemittel wird ein Dämmstoff gewonnen, der wie Baumwolle feuchtigkeitsausgleichend wirkt. Durch eine zusätzliche Imprägnierung ist der Dämmfilz schwer entflammbar und gegen Schädlingsbefall geschützt. Bei der Verarbeitung von Flachs entsteht kaum Staub, und die Dämmung ist frei von Schadstoffen.

So einfach lässt sich der Klemmfilz von G+H als Zwischensparren-Dämmung verlegen. Neu: die praktische Vlieskaschierung mit Rieselschutz.

Wichtige Dämmstoffe im Überblick

Grundstoff/Produkt:	Baustoffklasse:	Wärmedurchgangskoeffizient in W/(m²K) bei 10 cm Dicke:
Mineralwolle (Matte)	A1/A2, nicht brennbar	0,40
Polystyrol (Platte)	B1, schwer entflammbar	0,40
Polyurethan (Platte)	B1 bis B2, schwer bis normal entflammbar	0,30
Polyester (Matte)	B1, schwer entflammbar	0,40
Baumwolle (Matte oder Flocke)	B1 bis B2, schwer bis normal entflammbar	0,40
Schafwolle (Matte)	B2, normal entflammbar	0,40
Holzfasern (Platte oder Flocke)	B2, normal entflammbar	0,35 bis 0,45
Zellulose (Platte oder Flocke)	B2, normal entflammbar	0,40
Kork (Platte oder Körner)	B2, normal entflammbar	0,45
Kokos (Matte oder Platte)	B2, normal entflammbar	0,45
Flachs (Matte oder Platte)	B2, normal entflammbar	0,40
Perlite (Körner)	A1, nicht brennbar	0,50

4. Schafwolle

Auf chemische Stützfasern und Bindemittel wird bei der Herstellung von Dämmplatten oder Dämmmatten (Rollenware) aus Schafwolle ganz verzichtet. Das diffusionsoffene Material benötigt, außer in Nassräumen, keine Dampfbremse. Die Dämmschicht aus lose verfilzter Schafwolle ist mit einem Trägervlies aus Schafschurwolle kaschiert, mit dem die Dämmbahnen einfach an die Sparren getackert werden. Die Dämmwolle bekommen Sie in Stärken von 80 bis 140 mm.

Infos unter:
SAINT-GOBAIN Isover G+H AG
D-67005 Ludwigshafen
Tel. +49 (0)8 00/5 01 55 01 • Fax 5 01 65 01
E-Mail: dialog@isover.de • www.isover.de

Deutsche Rockwool
Minderalwoll GmbH & Co. OHG
Rockwoolstr. 37-41
D-45966 Gladbeck
Tel. +49 (0) 20 43/40 83 29 • Fax 40 85 70
E-Mail: presse@rockwool.de
www.rockwool.de

Die neue Energiesparverordnung

Sparen wird Pflicht! Niedriger Energieverbrauch bei neuen und renovierten Häusern ist das Ziel der Bundesregierung. Zum Senken der Heizkosten geben wir Ihnen hier Tipps und erklären die wichtigsten Regeln der neuen Energieeinspar-Verordnung.

Umweltkatastrophen wie die Jahrhundertflut und extreme Wetterverhältnisse lassen ein fast vergessenes Thema wieder brisant werden: den Klimaschutz. Auch wenn für viele Wissenschaftler noch nicht geklärt ist, ob die natürlichen oder die vom Menschen verursachten Faktoren den größeren Einfluss auf die weltweite Erwärmung und die Zunahme extremer Wetterlagen haben, herrscht in einem Punkt Übereinstimmung: Die Belastung der Atmosphäre durch Treibhausgase aus Verbrennung von Öl, Gas und Kohle durch Industrie, Verkehr und Gebäudeheizung muss langfristig sinken. Rund 75 Prozent des Energieverbrauchs der privaten Haushalte in Deutschland entfallen allein auf den Heizungs- und Warmwasserbedarf. Entsprechend hoch ist das Sparpotenzial.

Neue Normen beim Hausbau

Bis vor kurzem hatte der deutsche Staat Familien, die ein besonders energiesparendes Haus bauten, mit der Öko-Zulage finanziell gefördert. Seit die neue Energieeinsparverordnung (EnEV) gilt, wird das Sparen zur Pflicht – und die Zulage entfällt. Als Beispiel: Ein 1995 gebautes Haus hatte im Durchschnitt pro Jahr einen Energieverbrauch von 100 Kilowattstunden (kWh) je Quadratmeter Wohnfläche. Bei einem Verbrauch unter 70 kWh galt ein Neubau bisher als förderungswürdiges Niedrigenergiehaus. Diesen Standard legt die jetzt gültige EnEV-Norm künftig als Obergrenze für alle neuen Wohnhäuser fest.

Als zweite, entscheidende Veränderung führt die EnEV zwei bisher getrennt betrachtete Verordnungen zum Wärmeschutz und zu Heizungsanlagen in einem Regelwerk zusammen. Haus und Technik werden nun als Einheit betrachtet, angefangen vom Energieaufwand für die Produktion der Baustoffe über die Effizienz des Heizkessels bis zum solaren Wärmegewinn. Entscheidend ist am Schluss nur die Gesamtbilanz des Hauses.

Viele Wege führen zum Ziel

Für Architekten und Bauherren bietet die neue Regel den Vorteil, dass sie wählen können, wie der Energiebedarf unter den Grenzwert gedrückt werden soll. Zwei vereinfachte Beispiele erklären, was mit der variablen Planung gemeint ist:

• Der simpelste (und architektonisch kaum akzeptable) Weg wäre, ein kompaktes Haus zu planen, dessen äußere Form sich am energieoptimierten Würfel orientiert: mit kleinen Fenstern nach Norden und einer dicken Wärmedämmung vom Keller bis zum Dach. Der Energieverlust fällt niedrig aus, sodass die Effizienz der Heizanlage kaum eine Rolle spielt.

• Architektonisch anspruchsvollere Bauherren, die sich einen Erker am Essplatz, einen offenen an den Wohnraum angegliederten Wintergarten und natürliche Baustoffe für ein gesundes Raumklima (ohne eine wasserdampfdichte Dämmschicht) wünschen, können die Energiebilanz an anderer Stelle verbessern. Zum Beispiel durch einen besonders sparsamen Brennwertkessel und den Einsatz von Solarkollektoren. Ihr Gewinn an sauberer Energie gleicht den Wärmeverlust durch den Erker und den Verzicht auf ein dampfdichtes Wärmedämmsystem wieder aus.

Modernisierung im Altbau

Mit einem durchschnittlichen Wärmebedarf von 200 kWh pro Quadratmeter Wohnfläche und Jahr stehen Häuser aus der Zeit vor 1982, als die erste Wärmeschutzverordnung eingeführt worden ist, heute mit schlechter Energiebilanz da. Der Energieverbrauch sinkt bundesweit nur dann deutlich, wenn auch Altbauten sparsamer werden – deshalb schreibt die EnEV bestimmte Sanierungen vor.

• Rund zwei Millionen Heizungen sind zu alt. Sie müssen in Stufen modernisiert werden: Bis 2004 sind alle Anlagen gegen sparsamere Heizungen auszutauschen, bei denen der Schornsteinfeger zu hohe Abgasverluste feststellt. Sollten danach noch Heizungen in Betrieb sein, die vor Oktober 1978 installiert worden sind, müssen diese im Mehrfamilienhaus bis 2006 und bei Ein-/Zweifamilienhäusern nach einem Verkauf erneuert werden.

Wärmepumpen sind Niedertemperatur-Heizsysteme, die vollständig emmissionsfrei arbeiten.
Abb. Schrag

• Die Decken von Dachgeschossen über beheizten Räumen (zum Beispiel der als Abstellraum genutzte Spitzboden) müssen bis 2006 gedämmt werden.

• Dieselbe Frist gilt für die Dämmung von Rohren des Heizsystems, die durch nicht beheizte Räume führen.

• Werden bei Reparaturen mehr als 20 Prozent eines Bauteils erneuert, zum Beispiel an einer Fassade, muss die gesamte Fläche nach Abschluss der Renovierung den EnEV-Anforderungen entsprechen.

• Alle Anbauten an ein bestehendes Haus werden als Neubau betrachtet, entsprechend greift die neue Energiespar-Norm.

Energiepass für den Durchblick

Für alle neuen und von Grund auf sanierten Häuser erstellen Architekten eine ausführliche Energiebedarfsberechnung, kurz Energiepass genannt. Der Pass soll allen Bauherren, späteren Käufern und auch Mietern einen einfachen Überblick erlauben, wie gut die Energiebilanz ausfällt und wie hoch die voraussichtlichen Heizkosten sein werden. Der Energiepass soll in Zukunft genauso zum Haus gehören wie ein Fahrzeugbrief zum Auto.

Unser Tipp:

Als Bauherr sollten Sie sich nach Fertigstellung Ihres Eigenheimes einen so genannten Gebäudepass ausstellen lassen. Dieses Dokument kann dazu beitragen, den Wiederverkaufswert des Hauses zu erhöhen. In dem Pass sind die wichtigsten Daten zu dem betreffenden Haus verzeichnet. Der Gebäudepass ist kostenlos!

Infos unter:
Informationsverein Besser Bauen (IVBB), Augsburg

Infos unter:

Kostenlose Broschüre zum Energie sparenden Bauen und ausführliche Beratung über die telefonische Hotline: +49 (0) 80 00/73 67 34.
www.deutsche-energie-agentur.de

Saint-Gobain ISOVER G+H AG
Postfach 21 05 65 • D-67005 Ludwigshafen
Tel. +49 (0)6 21/47 01-6 21 • Fax 47 01-6 07
E-Mail: w.groener@gh-isover.de
www.isover.de

Schrag GmbH & Co. KG
Hauptstr. 118 • D-73061 Ebersbach
Tel. +49 (0) 71 63/17-0 • Fax 17-1 55
E-Mail: schrag@schrag.de • www.schrag.de

Deutsche Rockwool Mineralwoll GmbH & Co. OHG
Rockwool Str. 37-41 • D-45966 Gladbeck
Tel. +49 (0) 20 43/40 83 29 • Fax 40 85 70
E-Mail: presse@rockwool.de • www.rockwool.de

Wärmeschutz im Steildach spart Heizkosten und verbessert das Raumklima

Wer den Bau eines neues Wohnhauses plant oder sein bestehendes Haus auf Vordermann bringen will, sollte nicht nur an den Anstrich oder an das Aussehen der Dachziegel, sondern vor allem an eine verbesserte Dämmung denken. Denn sie finanziert sich praktisch von selbst und sorgt für ein angenehmeres Wohnklima in Sommer und Winter.

Beim Neubau ist die Dämmung der Sparren-Zwischenräume mit Glaswolle-Klemmfilzen die wirtschaftlichste und sicherste Variante. Bei der Modernisierung bestehender Wohnhäuser bringen Hauseigentümer am besten bei der Neueindeckung des Daches oder dem Ausbau des Dachgeschosses die Dämmung auf den neuesten Stand.

Nach rein wirtschaftlichen Gesichtspunkten hat es sich für den Eigentümer eines 60er-Jahre-Hauses bereits nach sieben Jahren ausgezahlt, die Dämmung auf den neuesten Stand zu bringen. Bei einem 150 m^2 großen Dach werden dank der verbesserten Wärmedämmung jedes Jahr rund 1.200 Liter Heizöl weniger verbraucht. Umgerechnet sind das mehr als 300 Euro im Jahr. Bei steigenden Heizölpreisen rentiert sich die Maßnahme noch früher.

Eine Investition in Wärmedämmung hat aber noch weitere Vorteile: Sie sorgt für angenehmes Wohnklima im Sommer wie im Winter. Hinzu kommt: Mit der Einführung des Energiepasses durch die neue Energie-Einsparverordnung (EnEV) wird der Heizenergieverbrauch eines Hauses für jeden potenziellen Käufer oder Mieter nachprüfbar und damit zum wichtigen Kriterium für den Wert einer Immobilie.

Angenehmes Wohnklima im Sommer und im Winter durch Wärmedämmung.

Mit dem Mineralwolle-Klemmfilz Isover Integra ZKF können Steildächer wirtschaftlich und unkompliziert gedämmt werden.

Klimamembran schützt vor Feuchteschäden

Unterhalb der Zwischensparren-Dämmung wird dann die feuchtevariable Klimamembran Vario KM mit Hilfe der Klebebänder Vario KB und des Dichtstoffs Vario DS winddicht verlegt. Die patentierte Folie Vario KM wurde vom Fraunhofer-Institut für Bauphysik in Stuttgart entwickelt und bietet deutlich mehr Sicherheit als herkömmliche Dampfbremsfolien. Denn sie passt ihre Wasserdampfdurchlässigkeit den Umgebungsbedingungen an und bietet wie keine andere Folie Sicherheit und Wohnkomfort für den Bauherrn.

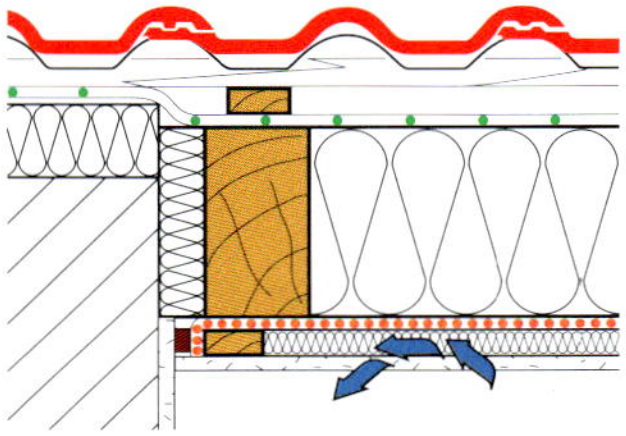

Die unterhalb der Zwischensparren-Dämmung angebrachte einzigartige Klimamembran Vario KM passt ihre Wasserdampfdurchlässigkeit den Umgebungsbedingungen an. Im Winter, wenn die Tauwassergefahr besonders groß ist, schließt sie ihre Poren und schützt so die Holzkonstruktion des Daches vor Feuchtigkeit aus der Raumluft.

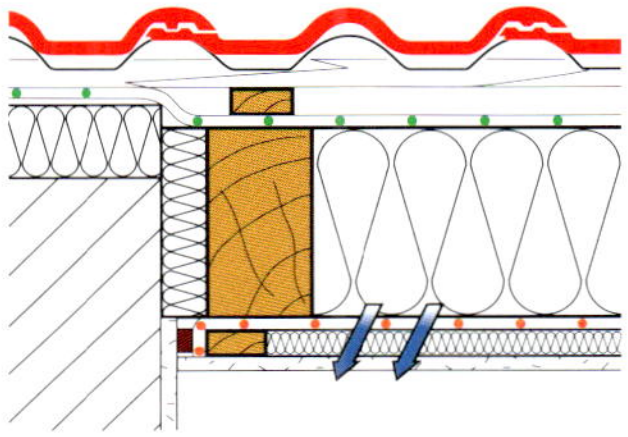

Im Sommer hingegen wird Vario KM durchlässig: Das Holz kann problemlos auch zum Raum hin austrocknen. So werden Feuchteschäden in der Dachkonstruktion verhindert, und ein gesundes Raumklima ist garantiert.

Mit Hilfe der Klebebänder Vario KB sowie des Dichtstoffs Vario DS fällt es auch Heimwerkern nicht schwer, die Klimamembran Vario KM an allen Anschlüssen und Übergängen winddicht zu verlegen. Vorteil: Alle Komponenten sind aufeinander abgestimmt und bieten als System die größtmögliche Sicherheit für Bauherren. Die dauerhafte Funktion des Vario-Winddicht- und Feuchteschutzsystems gewährleistet ein langlebiges Dach ohne Probleme und bietet hohen Wohnkomfort.

Von innen ist die Dämmung am einfachsten zu verlegen

Einfach und bewährt ist ein nachträglicher Wärmeschutz des Steildachs von der Raumseite her. Heute dämmt man in aller Regel nach der Warmdach-Methode: Dabei wird die gesamte Sparrenhöhe für die Dämmung genutzt.

Auf Nummer Sicher geht der Bauherr, wenn er Dämmsysteme einsetzt, die genau auf diesen Einsatzzweck zugeschnitten sind, wie das Warmdach-System Integra von ISOVER. Es umfasst die Glaswollefilze Integra ZKF für die Zwischensparrendämmung, die Untersparrendämmung Integra UKF in zwei Dicken und das Winddicht- und Feuchteschutzsystem Vario.

Die elastischen, sehr gut wärmedämmenden Integra-Glaswollefilze (Wärmeleitfähigkeitsgruppen WLG 035 und 040) lassen sich einfach und nahezu verschnittfrei verarbeiten. Sie werden mit geringem Übermaß zugeschnitten und zwischen die Dachsparren geklemmt.

Die mineralischen Filze dämmen nicht nur winterliche Kälte und sommerliche Hitze, sie haben auch hervorragende Schallschutz-Eigenschaften und sind nicht brennbar.

Im ersten Schritt wird der Sparrenabstand ausgemessen.

Der Klemmfilz wird mit 1 cm Klemmzugabe zugeschnitten und zwischen die Sparren eingeklemmt.

Die Klimamembran Vario KM wird unterhalb der Sparren angetackert.

Die Überlappungen der Klimamembran werden mit dem Systemklebeband Vario KB überklebt. Anschlüsse an Bauteile erfolgen mit dem Dichtstoff Vario DS.

Zur Vermeidung von Wärmebrücken wird zwischen die Traglattung der Innenbekleidung Integra UKF als Untersparrendämmung eingebaut.

Dämmstoff auf pflanzlicher Basis – jetzt durch Fördergeld viel günstiger

ISOVER Flora Hanfwolle ist die natürliche Alternative zu konventionellen Dämmstoffen.

Bauherren, die ein Dämmmaterial aus nachwachsenden Rohstoffen bevorzugen, bietet ISOVER mit seinen neuen Hanfwolle-Dämmplatten Integra ZKP 1 Florapan und Integra UKP 1 Florapan eine „nachhaltige" Systemalternative an. Ausgezeichnet mit dem Umweltsiegel „natureplus" bieten die Flora-Dämmstoffe aus reinem Nutzhanf geprüfte Sicherheit – sowohl in technischer als auch in ökologischer Hinsicht. Der Einsatz dieser Naturdämmstoffe wird jetzt sogar staatlich gefördert: Bauherren erhalten pro m³ Isover Flora Hanfwolle 40 Euro Fördergeld. Damit sind die Naturdämmstoffe deutlich preisattraktiver geworden und stellen eine sinnvolle Alternative für alle Bauherren dar. Über die Bedingungen und die Antragsmodalitäten zum Förderprogramm, das bis zum 31.12.2004 befristet ist, informiert Sie gerne Isover Dialog unter der kostenlosen Hotline 0 800/5 01 55 01.

Die pflanzlichen Markendämmstoffe für den Wärmeschutz zwischen den Dachsparren ISOVER Integra ZKP 1 Florapan werden nach dem gleichen einfachen Prinzip verlegt wie die bekannten Mineralwolle-Klemmfilze. Zusammen mit der Untersparrendämmung Integra UKP 1 Florapan lassen sich bei Sparrentiefen ab 160 mm die aktuellen Wärmeschutzanforderungen der Energieeinsparverordnung (EnEV) erfüllen und Wärmebrückeneffekte ausschalten.

Das perfekte Sanierungs-Dämmsystem für bereits ausgebaute Dachgeschosse

Viele Altbaudächer sind schon vor Jahren ausgebaut worden. Ein Großteil der Wohnungen hat die ersten Renovierungen bereits hinter sich – nur der Wärmeschutz ist immer noch auf dem Stand von vorgestern. Erneuerung tut not, um Heizkosten und Raumklima modernen Verhältnissen anzupassen. Die meisten Althausbesitzer scheuen jedoch den Aufwand und den Dreck, den eine nachträgliche Dämmung von der Raumseite mit sich bringt. Die Alternative heißt: Dachsanierung von der Außenseite.

Diesen Gedanken greift auch die EnEV auf. Sie schreibt vor, bei Um- und Neueindeckungen die Wärmedämmung des Daches den aktuellen Anforderungen anzupassen. Bei Dach-Umdeckungen bietet sich mit dem Sanierungssystem Integra ZSF von Isover G+H eine gleichermaßen sichere wie wirtschaftliche Lösung für den nachträglichen Wärmeschutz von außen an.

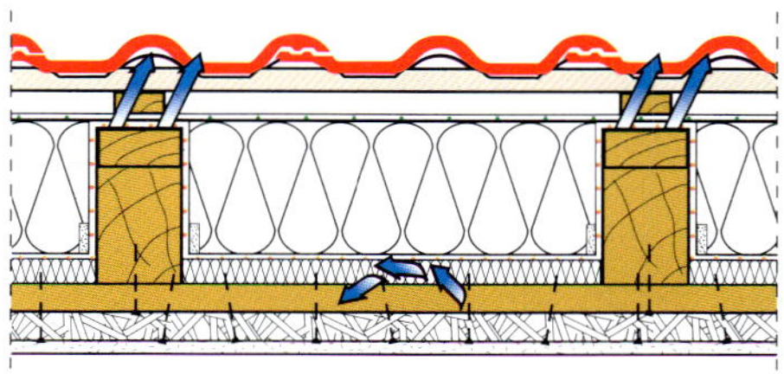

Durch die sich ideal ergänzenden Systemkomponenten sorgt ISOVER Integra ZSF dafür, dass Feuchteschäden konsequent vermieden werden.

Integra ZSF basiert auf der neuartigen, feuchtevariablen Dampfbremsfolie Vario KM Klimamembran. Sie kann ihre Wasserdampfdurchlässigkeit abhängig von den Umgebungsbedingungen variieren: Im Winter schließt sie ihre Poren und schützt die Dachkonstruktion vor eindringender Feuchtigkeit aus der Raumluft. Im Sommer hingegen wird die Folie durchlässig: Das Holz kann nach außen wegtrocknen.

Auf Grund dieser einzigartigen Eigenschaften kann die Klimamembran Vario KM großflächig über die Dachsparren hinweg verlegt werden kann. Dadurch entfällt ein zeit- und kostenintensives Zuschneiden.

Bei herkömmlichen Dämmverfahren musste jedes Sparrenfeld separat mit einer Dampfbremsfolie ausgekleidet werden. Diese durfte auf gar keinen Fall über die Sparren gezogen werden, da sonst die aufsteigende Raumluftfeuchte im Sparrenholz nicht austrocknen konnte und es zwangsläufig zu gravierenden Feuchteschäden kommen musste.

Die „intelligente" Dampfbremse hingegen muss lediglich an den Bahnenrändern sowie an Traufe und Ortgang mit speziellen Klebe- und Dichtungsbändern luftdicht verschlossen werden – fertig. So verringert sich der Arbeitsaufwand im Vergleich zu anderen Lösungen ganz erheblich.

Anschließend werden die Dämmfilze in die Gefache zwischen die Sparren gelegt. Dabei handelt es sich um einen speziell für diese Anwendung entwickelten, wasserabweisenden Glaswollefilz der sehr guten Wärmeleitfähigkeitsgruppe 035. Abgerundet wird das Sanierungssystem Integra ZSF durch die neue Unterdeckbahn Integra ZUB. Sie schützt den Dämmstoff vor Sprühregen oder Flugschnee, der durch Fugen und Ritze in der Dacheindeckung eindringen kann.

Nachdem der Sanierungsfilz Integra ZSF in die Sparrenzwischenräume eingebracht wurde, wird als Sicherheitsschicht die Unterdeckbahn Integra ZUB aufgebracht. Dann folgen nur noch Konterlattung und Traglattung und natürlich die neue Dacheindeckung.

Infos unter:
Saint-Gobain Isover G+H AG
Postfach • D-67005 Ludwigshafen
Tel. +49 (0) 800/5 01 55 01 • Fax 5 01 65 01
E-Mail: dialog@isover.de • www.isover.de

Ratgeber besonderer Art

Nach dem erfolgreichen Konzept des Wohn-Plansets gibt es auch das Garten-Planset. Das einzigartige Planungsbuch mit Garten-Planspiel und vielseitigen Gestaltungsvorschlägen.

Großer Grundplan-Bogen zum Aufkleben der Symbole.

Jahrespflanzplan für individuelle Aufzeichnung.

Gartensymbole zum Ausschneiden und maßstabsgerechten Planen.

Kalkulationsbögen.

Sonnenrosen auf Transparentbogen zum Feststellen der Himmelsrichtungen und des Sonnenstandes.

Pflanzenaufstellung mit Jahresplan.

Garten-Planset: Auf 192 Seiten das Wichtigste über Planung mit vielen Ideen und Anregungen.

Wichtige Themen:

- Großer Grundplanbogen
- Verschiedene Pflanzen- und Gartenbausymbole
- Farbstift mit 4 Farben
- Einmalige Sonnenrosen auf Transparent
- Tabellen mit Jahrespflanzplan, Kalkulationsbögen und Pflanzenaufstellung

Ratgeber besonderer Art

Nach dem erfolgreichen Konzept des Haus-Plansets gibt es auch das Wohn-Planset. Planungsmappen mit schönsten Wohnbeispielen und Informationen für den perfekten Bau.

2 Raumperspektiven auf Folie für das Farbgestaltungs-System vermitteln ein verblüffendes Farb-Raumgefühl

104 schönste Wohnfarben. 40 Akzenttöne und 20 Holzdrucke für Ihre persönlichen Farbcollagen

Ausgestanzte Möbelumrisse für maßstabsgerechte und praktische Grundrissplanungen

Wohnfaszination und Einrichtungstrends auf 192 Seiten. Mit einer Fülle von Ideen und Gestaltungsvorschlägen für alle Wohnbereiche

Neuartiges Farbgestaltungs-System, mit dem Sie Ihre persönliche Farbharmonie optimal selber kreieren. Mit exakter Gebrauchsanleitung und zahlreichen Beispielen.

Wichtige Themen:

- Moderne Küchen und Bäder
- Stilvoll speisen
- Schlafräume
- Der individuelle Schlafraum
- Wandgestaltung
- Ausgefallene Bodenbeläge

ZUHAUSE WOHNEN
STECKT JEDEN MONAT VOLLER IDEEN.
Ideen fürs Bad!
Super Deko
Schönes zum Selbermachen
Toll für Gäste!
Topadressen
Wohnberatung!!
zuhause wohnen
Der aktuelle Landhaus-Stil leicht, frisch & modern
zuhause wohnen
Die besten Ideen für Balkon & Garten
Dekos, Stoffe, Accessoires + Pflanzen
zuhause wohnen
Stimmungsvolle Farb-Ideen für jeden Raum
zuhause wohnen
Wohnen wie im Süden

Impressum

www.bauzirkel-verlag.de

Haus-Planset

BELLAVISTA, ein Imprint der Verlag Karl Müller GmbH, Köln

Redaktion und Gesamtleitung:
Klaus M. Bayer
– klaus.m.bayer@bauzirkel-verlag.de

Zeichnungen:
Susanne Fischer

Text:
Judith Bayer, Gudrun Vorwerk Neumann, Dr. Barbara Toillié

Grafik-Design und Produktionsleitung:
Thomas Bittner
– thomas.bittner@bauzirkel-verlag.de

Abbildung S. 3:
PraktikHaus Bausysteme GmbH & Co. KG
www.praktikhaus.de

Druck und Bindung:
Graspo CZ, a.s.

Printed in Tschechien
ISBN 978-3-89893-492-3

www.bellavista-verlag.de

HINWEIS
Das vorliegende Buch ist sorgfältig erarbeitet worden. Dennoch erfolgen alle Angaben ohne Gewähr. Autoren und Verlag bzw. dessen Beauftragte können für eventuelle Personen-, Sach- oder Vermögensschäden keine Haftung übernehmen.